JN297550

対訳 シンプルな英語で話す 西洋の天才たち

WESTERN GENIUS

ウェスタン・ジーニアス

WESTERN GENIUS
IN SIMPLE ENGLISH
Written by James M. Vardaman
Translated by Makoto Hazama / Tomomi Chida

ジェームス・M・バーダマン 著
硲允／千田智美 訳

ダウンロード MP3 音声つき

The Japan Times

Preface

In a sense, this book is a history of how a distinctive Western way of thinking evolved. While it is difficult to define the boundaries of "the West," we will consider it to include Europe and the Americas. Due to limitations of space, with a few exceptions, we will not include Russia or the Islamic countries. Those regions contributed enormously to Western thought, but they deserve separate books of their own.

The 99 thinkers in this volume have been chosen because they contributed in some significant way to the development of modern Western thought. They have shown some kind of ingenuity or creativity that transformed the Western understanding of the world. They made consequential innovations and achievements that affected the West and, sometimes, the rest of the world. Among them are artists, scientists, industrialists, academics, engineers, philosophers, theologians, musicians, and economists.

It is essential to make several points clear at the outset.

First of all, the intellectual life of the West was created by many individuals within cultural, social and political matrices. The people presented here built upon the ideas of the generations that preceded them. Isaac Newton, for example, stated his indebtedness to earlier scientists when he wrote, "If I have seen further, it is by standing on the shoulders of giants." Without such a foundation, these individuals could not have made the leaps forward that they achieved. Their achievements are also the product of groups of people, not just a single individual. We know their names because they represent some major contribution; we should not forget the others who helped them make those achievements.

Another reason why we know them is that they provided fundamental changes in ways of thinking that influenced later generations. These later contributors further transformed the West; without them, the earlier creative individuals would be lost in history.

A second point to remember is that these people came along at the right time. In the case of the creators, they had the right collaborators and the right materials, tools, technology, and skills, all of which came from other people. In the case of the industrialists, they had the technology, the financial resources, a workforce, and a welcoming market for what they produced.

Third, while there are many others who are more famous, iconic or legendary, the key standard here is what they contributed to the history of Western ideas. It is not the author's intention to say that these are all of the most important thinkers in the Western tradition. Our goal in learning about these people, however, is to determine how the West as we know it today developed its general way of thinking.

Efforts are made in this volume to connect individuals with those who were essential to their innovations. If it were not for limitations of space, those latter contributors might be taken up on their own.

This book is not intended to be an academic thesis. It is intended to provide, in English, a review of significant figures in Western history who somehow illustrate some facet of the Western tradition. The English-Japanese *taiyaku* format allows the reader to read and listen (through the audio download) to a short, informative passage of intermediate-level English. The notes under the Japanese translation are provided so that you do not need a dictionary to understand the story. If you do not understand the English the first time, please reread it and try to grasp the basic content. It is not necessary to understand each and every word or phrase. The Japanese translation is provided as assistance. It is not intended as a word-for-word substitution.

Finally, it is the author's hope that readers will expand their horizon through reading about some of the most fascinating people in the West.

James M. Vardaman

はじめに

　ある意味では、この本は西洋特有の考え方がどのように進化してきたかを示す歴史だと言える。「西洋」の境界線の定義は難しいが、西洋にはヨーロッパと南北アメリカ大陸を含むものとする。紙幅の都合上、わずかな例外を除いて、ロシアとイスラム教の国々は含まないものとする。これらの地域は西洋の思想に大いに寄与したが、この地域だけで別の本にまとめるに値する。

　この本に登場する99人の思想家は、現代の西洋思想の発展に何らかの重大な貢献をしたことから選ばれた。彼らは、世界についての西洋の理解を変容させるある種の創造性や独創性を示した。彼らは、西洋に、そして時には西洋以外の世界にも影響を与える重要な革新や業績を残した。このなかには芸術家や科学者、実業家、学者、エンジニア、哲学者、神学者、音楽家、経済学者などが含まれる。

　最初にいくつかの点を明確にしておく必要がある。

　まず、西洋の知的生活は、文化的、社会的、政治的基盤に立つ多くの個人によって生み出されたものだ。この本で挙げた人々は、自分よりも前の世代の考えを足場としている。例えば、アイザック・ニュートンは、「もし私に遠くが見えているとするなら、それは巨人の肩の上に立っているからだ」と書き、自分がこれまでの科学者たちから恩恵を受けているということを表明している。このような土台なくして、この本で紹介する人々は自身が成し遂げた飛躍をすることはできなかっただろう。彼らの功績は、たった1人の人間ではなく、複数の人々が生んだ産物でもある。私たちが彼らの名を知っているのは、彼らがいくつかの主要な貢献を代表しているからであり、その功績を成し遂げる助けとなった他の人々のことを忘れるべきではない。

　私たちが彼らのことを知っているもう1つの理由は、後の世代に影響を与えるような根本的な考え方の変化をもたらしたためだ。後の世代の貢献者たちは西洋をさらに変容させた。彼らがいなければ、先の世代の創造的な人々は歴史から姿を消していただろう。

覚えておきたい2つ目のポイントは、これらの人々は、時宜を得て現れたということだ。創造者（クリエイター）の場合は、適切な協力者がおり、他の人たちからもたらされた適切な材料、道具、技術、スキルがあった。実業家の場合には、技術や財源、労働力があり、彼らが生産するものを迎え入れる市場があった。

　3番目に、もっと有名で象徴（アイコン）的で、伝説的な人物は他にもたくさんいるが、この本での重要な基準は、西洋の思想の歴史にどのような貢献をしたかということだ。書き手として、西洋の伝統において最も重要な思想家たち全員がこの本に載っていると言うつもりはない。これらの人々について学ぶ目的は、また一方で、私たちが現在知っている西洋が、どのようにその一般的な思考様式を発達させてきたのかを見定めることだ。

　本編では、それぞれの人物と、彼らの革新（イノベーション）に不可欠な人々をつなぎ合わせるように努めた。もし紙面に限りがなければ、後者のこうした貢献者たちを単独で取り上げたかもしれない。

　本書を学術論文にするつもりはない。本書は、西洋の伝統のいくつかの側面を何らかの形で示す、西洋の歴史上の重要人物を、英語で概観することを目的としている。英和対訳形式で、読者は情報に富む中級レベルの英語の短いパッセージを読み、（音声をダウンロードして）聴くことができる。和訳のトには、辞書がなくても読解できるように語注がついている。もし1回目で英語が理解できなかったら、もう一度読み、基本的な内容を把握するよう試みていただきたい。あらゆる語句を理解する必要はない。和訳は補助のためにつけられている。一語一語の置き換えの（逐語）訳は意図されていない。

　最後に、西洋の最も素晴らしい幾人かの人物について読むことにより、読者の皆さんの視野を広げていただけることが著者の願いである。

ジェームス・M・バーダマン

訳者はしがき

　「西洋の天才」と言われて、真っ先に思い浮かぶのは誰だろうか？　この本に登場する天才たちは、現在の世界をつくるうえで大きな役割を果たしており、国境を越えて世界の人々と英語で対話する際、こうした歴史を押さえておくことは大いに役立つだろう。

　翻訳にあたっては、なるべく原文のニュアンスを忠実に伝える訳を心掛けた。原文の文法構造に従いつつ、原文の語句の代表的な訳語を充てていくような訳を「直訳」と呼ぶが、その方法では原文の意味合いを把握しづらい訳になってしまうことがある。本書は英語の学習書ということもあり、訳と原文を見比べた際、原文の理解に役立つような訳を基本としつつ、場合によっては、英和辞典に載っていないような訳語を選んでいる（その場合も、原文の語句が表す概念を含むものであるが）。英和辞書を見ても腑に落ちないときは、英英辞書の定義を参照することをお勧めしたい。

　語注において、難度の高い語句の意味や使い方を示すとともに（哲学用語、宗教用語、政治用語など専門的な語彙に関しては、英語学習書としての理解を妨げない範囲で使用するにとどめた）、人物や団体や事件などの解説も、英語の学習書にしてはかなり丁寧に行っているほうだと思う。とはいえ、歴史書や学術書ではないので、内容の解説に割ける字数には大きな制限がかかる。さらに詳しく知りたい場合、インターネットを使って英語で検索するか、英語の文献に当たれば、知的好奇心を満たしつつ、英語の実践的な学習にもなる。

　時代も国もさまざまな天才たちのストーリーを読むと、彼ら・彼女らがいかに強烈な個性を持ち、いろいろな条件が整ってそれを発揮できたからこそ天才たりえたのだということがわかる。この世で生きていくには、他者の個性と共存しながら自分の個性をどう生かしていくかが問われる。天才と呼ばれる人物たちが個性をどのように発揮したかを知ることは、私たちの生き方にも大いに参考になるのではないか。また、ヘンリー・デイヴィッド・ソロー、ヘレン・ケラー、マーティン・ルーサー・キング・ジュニアのように、より多くの人々が人種や性別、障がいなどを含めた個性を尊重される社会を求めて闘ってきた偉人たちのおかげで今がある。そうした努力の上に築かれてきたこの世界をどう引き継いでいくかが、私たち一人一人に問われているように感じた。

カバーデザイン: 寺井恵司
本文デザイン: 大森裕二
本文イラスト: naohiga
校正・DTP組版: 鴎来堂
カバー写真: Fine Art Images
オビ写真: Yoshiaki Miura (The Japan Times)
p. 60 画像: designed by Layerace - Freepik.com

ダウンロードMP3音声 (*英語テキストのみ)、収録時間: 約3時間30分
CDナレーション: Chris Koprowski (1-33),
　Rachel Walzer (34-71), Howard Colefield (72-99)
録音・編集: ELEC録音スタジオ

Contents
目次

はじめに ……………………………………… 2
本書の構成・
MP3音声ファイル ダウンロードと再生の方法 ………… 12

Chapter 1
古代
[紀元前約3000年〜紀元後約400年]
中世
[紀元後約400年〜紀元後1400年]

1. ペリクレス　民主政治を完成 …………………………………… 16
2. ヘロドトス　歴史の父 …………………………………………… 18
3. ソクラテス＆プラトン　西洋哲学の祖 ………………………… 20
4. アリストテレス　偉大な哲学者 ………………………………… 22
5. アレクサンダー大王　東方遠征によりギリシャの文化を広める … 24
6. ジュリアス・シーザー　後にその名が「皇帝」の称号に ……… 26
7. イエス　キリスト教の始祖 ……………………………………… 28
8. 使徒パウロ　キリスト教の布教者 ……………………………… 30
9. コンスタンティヌス1世　キリスト教に改宗したローマ皇帝 … 32
10. カール大帝　西ヨーロッパ統一 ………………………………… 34
11. トマス・アクィナス　中世最大の哲学者 ……………………… 36
12. マルコ・ポーロ　『東方見聞録』でアジア諸国をヨーロッパに紹介 … 38
13. ダンテ　地獄、煉獄、天国への魂の旅『神曲』………………… 40
14. ジェフリー・チョーサー　人々が日常的に使う言葉で『カンタベリー物語』を執筆 …… 42
15. ヨハネス・グーテンベルク　活版印刷技術を発明し、聖書を印刷 … 44

Chapter 2
ルネサンス
[約1400年〜1600年]

16. ジャンヌ・ダルク　「オルレアンの乙女」と呼ばれた悲劇のヒロイン …… 48
17. イサベル1世＆フェルナンド2世　スペインを統一した君主 … 50
18. クリストファー・コロンブス　大航海時代、アメリカ大陸へ到着 … 52
19. レオナルド・ダ・ヴィンチ　「モナ・リザ」で知られるルネサンスを代表する万能人 … 54
20. アルブレヒト・デューラー　イタリアの美術様式を北方に導入 …… 56

21. ミケランジェロ・ブオナローティ　彫刻、絵画で人体表現を極める …………………… 58
22. フェルディナンド・マゼラン　世界一周航海 ……………………………………………… 60
23. マルティン・ルター　宗教改革を牽引 ……………………………………………………… 62
24. エルナン・コルテス　新大陸を探検 ………………………………………………………… 64
25. ジャン・カルヴァン　プロテスタントの神学書『キリスト教要綱』を記す ………… 66
26. 女王エリザベス１世　イングランドの黄金時代に君臨 ………………………………… 68
27. ガリレオ・ガリレイ　地動説を提唱し異端審問にかけられた ………………………… 70
28. ウィリアム・シェイクスピア　イギリス・ルネサンス期演劇の天才劇作家 ………… 72
29. ルネ・デカルト　我思う、故に我あり『方法序説』……………………………………… 74

Chapter 3　近世
[約1600年〜1800年]

30. ジョン・ロック　イギリス経験論の父 …………………………………………………… 78
31. ルイ14世　絶対王政の象徴「太陽王」……………………………………………………… 80
32. アイザック・ニュートン　万有引力の法則『プリンキピア』…………………………… 82
33. エンゲルベルト・ケンペル　江戸参府時の見聞録『日本誌』…………………………… 84
34. ヨハン・セバスティアン・バッハ　音楽の父 …………………………………………… 86
35. ヴォルテール　宗教的不寛容を批判『寛容論』…………………………………………… 88
36. ベンジャミン・フランクリン　アメリカ建国の父の１人 ……………………………… 90
37. カロルス・リンナエウス　分類学の父 …………………………………………………… 92
38. サミュエル・ジョンソン　『英語辞典』を独力で編さん ………………………………… 94
39. ジャン＝ジャック・ルソー　人民主権を主張した『社会契約論』……………………… 96
40. アダム・スミス　経済学の始祖 …………………………………………………………… 98
41. イマヌエル・カント　ドイツ観念論を確立した『純粋理性批判』…………………… 100
42. 女帝エカチェリーナ　皇后からロシア皇帝へ ………………………………………… 102
43. ジェームズ・ワット　蒸気エンジンの改良 …………………………………………… 104
44. トーマス・ジェファーソン　第３代アメリカ合衆国大統領 ………………………… 106
45. トゥーサン・ルーヴェルチュール　ハイチ独立運動の指導者 ……………………… 108
46. ヨハン・ヴォルフガング・フォン・ゲーテ　教養小説『ヴィルヘルム・マイスターの修行時代』… 110
47. メアリー・ウルストンクラフト　フェミニスト運動の先駆『女性の権利の擁護』… 112
48. イーライ・ホイットニー　綿繰り機の発明 …………………………………………… 114

49. ナポレオン・ボナパルト　フランス革命後を独裁統治 …………………… 116
50. アレクサンダー・フォン・フンボルト　行動する博物学者 …………………… 118
51. ルートヴィヒ・ヴァン・ベートーヴェン　聴覚を失った大作曲家 …………………… 120
52. シモン・ボリバル　南米独立闘争に身を捧げた革命家 …………………… 122

Chapter 4　近代Ⅰ ［1800年］

53. エイブラハム・リンカーン　第16代アメリカ合衆国大統領 …………………… 126
54. チャールズ・ダーウィン　進化論を唱えた『種の起源』 …………………… 128
55. ハリエット・ビーチャー・ストウ　南部の黒人たちの現実『アンクル・トムの小屋』 …………………… 130
56. チャールズ・ディケンズ　産業革命下の貧困を描いたイギリスの国民的作家 …………………… 132
57. オットー・フォン・ビスマルク　ドイツ統一を成し遂げた鉄血宰相 …………………… 134
58. ヘンリー・デイヴィッド・ソロー　自給自足の生活『ウォールデン 森の生活』 …………………… 136
59. カール・マルクス　資本主義経済の危険性を説いた『資本論』 …………………… 138
60. フローレンス・ナイチンゲール　近代看護制度を確立 …………………… 140
61. ハインリヒ・シュリーマン　伝説の古代都市トロイ発掘 …………………… 142
62. グレゴール・メンデル　遺伝の法則を発見 …………………… 144
63. ルイ・パスツール　近代細菌学の開祖 …………………… 146
64. マーク・トウェイン　人種差別を風刺した『ハックルベリー・フィンの冒険』 …………………… 148
65. アンドリュー・カーネギー　一代で富を築いた「鉄鋼王」、慈善家の先駆 …………………… 150
66. フリードリヒ・ニーチェ　超人たれ『ツァラトゥストラはかく語りき』 …………………… 152
67. トーマス・エジソン　実用電球の発明 …………………… 154
68. ジークムント・フロイト　『精神分析入門』を著した精神分析の創始者 …………………… 156
69. ルドルフ・ディーゼル　燃焼エネルギーを利用したディーゼルエンジンの発明 …………………… 158
70. ヘンリー・フォード　ライン生産を始めた自動車王 …………………… 160
71. マックス・ヴェーバー　近代社会学の創始者 …………………… 162
72. ライト兄弟（ウィルバーとオーヴィル）　飛行機の発明 …………………… 164
73. マリー・キュリー　放射能の研究で2つのノーベル賞を受賞 …………………… 166
74. アルベルト・シュヴァイツァー　アフリカでの医療活動によりノーベル平和賞を受賞 …………………… 168
75. アルベルト・アインシュタイン　20世紀最大の物理学者 …………………… 170
76. ヘレン・ケラー　苦難を乗り越えた福祉活動家 …………………… 172

77. パブロ・ピカソ　スペイン内戦時に描いた「ゲルニカ」……………………… 174
78. フランクリン・デラノ・ルーズベルト　第32代アメリカ合衆国大統領 ……… 176
79. ジョン・メイナード・ケインズ　積極的介入を行う「大きな政府」を提唱 …… 178
80. ココ・シャネル　パリ・モード界の女王 ……………………………………… 180
81. エレノア・ルーズベルト　国連総会アメリカ代表 …………………………… 182
82. チャーリー・チャップリン　映画黎明期の喜劇王 …………………………… 184

Chapter 5　近代Ⅱ
[1900年]

83. ルイ・アームストロング　ジャズの神様 ……………………………………… 188
84. ウォルト・ディズニー　エンターテインメント王国の創造主 ………………… 190
85. マーガレット・ミード　人類学の母 …………………………………………… 192
86. ディートリヒ・ボンヘッファー　「20世紀の10人の殉教者」の1人 ………… 194
87. レイチェル・カーソン　環境保護活動を導いた『沈黙の春』 ………………… 196
88. シモーヌ・ド・ボーヴォワール　生まれつき女性なのではない『第二の性』… 198
89. マザー・テレサ　生涯、貧しい人々に寄り添った修道女 …………………… 200
90. アラン・チューリング　チューリングマシンによりコンピュータの原理を考案 … 202
91. ネルソン・ホリシャシャ・マンデラ　南アフリカの人種差別撤廃運動に従事 … 204
92. マーガレット・サッチャー　保守的かつ強硬な政治手腕の「鉄の女」………… 206
93. アンディ・ウォーホル　ポップアートの旗手 ………………………………… 208
94. ノーム・チョムスキー　言語学にパラダイム・シフトを起こした …………… 210
95. ジェームズ・D・ワトソン&フランシス・クリック　DNAの二重らせん構造を発見 … 212
96. マーティン・ルーサー・キング・ジュニア　公民権運動の指導者 …………… 214
97. エルヴィス・プレスリー　キング・オブ・ロック ……………………………… 216
98. レフ・ワレサ　労働組合「連帯」を創設し、東欧革命を先導 ………………… 218
99. ティム・バーナーズ=リー　ワールド・ワイド・ウェブ（WWW）を考案 …… 220

Index ……………………………………… 222
参考文献 ………………………………… 223

本書の構成

|1| 項目タイトル……英語の項目では天才たちの通り名、主な肩書き、ゆかりの深い地名の順に掲載しています。日本語の項目ではそれらの対訳に加え出身地、生誕年、没年、満年齢での享年などのおよそのデータも掲載しています。生誕年の順に天才たちを紹介していきます。英語で話すことを想定し、英語圏で通用する表記を採用していますが、通例の表記や発音が英語、原語、日本語で異なる名前や語もあります。

|2| 英語の本文テキスト……英語で西洋史上の天才たち(Western Genius)について話すための、英語話者に伝わりやすいシンプルな英語を心がけて書き下ろしています。99のユニットで、99人の天才たちの偉業から、西洋思想の要点を学んでいきましょう。

* 太字　　左ページの英語テキストと右ページの日本語訳で、難度の高いと思われる語句を太字にしています。文中での意味合いや、使われ方を確認しましょう。

* 色下線　左ページの英語テキスト内で、特に重要な語句に色下線を引いています。右ページ下の語注で意味や背景知識を解説しています。

|3| 日本語訳……対訳です。比較的難度の高い語句が太字になっています。

|4| 語注………より重要な語句に対し、意味と歴史的な背景知識を確認してください。

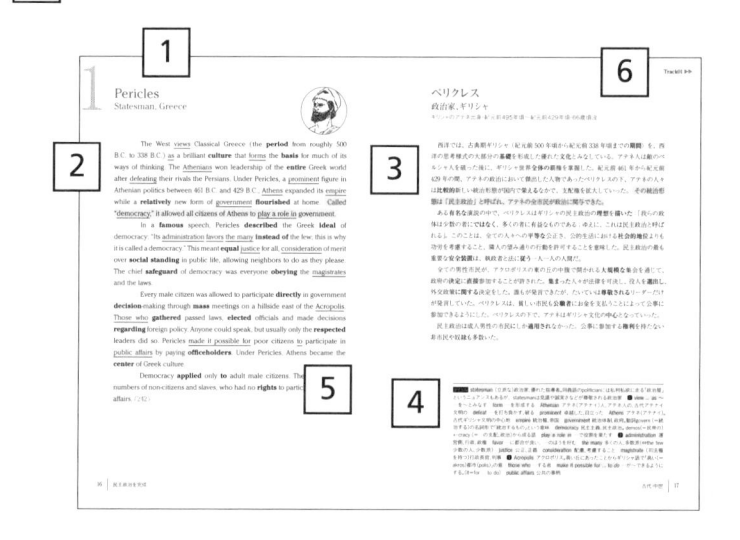

5 本文テキストのワード数‥‥速読練習の目安にしてください。参考までにwpm(word per minutes)という、1分間に何ワードを読めるかで計測する基準では、センター試験では120wpm、TOEICでは150wpm、ネイティブは250〜300wpm程度です。

6 MP3音声のTrack番号‥‥英語のテキストのみが収録されています。ネイティブの発音のあとに即座に復唱する「シャドーイング」という勉強法を本書の音声で実践してみてください。人名などの発音はアメリカ英語で一般的とされる1例を収録しています。

MP3音声ファイル ⇩ダウンロードと再生の方法

Step 1 ▶無料でPCにダウンロードします。

- 方法1　弊社ウェブサイトのトップページ(http://bookclub.japantimes.co.jp/)からダウンロード。
- 方法2　ブラウザの検索ウィンドウに「ジャパンタイムズ　ブッククラブ」と打ち込み、検索結果から弊社ウェブサイトのトップページに移動し、そこからダウンロード。
- 方法3　本書籍情報ページ(http://bookclub.japantimes.co.jp/wg)からダウンロード。

Step 2 ▶音声ファイルを各種機器で再生します。

- 方法1　ダウンロードした音声ファイルを、PCの中のiTunesなどの音楽再生ソフトに取り込み、PCで再生します。
- 方法2　ダウンロードした音声ファイルを、PCの中のiTunesなどの音楽再生ソフトに取り込み、iPhoneなどの各種スマートフォンを同期し、各種スマートフォンで再生します。
- 方法3　ダウンロードした音声ファイルを、PCの中のiTunesなどの音楽再生ソフトに取り込み、iPodなどの各種携帯型音楽プレーヤーへ転送し、各種音楽プレーヤーで再生します。

※スマートフォンへ直接ダウンロードして再生することは原則できませんので、ご注意ください。
※各種音楽ソフト、デバイスの詳しい使用方法は、お使いのソフトまたは機器のマニュアルをご参照ください。

Index‥‥天才たちの名前の英語表記を、ページ数とともにリストにしています。

カバー背景画に登場する、本書で紹介したジーニアスたち
[確証のない人物もいます]

- **1** アレクサンダー大王▶ p. 22, 24
- **2** ソクラテス▶ p. 20
- **3** プラトン▶ p. 20, 22（レオナルド・ダ・ヴィンチ▶ p. 54, 58 がモデル）
- **4** アリストテレス▶ p. 22, 36, 92
- **5** ヘラクレイトス（ミケランジェロ・ブオナローティ▶ p. 54, 58 がモデル）
- **6** エウクレイデス▶ p. 24 またはアルキメデス▶ p. 24
- **7** プトレマイオス▶ p. 70
- **A** 芸術の神、のちの太陽神アポロン像
- **B** 知恵の女神アテナ像
- **C** 画家ラファエロ

アテネの学堂／ラファエロ

Chapter 1

Ancient Period
[c. 3000 B.C. to c. 400 A.D.]

Middle Ages
[c. 400 A.D. to c. 1400 A.D.]

古代
[紀元前約3000年～紀元後約400年]

中世
[紀元後約400年～紀元後約1400年]

1

Pericles
Statesman, Greece

The West views Classical Greece (the **period** from roughly 500 B.C. to 338 B.C.) as a brilliant **culture** that forms the **basis** for much of its ways of thinking. The Athenians won leadership of the **entire** Greek world after defeating their rivals the Persians. Under Pericles, a prominent figure in Athenian politics between 461 B.C. and 429 B.C., Athens expanded its empire while a **relatively** new form of government **flourished** at home. Called "democracy," it allowed all citizens of Athens to play a role in government.

In a **famous** speech, Pericles **described** the Greek **ideal** of democracy: "Its administration favors the many **instead of** the few; this is why it is called a democracy." This meant **equal** justice for all, consideration of merit over **social standing** in public life, allowing neighbors to do as they please. The chief **safeguard** of democracy was everyone **obeying** the magistrates and the laws.

Every male citizen was allowed to participate **directly** in government **decision**-making through **mass** meetings on a hillside east of the Acropolis. Those who **gathered** passed laws, **elected** officials and made decisions **regarding** foreign policy. Anyone could speak, but usually only the **respected** leaders did so. Pericles made it possible for poor citizens to participate in public affairs by paying **officeholders**. Under Pericles, Athens became the **center** of Greek culture.

Democracy **applied** only **to** adult male citizens. There were large numbers of non-citizens and slaves, who had no **rights** to participate in public affairs. (242)

ペリクレス
政治家、ギリシャ
ギリシャのアテネ出身・紀元前495年頃～紀元前429年頃・66歳頃没

　西洋では、古典期ギリシャ（紀元前500年頃から紀元前338年頃までの**期間**）を、西洋の思考様式の大部分の**基礎**を形成した優れた**文化**とみなしている。アテネ人は敵のペルシャ人を破った後に、ギリシャ世界**全体**の覇権を掌握した。紀元前461年から紀元前429年の間、アテネの政治において傑出した人物であったペリクレスの下、アテネの人々は**比較的**新しい統治形態が国内で**栄える**なかで、支配権を拡大していった。その統治形態は「民主政治」と呼ばれ、アテネの全市民が政治に関与できた。

　ある**有名**な演説の中で、ペリクレスはギリシャの民主政治の**理想を描いた**：「我らの政体は少数の者に**ではなく**、多くの者に有益なものである；ゆえに、これは民主政治と呼ばれる」。このことは、全ての人々への**平等な**公正さ、公的生活における**社会的地位**よりも功労を考慮すること、隣人の望み通りの行動を許可することを意味した。民主政治の最も重要な**安全装置**は、執政者と法に**従う**一人一人の人間だ。

　全ての男性市民が、アクロポリスの東の丘の中腹で開かれる**大規模な**集会を通じて、政府の**決定**に**直接**参加することが許された。**集まった人々が法律を可決し、役人を選出し、外交政策に関する**決定をした。誰もが発言できたが、たいていは**尊敬される**リーダーだけが発言していた。ペリクレスは、貧しい市民も**公職者**にお金を支払うことによって公事に参加できるようにした。ペリクレスの下で、アテネはギリシャ文化の**中心**となっていった。

　民主政治は成人男性の**市民**にしか**適用**されなかった。公事に参加する**権利**を持たない非市民や奴隷も多数いた。

Herodotus
Historian, Greece

The arts of the West have been dominated by **standards** set by the Greeks of the classical period. In the Western world, they were the first people to present history as a **systematic analysis** of past events. The first real **history** in Western **civilization** was *The histories* of the Persian Wars by Herodotus. He wrote about the **historical** causes of the conflicts between the Greeks and the Persians. He attempted to use **evidence** to distinguish a fictional story from a true, historical **account**. He traveled widely and questioned many people as a means of obtaining his information. Herodotus did not link his histories to his **personal** situation. He was a **master** storyteller and wrote for a wider audience and with a wider **purpose**: to record and explain the past. For this reason, in the West, he is sometimes called the "Father of History."

Although Herodotus began the Western practice of history, Thucydides was perhaps the greatest of the Greek historians. He was an Athenian **general** who fought in the Great Peloponnesian War and later wrote its history. He examined the war clearly and **fairly**, placing emphasis on accuracy. He refused to be guided by only his own general **impressions**. "Either I was present myself at the events which I have described or else I heard of them from **eye-witnesses** whose reports I have checked with as much thoroughness as possible." Thucydides also believed that the study of history was of great value in understanding the present. (246)

ヘロドトス
歴史家、ギリシャ

小アジア（現トルコ）出身・ギリシャ人・紀元前484年頃～紀元前425年頃・59歳頃没

　西洋の人文科学は、古代のギリシャ人が築いた**基準**に大きな影響を受けてきた。西洋の世界において、古代ギリシャ人は、歴史を過去の出来事の**体系的な分析**として提示した初めての人々だった。実在する西洋**文明**初の**歴史書**は、ヘロドトスによるペルシャ戦争を描いた『歴史』だった。ヘロドトスは、ギリシャ人とペルシャ人との争いの**歴史的要因**について書いた。架空の物語と、実際の史実に基づく**説明**とを区別するために、彼は**証拠**を用いようと努めた。情報を得る手段として、広範囲に旅をして多くの人々に質問をした。ヘロドトスは歴史を自分の**個人的な**状況と結びつけることはしなかった。彼は**優れた**語り手であり、より広い層の読み手に向け、過去を記録し説明するためという、より広い**目的**で書いた。このため、西洋で彼は時折、「歴史の父」と呼ばれる。

　ヘロドトスは西洋における歴史研究の慣行を創始したが、トゥキュディデスがおそらくギリシャの歴史家の中で最も偉大であった。トゥキュディデスは、ペロポネソス戦争で戦ったアテネの**将官**で、後にペロポネソス戦争の歴史を記した。その戦争を明確かつ**公平に**精査し、正確性に重きを置いた。自分自身の全体的な**印象**だけに左右されないようにしていた。「私が描写した出来事の場に自分自身がいたか、そうでなければ、**目撃者**から出来事について聞き、彼らからの報告を私は可能な限り徹底的に確認している」。トゥキュディデスはまた、歴史の研究は現在を理解する上でも大きな価値があると信じていた。

❶ art（通例複数形で）人文科学、文系科目（⇔ science(s) 自然科学、理系科目）　dominate …を支配する、…に著しく影響する　present …を提示する、提供する。アクセントは第2音節[prizént]　conflict 衝突、対立　attempt to do …しようと試みる、努める　distinguish …を区別する、見分ける　fictional 事実に基づかない、架空の。名詞fiction（架空の物語）の形容詞形　obtain …を入手する、得る　audience 聴衆、観客　❷ Thucydides トゥキュディデス（紀元前460年頃～紀元前395年頃）。アテネ出身の歴史家。著書に未完の史書『戦史（History of the Peloponnesian War）』がある　the Great Peloponnesian War ペロポネソス戦争（紀元前431年～紀元前404年）。アテネとスパルタとの戦争で、アテネが敗れた　examine …を検証する、調べる　emphasis 強調、重点　accuracy 正確さ。形容詞accurate（正確な）の名詞形　refuse to do …することを拒む　either ... or else ～…か、または～　thoroughness 徹底していること、完璧さ。形容詞thorough（徹底的な）の名詞形　of great value 優れた価値のある。of+抽象名詞は形容詞の意味になる

3 Socrates & Plato
Philosophers, Greece

Greek philosophers before Socrates **were concerned** mostly **with** natural science. Socrates, however, taught his students how to live their lives by a code of ethics. He contended that people could be happy only by living **moral** lives. They could be taught how to behave **morally**.

Socrates is known for his teaching method, which is called **the Socratic method**. It uses questions and answers to lead students to use their own reason. He believed that all real knowledge is present inside each person. The **individual** can bring it out only by **critical** examination. This belief in the individual's **ability** to reason became an important **contribution** of the Greek philosophers. Challenging **authority cost** Socrates his life. He **was accused of** corrupting young citizens of Athens. An Athenian **jury** sentenced him to die by drinking a **poison** called **hemlock**.

We know about Socrates through Plato, one of the greatest philosophers in Western culture. Plato is known for wanting to know what reality is. He believed that a higher world of eternal, unchanging Forms existed. Only the trained mind, he said, can become aware of these Forms. What we see with our **senses** (flowers, for example) are just **reflections** of the **idea** Form ("flowerness"). What we see is just a **shadow** of the Form itself.

Plato's greatest contribution is *The Republic*, which explains his ideas about **government**. Like Socrates, he believed individuals could not achieve a good life unless they depended on reason. He believed that the **ideal** democratic government depended on individuals working together with reason, **courage** and **desire**. If each group of citizens in Plato's ideal state performed their **appropriate** roles in life, society would be just and would **function** smoothly. (279)

ソクラテス&プラトン
哲学者、ギリシャ

ソクラテス: ギリシャのアテネ出身・紀元前470年頃〜紀元前399年頃・71歳頃没
プラトン: ギリシャのアテネ出身・紀元前428年頃〜紀元前347年頃・81歳頃没

　ソクラテス以前のギリシャの哲学者は、主に自然科学に**関心を持っていた**。しかし、ソクラテスは、道徳律に即した生き方を教え子たちに説いた。人は**道徳的な**暮らしをしてのみ幸せになれると彼は主張した。人は**道徳的に**行動する方法を習うことができると。

　ソクラテスは、**ソクラテス式問答法**と呼ばれる教授法で知られている。これは、**教え子たちが自分自身の理性を用いるように導くために、問いと答えを使う**。ソクラテスは、真の知は全て、各人の内部に存在すると信じていた。**個人は批判的な**考察によってのみ、それを引き出すことができる。この個人の論理的に思考する**能力**への確信は、ギリシャの哲学者たちの重要な**貢献**になった。**権威**に立ち向かったことで、ソクラテスは自らの命を**犠牲にした**。彼はアテネの若い市民を腐敗させていると**告発された**。アテネの**陪審員たち**はソクラテスに、**ドクニンジン**と呼ばれる**毒**を飲んで死ぬ死刑を言い渡した。

　私たちはプラトンを通じて、ソクラテスのことを知っている。プラトンは西洋文化における最も偉大な哲学者の1人だ。プラトンは実在とは何かを知りたいと願ったことで知られている。彼は永遠で不変のイデア界という高次の世界が**存在する**と信じていた。彼は鍛錬された思考のみがこのイデアを認識できると言った。私たちの**感覚**で知覚できるもの（例えば花）は、**イデア**の原型（「花というもの」）の**反映**にすぎない。私たちが知覚しているものはイデアそのものの**影**でしかない。

　プラトンの最も偉大な貢献は、**政府**に関する自身の理念を説明した『国家』である。ソクラテスのように、個人は理性に基づかねば良い人生を得ることはできないとプラトンは思っていた。彼は、**理想的な**民主政体は、**理性**と**気概**と**欲望**を持って協力する個々人に依拠すると信じていた。プラトンの描く理想国家の市民の各集団が、人生において**適切な**役割を果たせば、社会は公正になり、円滑に**機能する**ことだろう。

タイトル philosopher 哲学者。「哲学」はphilosophy。philo-（愛する）+sophia（叡智） ❶ code 掟、法則　ethics 倫理、道徳規範　contend …と（強く）主張する　behave 振る舞う、行動する　❷ method 手法、方法　reason 理性、良識 [名]　present 存在する。アクセントは第1音節 [prézə nt]　examination 調査、考察　reason 論理的に考える、推論する [動]　challenge …に歯向かう　corrupt …を堕落させる、腐敗させる　sentence …に（判決を）言い渡す　❸ reality 実在。プラトンは、事物を「物」に限らず、観念や知識をも含めた事物の実在性を認め、その認識が可能であると説いた。実在論(realism)　eternal 永遠の、恒久的な　Form （プラトン哲学の）イデア、原型　❹ achieve …を成し遂げる、達成する　unless …でなければ　depend on …に依る、頼る

4 Aristotle
Philosopher, Greece

Plato's most famous student, Aristotle disagreed with Plato about ideal forms. He did not **believe** that there was a higher world of **reality** beyond **material** things. But Aristotle agreed with Plato that people's happiness resulted from living a life filled with **virtue**. He believed that virtue was a midpoint between extremes of behavior. Courage was, for example, a midpoint between being a **coward** and being reckless.

Aristotle's broad **interests** led him to analyze and **classify** things **based on** actual observation. The **scientific** method in our day takes this for granted, but in his day, it was a **groundbreaking** approach. He studied natural science by **direct** observation and recording of details. Aristotle's ideas provided the **basis** for Western science until the 17th century.

Aristotle, like Plato, sought a form of government that would direct human affairs in a **rational** way. He did not look for an ideal state as Plato did. Instead, Aristotle analyzed the governments of his day and found three good forms of government. He admired **monarchy** and **aristocracy**, but he **slightly** preferred constitutional government. He saw it as the best form of government for most people because it could be democratic.

Aristotle may have been the most influential **thinker** in the Western **tradition**. His most famous student, Alexander the Great, spread his ideas across a **vast** part of the classical world. (223)

アリストテレス
哲学者、ギリシャ
ギリシャ出身・紀元前384年～紀元前322年・約62歳没

　プラトンの最も有名な教え子であるアリストテレスは、イデア的原型について、プラトンとは違う考えを持っていた。アリストテレスは、**物質的な**事物を超えたところにある高次の**実在**世界があると**は考え**なかった。しかし、アリストテレスは、人の幸福は**美徳**に満ちた暮らしを送ることから生じるということについてはプラトンと同じ意見だった。彼は、行動の極と極との中間点に美徳があると考えた。例えば、勇気は**臆病**と向こう見ずの間にある中間点だ。

　アリストテレスは、その広い**関心**から、実際の観察**を基**に物事を分析し、**分類した**。現代の**科学的な**手法はこれを当然のことと見なしているが、この時代において、これは革新的なアプローチだった。彼は**直接的な観察と詳細の記録によって自然科学を研究した**。アリストテレスの考えは、17世紀まで西洋科学の**基礎**となった。

　アリストテレスは、プラトンと同じように、**合理的な**方法で人間社会の諸事を導く政府の形を求めていた。プラトンのように理想的な国家を追い求めるということをアリストテレスはしなかった。そうではなく、アリストテレスは当時の政府を分析し、3つの良い政府の形態を発見した。彼は、**君主制**と**貴族制**を称賛したが、立憲政府のほうが**僅かながら**より好んだ。彼は、立憲政府は民主的になりうるので、ほとんどの人々にとって最善の政府形態だと見なしていた。

　アリストテレスは西洋の**伝統**において最も影響力のある**思想家**だったかもしれない。アリストテレスの最も有名な教え子、アレクサンダー（アレクサンドロス）大王は、アリストテレスの考えを古代の世界の**広大な**範囲に広めた。

---

❶ disagree with …と意見が異なる　ideal （プラトン哲学の）イデア的な、観念的な　filled with …でいっぱいの　midpoint 中間点、中心点　extreme 極度、極端な状態　reckless 向こう見ずな、無謀な　❷ analyze …を分析する。名詞形はanalysisで「分析」　observation 観察。動詞observe （観察する）の名詞形　take ... for granted …を当然のことと思う　detail 詳細、細部　❸ seek …を探る、探求する。時制変化はseek-sought-sought　direct …を（ある方向に）向かわせる、指揮する　affair 事柄、出来事　look for …を探す、探し求める　admire …を称賛する、ほめる　constitutional 立憲的な。名詞constitution （憲法）の形容詞形　❹ influential 影響力のある　Alexander the Great アレクサンダー大王。マケドニア王国の王アレクサンドロス3世のこと

5 Alexander the Great
King of Macedonia

Philip II built a powerful army that made Macedonia the **chief** power of the Greek world. He carefully prepared his son Alexander to lead armies and become king. When his father was assassinated, Alexander became king of Macedonia at the age of 20.

Alexander quickly moved to attack the Persian Empire. By the winter of 332 B.C. he had the area between Syria and Egypt **under control**. He established Alexandria as the Greek capital of Egypt. Moving east in 331 B.C., he invaded the Persian Empire and within three years **reached** what is now Pakistan. His **success** was due to his military strategy, masterful leadership and a degree of **recklessness**. His plans for greater conquests came to an end when he died at the age of 32 in 323 B.C.

Alexander the Great, as he became known, was known as a **brave**, inspirational leader. It is his legacy, however, that makes him a key **figure** in the West. The mainland Greeks continued to see the **city-state**, the *polis*, as the ideal form of government. **Elsewhere**, however, Alexander's **political legacy** led to seeing a **monarchy** as ideal. This **view** would continue throughout the West for millennia.

Alexander also spread Greek language, **architecture**, art and **diversity** of **religion** to lands from Egypt to Persia. **As a result**, Greek culture blended with **elements** of other cultures to become "Hellenistic," which means "imitating the Greeks." This culture would see advances in **literature**, theater and the sciences. During the Hellenistic Age, the **mathematician** Euclid produced his book on **plane geometry**, while the scientist Archimedes worked on **spheres** and **cylinders** and established the value of **pi**. (270)

東方遠征によりギリシャの文化を広める

アレクサンダー大王(アレクサンドロス大王)
マケドニア王国の王

マケドニア王国(現ギリシャ周辺)出身・紀元前356年～紀元前323年・32歳没

　フィリップ2世は強力な軍隊を築き、マケドニア王国はギリシャ世界の**主たる**強国となった。彼は、息子のアレクサンダーが軍を指揮し、王となるように周到に準備をした。アレクサンダーは、父が暗殺されたとき、20歳でマケドニア王となった。

　アレクサンダーは即座に、ペルシャ帝国の攻撃へ移った。紀元前332年の冬までに、シリア・エジプト間の地域を**支配下**に収めた。彼は、エジプトにおけるギリシャの首都としてアレクサンドリアを設立した。紀元前331年に東へ向かい、アレクサンダーはペルシャ帝国に侵攻して、3年以内に現在のパキスタンに**到達した**。彼の**成功**の要因は、軍事戦略と、優れたリーダーシップ、ある程度の**無謀さ**だった。さらに征服地を拡大する計画は、アレクサンダーが紀元前323年に32歳で死去するまで続いた。

　アレクサンダー大王として知られるようになった彼は、人を鼓舞することに長けた**勇敢なリーダー**として有名だ。しかし、彼を西洋の重要な**人物**にしているものは、彼の遺産である。ギリシャ本土は、**都市国家**「ポリス」を政府の理想的な形と考え続けていた。しかし、**他の地では**、アレクサンダーが残した**政治的な遺産**によって、**君主制**が理想とされるようになっていった。この**見方**が西洋全体で何千年も続くことになる。

　アレクサンダーは、ギリシャの言語、**建築**、芸術、**宗教**の**多様性**も、エジプトからペルシャまでの地域に広げた。**その結果**、ギリシャの文化は他の文化の**要素**と融合し、「ヘレニズム的に」なった。「ヘレニズム」とは、「ギリシャを模倣している」という意味だ。この文化において、**文学**、劇、科学が進歩した。ヘレニズム期には、**数学者**のユークリッド(エウクレイデス)が**平面幾何学**に関する本を発表し、その間に科学者のアルキメデスは**球と円柱**について研究し、円周率の値を確立した。

---

❶ assassinate …を暗殺する。「暗殺者」はassassin、「暗殺」はassassination　❷ attack …を攻撃する　establish …を設立する、創設する　invade …を侵攻する、…に侵入する　due to …が原因で、…のせいで　military 軍事的な　masterful (技量・知能の)優れた、熟練した　a degree of ある程度の　conquest 征服地。不可算名詞では「征服」という意味　❸ inspirational 鼓舞する　legacy 遺産、過去から受け継がれたもの　millennia millennium(千年)の複数形　❹ blend 溶け合う、調和する　imitate …を模倣する　advance 進歩。「進歩する」「…を進歩させる」という意味の動詞としても用いられる　Euclid ユークリッド〈エウクレイデス〉　(紀元前330年頃～紀元前275年頃)。「幾何学の父」と呼ばれ、光の直進や反射なども研究した　produce …を生み出す、生産する　Archimedes アルキメデス(紀元前287年頃～紀元前212年頃)。円周率の近似値の計算や、浮力、てこの原理の解明など多岐にわたって活躍した

6

Julius Caesar
Statesman, The Roman Republic

Rome began its rise in 509 B.C. when the Roman army overthrew the last Etruscan king and established a **republic**. In this type of **government**, the leader was not a king and some of the citizens of the city **participated in** governing.

The Romans conquered Italy and then the **rest** of the Mediterranean world. **Eventually** the Romans began to govern these areas, using the **republican** form of government. This involved a select group of **wealthy landowners** who served in the Roman **Senate** and a system of laws to govern the people. This important means of government has been passed down throughout the West.

Gradually a small group of powerful families began to control the Senate and other political offices. **Ambitious** men began to use armies to seize power from the Senate. This led to a half-century of civil war, from 82 to 31 B.C. Three men emerged as victors: Crassus, Pompey and Julius Caesar. They formed the First **Triumvirate**, a government by three people of **equal** power.

Caesar took command of Gaul, **present-day** France, and he became known as a successful military leader. He **defeated** his two rivals and gained complete control of the Roman government. Caesar was officially made absolute **ruler** in 44 B.C. Caesar had used his skills as an orator and writer as **political** tools. By these means, he communicated his ideas and **shaped** his identity as a ruler who attempted to **reform** Rome. He gave land to the **landless** poor and increased the size of the Senate. Caesar planned military campaigns to expand Rome into an **empire**. Many Senators assumed he also planned to continue as a **dictator**, so in 44 B.C. a group of them **assassinated** him. (282)

ジュリアス・シーザー（ユリウス・カエサル）
指導的政治家、ローマ共和国
共和制ローマ出身・紀元前100年頃～紀元前44年・55歳頃没

　ローマ軍がエトルリアの最後の王より王座を奪い、**共和国**を樹立した紀元前509年に、ローマは興隆し始めた。この種の**政府**において、指導者は王ではなく、都市の市民の何人かが統治に**参加していた**。

　ローマ人はイタリアを征服し、その後、**残り**の地中海世界を征服した。**やがて**、ローマ人はこれらの地域を、**共和的**な形態の政府で統治し始めた。これには、ローマの**元老院**で議員を務めた**裕福な地主たち**の中でも選り抜きの集団と、人々を統治する法体系が関わっていた。この重要な政府の手法は、西洋全体に継承されていった。

　次第に、有力な親族らから成る小集団が、元老院とその他の政治部局を支配し始めた。**野心に燃える**男たちが、元老院から権力を掌握しようと軍隊を用い始めた。こうして、紀元前82年から紀元前31年までは、内戦の半世紀となった。3人の男が勝者に浮上した：クラッスス、ポンペイ（ポンペイウス）、ジュリアス・シーザーだ。彼らは第1回**三頭政治**を組織した。これは、**同等の権力**を持つ3人による政府である。

　カエサルは、**現在のフランス**にあたるゴール（ガリア）の地を統括し、成功した軍事指導者として知られるようになった。彼は2人の政敵（クラッススとポンペイ）を**破り**、ローマ政府の完全な支配権を手に入れた。シーザーは紀元前44年、正式に絶対的**支配者**（終身独裁官）となった。シーザーは、雄弁家と文筆家としての能力を**政治の道具**にしていた。これらにより、シーザーは自身の考えを伝え、ローマの**改革**に取り組む支配者という自身のアイデンティティを**形成していった**。彼は**土地を持たない**貧しい人々に土地を与え、元老院の規模を拡大した。カエサルは、ローマを**帝国**に拡大するための軍事行動も計画した。元老院の議員の多くが、カエサルは**独裁官**でもあり続けるつもりだろうと憶測したため、紀元前44年に議員の一団がカエサルを**暗殺した**。

---

❶ overthrow …を(暴力で)転覆させる、滅ぼす。時制変化はoverthrow-overthrew-overthrown　Etruscan エトルリア(Etruria)の、エトルリア人(語)の。エトルリアは、イタリア半島の中部にあった都市国家群。鉄の交易で栄えた。古代ローマやギリシャとは異なり、男女平等を実現していた稀な民族だった　govern …を統治する、管理する　❷ conquer …を征服する、勝ち取る　Mediterranean 地中海の、地中海沿岸の　involve …を関わらせる　serve (職務・任務など)を務める　means 手段、方法　pass down …を伝承する、受け継ぐ　❸ political 政治的な、政治の　seize …をつかむ、強奪する　❹ take command of …の指揮をとる　gain …を獲得する　complete 完全な、全面的な　absolute 絶対の、絶対的な(⇔relative 相対の、相対的な)　orator 雄弁家、演説者　communicate …を伝える、明確に表現する　expand ... into ～ …を～に拡大する　assume …と憶測する、思い込む

7 Jesus
Religious leader

Jesus was born in a Jewish family. He became an influential and eloquent teacher of Jewish **tradition**, saying that the first commandment that people should follow is to love God "with all your **soul** and with all your mind and with all your strength." Jesus went on to say, "The second is this: Love your **neighbor** as yourself." It was **concepts** based on this — humility, charity, and love toward others — that would shape the **value system** of Western **civilization**.

As he traveled from place to place preaching, he **attracted** large **audiences**. Some who heard him thought that he might be the political leader who would free Israel from Roman **rule**. Some saw him as a **threat** to the Jewish priesthood. He himself felt that his **mission** was to fulfill the salvation that God had **promised** to Israel from Abraham down through the generations.

Eventually his opponents turned him over to the local Roman **procurator**, Pontius Pilate. Jesus was **crucified**. After his death, his followers claimed that he had risen from the dead. They believed that Jesus had been **the Messiah**, the "anointed one" promised in the Jewish scripture.

Jesus' followers became known as Christians. They became a **unique** group within the Jewish tradition. In the beginning, Christians were persecuted. But Christianity grew in importance and spread throughout the Roman Empire. Eventually it became the single most important religion in the West and **influenced** all of Western thought. (237)

イエス（ジーザス）
宗教的指導者
イスラエル出身・ユダヤ人・紀元前4年頃～紀元後30年頃

　イエスは、ユダヤ人の家族の下に生まれた。彼は、ユダヤの**伝統**を伝える、影響力の大きい雄弁な教師となり、人々が従うべき第1の戒めは、「魂の全て、心の全て、力の全てを尽くして」神を愛することだと説いた。イエスは続けて、「第2の戒めはこうです：自分を愛するように**隣人**を愛しなさい」と述べた。西洋**文明**の**価値体系**を形成することとなったのは、この — 謙虚、（神への）慈愛、他者への愛 — に基づく**概念**だった。

　イエスは説教をして各地を巡り、多くの**聴衆**を**惹きつけた**。彼の話を聞いた人の中には、彼はイスラエルをローマの**支配**から解放する政治的指導者かもしれないと思う者もいた。彼をユダヤ教の聖職者たちにとっての**脅威**と見なす者もいた。イエス自身は自らの**使命**を、神がアブラハムから何代にもわたるイスラエルの民に**約束した**救済を果たすことだと感じていた。

　最終的に、イエスに反対する者たちが、彼をローマの**総督**ポンティウス・ピラト（ピラトゥス）のもとへ突き出した。イエスは**磔刑に処された**。彼の死後、イエスの信奉者たちは、イエスが死から蘇ったと主張した。彼らはイエスが、ユダヤ教の聖書で約束された「油注がれし者」、**救世主**だったと信じていた。

　イエスの信奉者はキリスト教徒として知られるようになった。彼らはユダヤの伝統の中で**特異な**集団になった。当初、キリスト教徒たちは迫害された。しかし、キリスト教信仰は重要性を増し、ローマ帝国中に拡大した。やがて、キリスト教は西洋で唯一の最も重要な宗教となり、西洋の思想の全てに**影響を与えた**。

---

❶ Influential 影響力のある、有力な。influence（動詞で「…に影響を与える」、名詞で「影響」の意）の形容詞形　eloquent 雄弁な、説得力のある　commandment 戒律、命令　strength 力、強さ。形容詞strong（強い）の名詞形　go on to *do* 続けて…する　humility 謙遜、謙虚、卑下（⇔ arrogance傲慢）　charity（神の）慈愛、隣人愛、慈善（行為）　❷ preach（神の教えなどを）説く、説教する　free ... from ～ …を～から解放する、自由にする　priesthood 司祭職、（集合的に）聖職者たち　fulfill …を実現する、果たす　salvation 救世、（罪からの）救済、あがない　Abraham アブラハム。預言者の一人で、旧約聖書ではユダヤ人の祖とされ、コーランではユダヤ人に加えアラブ人の祖とされる　generation 世代　❸ opponent 敵、反対者　turn ... over to ～ …を～に突き出す、引き渡す　anointed one 油注がれし者。anointは「…に（聖別の印として）油を塗る」の意。聖書にはアラム語でMessiah（救世主）、ギリシャ語でChrist（キリスト、救世主）を指す語句として登場する　scripture 聖なる書物、経典。the (Holy) Scriptureだと（旧約と新約の）聖書の意　❹ persecute（人種や信教のことで）…を迫害する　Christianity キリスト教、キリスト教を信仰すること、（集合的に）キリスト教徒

8

Paul the Apostle
Religious leader

After the Crucifixion, Jesus' twelve main disciples were led by Peter (also called Simon Peter). Peter and his successors passed on the teachings of Jesus to others as they waited for the Second Coming that Jesus had told them about. These men were originally Jews who believed Jesus was the **Messiah** that the Jews had been waiting for.

Unrelated to the twelve disciples, a highly educated Jewish Roman citizen named Saul actively persecuted Jesus and his followers. Then one day he had a **mystical** experience and converted to belief in Jesus' teachings. He even changed his name. We know him as Paul the Apostle or St. Paul.

Paul took the message of Jesus to the Jews, **just as** Peter and the other disciples did. The Jews had expected a messiah to come and save Israel from its **enemies**. They believed this messiah would bring a new age of monotheism, **prosperity** and peace.

But Paul also did something entirely new. He began preaching to Gentiles — non-Jews — too. They did not **share** the Jewish history or ways of thinking about a future messiah. Paul's message to Gentiles was that Jesus was the Savior, the Son of God, who had come to Earth to save all humanity — not just the Jews. He told them that if they **accepted** Jesus as Christ, they would be saved from sin.

This had a **profound** effect on the history of Christianity. It turned Jesus into the **founder** of a **universal** religion, not just a religion of one ethnic group called Jews. Paul established Christian communities in Asia Minor and along the coast of the Aegean Sea, which **included** present-day Turkey and Greece. (275)

30 キリスト教の布教者

使徒パウロ
宗教的指導者
ローマ帝国出身・ユダヤ人・5年頃～67年・62歳頃没

　十字架にかけられた後、イエスの12人の高弟たちはペテロ（シモン・ペテロ、ピーターとも呼ばれる）に導かれた。ペテロとその後継者たちは、イエスが彼らに告げていた再臨を待ちながら、イエスの教えを他者へ伝えた。この男たちはもともと、イエスはユダヤの民が待ち望む**救世主**であると信じていたユダヤ人だった。

　12使徒とは関係のない、学識のあるサウルという名のユダヤ系ローマ市民が、イエスとその信奉者たちを率先して迫害した。そしてある日、彼は**神秘的**な体験をして、イエスの教えを信じるようになった。彼は自分の名前さえも変えた。私たちは今、彼のことを使徒パウロまたは聖パウロの名で知っている。

　パウロは、ペテロやその他の弟子**と同じように**、イエスがユダヤ人に宛てたメッセージを受け取った。ユダヤ人は、救世主が来て、イスラエルを敵から守ってくれると期待していた。彼らは、この救世主が一神教と**繁栄**、平和という新たな時代をもたらすと信じていた。

　しかし、パウロは全く新しいこともした。彼は、異邦人 ― 非ユダヤ人 ― にも教えを説き始めた。彼らはユダヤの歴史や、来たるべき救世主についての考え方を**共有していな**かった。異邦人へのパウロのメッセージは、イエスは全ての人間 ― ユダヤ人だけではなく ― のためにこの世へやってきた神の子、救世主であるというものだった。パウロは、彼らがイエスをキリストとして**受け入れ**れば、罪から救われると伝えた。

　このことは、キリスト教の歴史に**甚大な**影響を与えた。これにより、イエスは、ユダヤ人と呼ばれる1つの民族集団の中の1宗教だけではなく、**世界に広がる宗教の創始者となった**。パウロは、現在のトルコとギリシャを**含む**エーゲ海沿いと小アジア（アナトリア半島）にキリスト教のコミュニティを設立した。

---

❶ crucifixion はりつけ。the Crucifixionと頭文字が大文字の場合は「キリストの磔刑」を示す　twelve main disciples 12人の高弟たち、12使徒。最後の晩餐(Last Supper)に参加した12人の弟子たちのことを指す　Peter 聖ペテロ（ピーター、ペトルス、ピエトロ）。キリスト12使徒の筆頭。ガラリヤの漁夫出身。晩年はローマでネロ帝の迫害を受け、殉教した　successor 後継者（⇔ predecessor 前任者）　pass on …を(順に)伝える　the Second Coming キリストの再臨。キリスト教上の考え方で、世界の終わりの日にキリストが最後の審判をするために再びこの世に降臨すること　originally 元来、当初は　❷ unrelated to …と無関係で　convert to …に転向する、変換する　❸ expect ... to do …が〜するだろうと期待する、予期する　monotheism 一神教（⇔ polytheism）　❹ entirely 全く、完全に　Gentile （ユダヤ人から見て）異教徒、異邦人、非ユダヤ人　savior 救助者。the (our) Saviorと頭文字が大文字表記の場合は「救世主」＝キリストの意　humanity （集合的に）人類、人間性　sin （宗教上または道徳上の）罪。法律上の「罪、犯罪」はcrime　❺ effect 効果、影響　turn ... into 〜 …を〜に変える　ethnic 民族の、民族的な　Asia Minor 小アジア、アナトリア半島。黒海と地中海の間に位置するアジア最西部の半島。古代ギリシャやローマでは「アジア」と呼ばれていたが、後に「アジア」が東へ広がりより広大な地域を指すようになったため、「小アジア」と呼ばれるようになった

Constantine I
Emperor of the Roman Empire

Christians were persecuted in the first and second centuries. This did not, however, stop the **growth** of the new religion. The early Christian churches were small communities started by **missionaries**. Gradually church leaders, called clergy, played distinct roles different from the regular **church members**, called laity.

Christianity's message appealed to the people of the Roman Empire. It offered **salvation** and eternal life to **individuals**. It gave meaning and **purpose** to their lives. **Further**, Jesus was a **human figure**, which made him easy to relate to. His message of showing love toward others helped form communities of people who helped one another and **assisted** the sick and the poor. Christianity proved attractive to all **classes** of people, but **especially** to those who were poor and powerless. In addition, it stressed a **revolutionary** idea — a sense of spiritual **equality** for all people.

In the fourth century, Christianity flourished when Emperor Constantine was converted to Christianity in A.D. 313. He did not make Christianity the official religion of the **empire**, but he actively **protected** the churches and shaped the religion. In 313 he issued the Edict of Milan, which made Christianity an **officially** tolerated religion. In 325 he convened the Council of Nicaea. This council proclaimed the **Nicene Creed**, which affirmed that Jesus was a divine being.

Christianity was made the official religion of the Roman Empire by Emperor Theodosius the Great in 380. When the empire began to decline in the 400s, citizens began to look to the church for **moral** authority. As they lost faith in the power of the emperors to protect them, they shifted their **loyalty** to the church. (270)

コンスタンティヌス1世
ローマ帝国の皇帝
ローマ帝国属州(現セルビア)出身・280年頃〜337年・57歳頃没

　キリスト教徒は1世紀と2世紀には迫害された。それでもこの新宗教の**成長**は止まらなかった。初期キリスト教の教会は、**宣教師**が始めた小さなコミュニティだった。次第に、聖職者と呼ばれる教会の指導者たちは、信者と呼ばれる普通の**教会員**とは異なる独自の役割を果たすようになった。

　キリスト教のメッセージは、ローマ帝国の人々の心に訴えるものがあった。それは、**個人**に**救済**と永遠の命を提供した。彼らの人生に意味と**目的**を提供した。**さらに**、イエスは**人間の姿**をしており、共感を呼びやすかった。他者への愛を示すという彼のメッセージは、お互いに助け合い、病める人々や貧しい人々を**支える**コミュニティの形成を促した。キリスト教は全ての**階級**の人々に魅力のあるものとなったが、貧しく非力な人々には**特に**魅力があった。加えて、キリスト教はある**革命的**な考え方を強調した —— 全ての人の精神的な**平等性**という観念だ。

　4世紀、コンスタンティヌス帝が313年にキリスト教に改宗し、キリスト教は栄えた。彼は、キリスト教をローマ**帝国**の公式宗教にはしなかったが、積極的に教会を**保護**し、この宗教を形成していった。313年に、彼はミラノ勅令を発表し、これにより、キリスト教は**公式**に認められた宗教となった。325年に彼はニケーア公会議を招集した。この公会議では、イエスの神性を認める**ニケーア信条**が発布された。

　キリスト教は、紀元後380年にテオドシウス大帝によって、ローマ帝国の公式な宗教とされた。ローマ帝国が400年代に衰退し始めると、市民は**道徳的**な権威を教会に求めるようになった。彼らを守る皇帝の力に**不信感**を抱くようになるにつれて、**忠誠を教会へ**向けるようになった。

タイトル emperor 皇帝、大皇。「女帝」「皇后」はempress ❶ clergy (集合的に)聖職者、僧侶　distinct (他のものと)明確に異なる、はっきりとした　laity (集合的に)(聖職者ではない)信者。複数扱いの名詞　❷ appeal to …(の心)に訴える　eternal 永遠の、不滅の。名詞「永遠」はeternity　relate to …に親しみを感じる、共感を覚える　attractive 魅力的な　powerless 無力な、非力な(⇔powerful)　stress …を強調する、重視する　spiritual 精神的な、霊的な　❸ flourish 繁栄する、栄える　convert to …に改宗する　official 正式な、公式な　Edict of Milan ミラノ勅令。帝国民の信教の自由を認め、キリスト教徒の迫害政策に終止符を打った　tolerate …を容認する　convene (会議など)を招集する、開く　Council of Nicaea ニケーア公会議。小アジアのニケーア(現在のトルコ)で開催されたキリスト教初の世界会議　proclaim …を公表する、宣言する　affirm …を認める、確認する　divine 神聖な、神の　❹ Theodosius the Great テオドシウス大帝、テオドシウスⅠ世(347年〜395年)。統一ローマ最後の皇帝　decline 衰退する、減少する　look to …を頼みにする、…に期待を寄せる　authority 権威、信頼性　faith 信頼、信じること。lose faith inでは「…を信じられなくなる」　shift …を変える、移す

古代・中世

10 Charles the Great / Charlemagne
King of the Frankish Kingdom

In the Early Middle Ages, Christianity grew into the dominant religion in Europe. Political power shifted to the **kingdom** of the Franks, one of the **Germanic states** on the **continent**. By 510, the strong military leader Clovis established a **Frankish** kingdom stretching from the Pyrenees in the southwest to modern-day France and western Germany.

In 768, a powerful **ruler** known to us as Charles the Great, or Charlemagne, became the new Frankish king. In 800, this Germanic king became emperor of the Romans, crowned by the **Pope**. As the **spiritual** leader of Western Christianity, he **symbolized** the **arrival** of a new civilization.

Among his accomplishments is his patronage of learning. Charles realized the need to **educate** both the Catholic **clergy** and government **officials**, so he **established** monastic and palace schools. Stimulated by his own **intellectual curiosity**, he led an intellectual **revival**. This involved a renewed interest in Latin and the classical **works** of the Greeks and Romans. In the background were the Christian monasteries, many founded by Irish and English **missionaries**.

The monasteries established *scriptoria*, or writing rooms, where **monks copied manuscripts** by hand. They copied works of early Christians, **the Bible**, and works of classical Latin **authors**. What they produced was crucial to preserving the ancient legacy. Many ancient works that exist today were copied by monks during this period. Among the most famous are the illuminated manuscripts, books of the Bible with **illustrations** and decorated letters. Prior to Gutenberg, this copying by hand was the main way of preserving ancient knowledge in **philosophy**, **medicine** and **science**. (258)

カール大帝／シャルルマーニュ
フランク王国の王
フランク王国（現ドイツ・フランス・イタリアその他西ヨーロッパ）出身・742年〜814年・71歳没

　中世前期、キリスト教はヨーロッパにおいて最も有力な宗教へと成長していた。政治的な権力は、**大陸**上の後の**ゲルマン系**（後のドイツ）**国家**の1つである、フランク王国へと移っていた。510年までに、強靭な軍事指導者クローヴィス1世が南西のピレネー山脈から現在のフランスとドイツ西部にまで及ぶ**フランク人**の王国を樹立していた。

　768年に、カール大帝、もしくはシャルルマーニュの名で知られている強力な**支配者**が、フランク王国の新しい王となった。800年に、このゲルマン系の王は**ローマ教皇**から帝冠を受け、ローマの皇帝になった。西洋のキリスト教の**精神的**指導者として、彼は新しい文明の**到来**を**象徴した**。

　彼の功績に学問の奨励がある。カール大帝は、カトリックの**聖職者**と政府の**官僚**の両方を**教育する**必要性を悟り、修道院や宮廷の付属学校を**創設した**。自身の**知的好奇心**に刺激され、彼は知の**復興**を主導した。これにより、ラテン語とギリシャやローマの古典**作品**への関心を復活させた（カロリング・ルネサンス）。その背景にはキリスト教の修道院があり、この多くはアイルランドとイングランドの**宣教師**によって創設されていた。

　修道院は「写字室」、すなわち書く部屋を設け、そこでは**僧たち**が手で**原稿**を**写した**。彼らは、初期のキリスト教徒の作品や**聖書**、ラテン語で書かれた古典期の**作家**の書物を書き写した。彼らが生み出したものは、過去の遺産を保存する上で極めて重要だった。現存する古代の作品の多くは、この時期に僧たちが書き写したものだ。中でも最も有名な作品は、**挿絵**と装飾文字で聖書を写した彩飾写本である。グーテンベルク以前には、このようにして手で書き写すことが、**哲学**、**医学**、**科学**に関する古代の知識を保存する主な方法だった。

---

❶ Early Middle Ages 中世前期。ヨーロッパ史で5〜10世紀前後を指す　grow into 成長して…になる　dominant 支配的な、優勢な　Clovis クローヴィス1世。フランク王国の初代国王（在位481年〜511年）。ゲルマン民族諸王の中で初めてキリスト教に改宗した人物　stretch from ... to 〜 …から〜まで広がる　❷ crown …に（冠などを）かぶせる、…を王位に就かせる　❸ accomplishment 達成、業績。動詞accomplish（…を達成する）の名詞形　patronage 後援、引き立て　realize …に気づく、悟る　monastic 修道院の。「修道士」という名詞としても用いられる　palace 宮殿、宮廷　stimulate …を刺激する。名詞形はstimulus（複数形stimuli）　renewed 新たな、復活した　monastery 男子修道院。女子修道院はconvent。cloisterはどちらの修道院も表す　❹ crucial 極めて重大な　preserve …を保存する　exist 存在する　illuminate （写本などを）（色模様・飾字などで）飾る　decorate …を飾る　prior to …より前に　Gutenberg グーテンベルク（1398年頃〜1468年）。活版印刷技術の発明者

11 Thomas Aquinas
Theologian, Italy

In the eleventh through thirteenth centuries, Europe experienced further intellectual revival. Beautiful **cathedrals** were constructed, first in the Romanesque style and then in the innovative Gothic style. Gothic cathedrals created the impression of upward **movement**, as if the buildings were glorifying God. The thinner walls were filled with **stained-glass** windows depicting **religious** scenes. With towers soaring to Heaven, these cathedrals **symbolized** an **age** when most people believed in the world of the spirit.

In the 1200s, Thomas Aquinas **entered** religious life and spent years meditating and studying. He took on the most highly regarded subject of his day: **theology**. Like others, he was influenced by the **philosophy** known as scholasticism. This system tried to show that **faith** in God was **in harmony with reason** and human experience.

Aquinas **attempted to** reconcile the philosophy of Aristotle with the teachings of Christianity. Because Aristotle formed his **conclusions** by reason and not by faith, his ideas sometimes differed from teachings of the **Church**. Aquinas' best-known work is *Summa Theologica*, a summary of all knowledge of theology. He followed the logical methods of **scholarly** investigation. First, he posed a question like "Does God **exist**?" Then he **cited** contrasting **opinions** and reached his own conclusion.

He ultimately concluded that reason, without faith, could only show truths about the **physical** world. Spiritual truths, he decided, could only be reached through faith. Thomas Aquinas became one of the greatest **intellectuals** the Catholic Church ever **produced**. He left sixty or more scholarly works on Greek philosophy and Christian doctrine. (251)

トマス・アクィナス
神学者、イタリア
シチリア王国（現イタリア）出身・1225年頃～1274年・49歳頃没

　11世紀から13世紀に、ヨーロッパではさらなる知の復興が起こった。美しい**大聖堂**が、最初はロマネスク様式で、その後、革新的なゴシック様式で建てられた。ゴシック様式の大聖堂は、建物が神を賛美しているかのような、上昇する**動き**の印象を（見る者に）与えた。薄い壁は**宗教的な**場面を描いた**ステンドグラス**の窓で覆われた。これらの大聖堂は、天国へそびえる塔を備え、ほとんどの人々が霊魂の世界を信じていた**時代**を**象徴した**。

　1200年代、トマス・アクィナスは宗教生活に**入り**、何年も瞑想と勉学に費やした。彼は当時最も高く評価されていた学問に取り組んだ：**神学**である。他の人々のように、彼はスコラ学で知られている**哲学**の影響を受けていた。この学問体系は、神への**信仰**は、**理性**と人間としての経験**との調和**にある、ということを示そうとした。

　アクィナスは、アリストテレスの哲学とキリスト教の教義を調和させ**ようと試みた**。アリストテレスは信仰ではなく理性で**結論**を形成したため、彼の考えは**教会**の教えと異なることがあったからだ。アクィナスの最も有名な著作は、神学の全ての知識をまとめた『神学大全』である。彼は、**学術的な**研究に論理的な手法を採った。まず、「神は**存在するか？**」のような問いを立てた。そして、対照的な**意見**を**引用し**、自身の結論に達した。

　彼は最終的に、信仰のない理性は、**物質的な**世界についての真実しか示すことができない と結論づけた。精神的な真実は、信仰を通じてのみ到達できると断定した。トマス・アクィナスは、カトリック教会が**輩出した**中で最も偉大な**知識人**の1人となった。彼は、ギリシャ哲学とキリスト教の教義について、学究的著作を60作品以上残した。

タイトル theologian 神学者。「神学」はtheology　❶ experience …を経験する　construct …を建てる。名詞形はconstruction（建設）　innovative 革新的な。動詞innovate（…を革新する）の形容詞形。名詞形はinnovation　create the impression of …という印象を与える、感銘を与える　upward 上向きの、上方へ向かう（⇔ downward）　glorify …の栄光をたたえる、賛美する　fill ... with ~ …を~で満たす　depict …を描く　soar 上昇する、高まる　believe in …の存在を信じる　spirit 精霊、霊魂　❷ meditate 瞑想する　take on (仕事・責任など)を引き受ける　scholasticism スコラ哲学。教会・修道院の付属学校「スコラ」を中心に研究された学問。文献を批判的に比較し、理性的認識で宗教的真理を研究する技法のこと。この方法論にのっとった学問の1つをスコラ哲学(scholastic philosophy)と呼ぶ　❸ reconcile ... with ~ …を~と一致させる、調和させる　differ from …と異なる　summary 要約、まとめ　logical 論理的な（⇔ illogical 非論理的な）　investigation 調査、研究　pose a question 疑問を呈する　contrast 対照を成す　❹ ultimately 最終的に、究極的には　conclude …と結論づける。名詞形はconclusion　doctrine 教義、主義

12 Marco Polo
Merchant, Italy

Europeans had long **been interested in** Asia. India was an important source of spices and **jewels**. China was important for **silk**, **woodblock printing** and **porcelain**. The appeal of China **particularly** was amplified by the accounts told by Marco Polo, known as *The Travels*. In the late 1200s, Marco Polo traveled with his father and **uncle** to the Chinese court of the Mongol ruler Kublai Khan. Marco Polo described the Southern Song capital of Hangzhou as one of the largest and wealthiest on Earth. His stories of the **glories** of China seemed **unbelievable** to the Europeans. While there are **doubts** about whether he actually visited all of the places, his stories fascinated Europeans.

But when the Ottoman Turks **conquered** the Middle East, Europeans were unable to use **land routes** to Asian countries. **Instead** they began to explore by ship. The Portuguese traveled along the **Atlantic** coast of Africa, **discovering** new peoples, new trade **opportunities** and new cultures. Then they **went around** the Cape of Good Hope into the Indian Ocean and eventually established trade with India.

Columbus was fascinated by Marco Polo's tales, and he became the first to lead Spanish **explorers** to the west in search of a route to Asia. Columbus was followed by other explorers and *conquistadors*, who conquered South and Central American tribes and brought great riches back to Spain.

Few European **adventurers** actually followed the exact path of Marco Polo. There can be no doubt, however, that his stories — true or false — sparked an **interest** in the world outside of Europe. (255)

マルコ・ポーロ
商人、イタリア
ヴェネツィア共和国(現イタリア)出身・1254年頃～1324年・70歳頃没

　ヨーロッパの人々は、長い間、アジアに**関心**を持っていた。インドは、香辛料と**宝石**の重要な産地だった。中国は、**絹**、**木版印刷**、**磁器製品**で重要だった。『東方見聞録』として知られるマルコ・ポーロによって語られた記述で、**とりわけ**中国の魅力が詳述された。1200年代後半に、マルコ・ポーロは父とおじと共に、中国にあったモンゴルの支配者フビライ・ハーンの**宮廷**に旅した。マルコ・ポーロは、南宋の首都杭州市を地球上で最も大きく裕福な都市の1つと評した。彼が書いた中国の**栄光**の物語は、ヨーロッパの人々には**信じがたい**ものに思えた。彼が実際に全ての土地を訪れたのかどうかという**疑い**はあるが、彼の話はヨーロッパの人々の心をつかんだ。

　しかし、オスマントルコの人々が中東を**征服した**とき、ヨーロッパの人々はアジア諸国への**陸路**を使うことができなくなった。**代わりに**、彼らは船で探検を始めた。ポルトガル人は、アフリカの**大西洋**沿岸を旅して、新しい民族と新しい貿易の**機会**、新しい文化を**発見した**。その後、彼らは喜望峰を周回し、インド洋に入って、やがてインドとの交易を確立した。

　コロンブスは、マルコ・ポーロの物語に魅了され、アジアへのルートを探してスペインの**探検家たち**を西へ導いた初めての人物になった。コロンブスの後には、中南米の民族を征服し、スペインに多くの富を持ち帰った「コンキスタドール」や他の探検家たちが続いた。

　マルコ・ポーロと全く同じ道筋を実際にたどったヨーロッパの**冒険家**はほとんどいない。しかし、彼の話が — 真偽はともかく — 、ヨーロッパの外の世界への**関心**に火をつけたことは間違いないだろう。

タイトル merchant 商人　❶ source 源泉、出所　appeal 興味を起こさせる力、魅力　amplify …を増幅する　account 記述、説明　describe ... as ～ …を～と言い表す　Southern Song 南宋。中国の王朝(1127年～1279年)　fascinate …を魅了する　❷ Ottoman Turks オスマントルコの人々、オスマン帝国。オスマン1世が建国したトルコ系イスラム王朝(1299年～1922年)や、それを構成する民の意　unable to do …できない(⇔ able to do …できる)　explore …を探検する、探索する。「探検家」はexplorer、「探検」はexploration　coast 沿岸　trade 貿易、取引　eventually 最終的に、結局　❸ tale 物語、話　in search of …を探して、求めて　conquistador コンキスタドール。スペイン語で「征服者」の意。15～17世紀に南北アメリカ大陸を探検・征服したスペイン人のこと　tribe 民族、部族　bring ... back to ～ …を～に持ち帰る　❹ exact まさにその、ぴったりの　path 通り道、道筋　There is no doubt that ... (that以下であることは)間違いない　spark …の火付け役になる

古代・中世

13 Dante
Poet, Italy

Humanism, based on study of the Greeke and Roman literary classics, **stimulated** an interest in classical Latin. Humanists studied **grammar**, rhetoric, **poetry**, **philosophy** and history. Many scholars used classical Latin in their writing, but writers such as Dante and Chaucer made **literature** in regional languages more popular.

Dante Alighieri's masterpiece in the Italian vernacular is the *Divine Comedy*. It is written in the **dialect** of Florence. In this **epic poem**, the ancient Roman **poet** Virgil is his guide on a journey of the **soul** to Paradise. Dante later felt it necessary to defend his decision to write in the vernacular by writing a treatise in Latin, the language of literature in his day. It was **perhaps** a way of legitimizing his choice of using a local dialect for the work. **Maybe** he felt it was necessary because he wanted his work to be taken as **serious** literature.

The story tells the soul's journey to three **realms**: **Hell**, Purgatory and Heaven (Paradise). In the third realm, his soul encounters God.

If Dante had written his *Divine Comedy* in Latin, only scholars could have understood it. Instead, he chose the vernacular so that other people could also understand it. (197)

ダンテ
詩人、イタリア
フィレンツェ共和国(現イタリア)出身・1265年～1321年・56歳没

　ギリシャとローマの古典文学研究に基づく人文主義は、古典ラテン語への関心を**かき立てた**。人文主義者は**文法**と修辞法、**詩**、**哲学**、歴史を研究した。多くの学者たちが古典ラテン語を筆記に用いたが、ダンテやチョーサーなどの作家たちは、地域の言語で書かれた**文学**をより一般的なものにした。

　ダンテ・アリギエーリがイタリアの地方の言葉で書いた傑作は『神曲』だ。この作品は、フィレンツェの**方言**で書かれている。この**叙事詩**の中では、古代ローマの**詩人**ウェルギリウスが、ダンテの天国への魂の旅のガイドである。ダンテは後に、当時の文学における言語であったラテン語で、長い説明文を書くことにより、方言で書くという自身の決定を擁護する必要性を感じた。それは**おそらく**、その作品に地方の方言を用いるという彼の選択を正当化する方法だったのだろう。彼がその必要を感じたのは**きっと**、自分の作品を**純然たる**文学作品として捉えてもらいたいと望んだためだろう。

　この物語は、**地獄**、煉獄、天国(楽園)という3つの**領域**への魂の旅を描いている。3番目の領域で、彼の魂は神と遭遇する。

　もし、ダンテが『神曲』をラテン語で書いていたら、学者しか理解することができなかっただろう。そうではなく、他の人たちにも理解できるように、彼は地域の言語を選んだのだ。

---

❶ Humanism (ルネサンス期の)人文主義。古典研究を中心とする文化と学問の運動。教会の権威や神中心の中世的世界観のような非人間的な重圧から人間を解放し、人間性の再興を目指した。頭文字が大文字にならないhumanismは「人間(中心)主義、ヒューマニズム」　based on …に基づいて　literary 文学の、文芸の　classic 古典　rhetoric 修辞法。「美辞麗句、巧言」という意味でも用いられる　Chaucer ジェフリー・チョーサー(1340年頃～1400年)。「英詩の父」とも呼ばれるイングランドの詩人。世俗の言語だった中(世)英語で作品を書いた。代表作は『カンタベリー物語』　regional 地域の。名詞region(地域)の形容詞形　❷ masterpiece 名作、最高傑作　vernacular 土地の言葉、方言　Virgil ウェルギリウス〈バージル〉(紀元前70年～紀元前19年)。北イタリア生まれの古代ローマの詩人で、実在の人物。代表作は『牧歌』『農耕詩』『アエネイス』など　paradise 楽園、理想郷。頭文字が大文字になると「(旧約聖書の)楽園」、「(ユダヤ教とキリスト教の)天国(= Heaven)」を示す　defend …を擁護する、防御する　treatise 論文、(長ったらしい退屈な)説明　legitimize …を正当化する、合法とする　take ... as ～ 〜を～と取る、見なす　❸ Purgatory 煉獄(れんごく)、浄罪界。カトリックの教義で、地獄に行くほどでない小罪を犯した死者の魂が天国に入る前に火で罪の浄化を受けるとされる場所。天国と地獄の間にあるとされる　encounter …と出会う、遭遇する

14 Geoffrey Chaucer
Poet, England

Geoffrey Chaucer was probably born in London to a prosperous **wine merchant**. He served as a page to a member of the nobility and was later sent on **diplomatic missions** to France and Italy. His travels to Genoa and Florence in Italy exposed him to the writings of authors including Dante and Petrarch.

Chaucer used the English **vernacular** in his famous work *The Canterbury Tales. The Canterbury Tales* tells stories told by a group of 29 **pilgrims** on their way to Canterbury, England. Their purpose is to visit the tomb of Thomas Becket.

Along their way, the pilgrims tell stories to pass the time. This **format** allowed Chaucer to **portray** a wide range of people in English society, from the upper to the lower classes. Chaucer had planned for each character to tell four stories, two on the way to Canterbury and two on the way home. But there are only 24 tales and the work ends **abruptly** before the characters even reach Canterbury. Scholars debate whether the tales were published in their correct **order** and whether some are only **fragments**.

However, Chaucer's clever, satirical wit set the standard for later writers in English. The **clarity** of his language and the beauty of expression in this work **played an important role in** making his **dialect** the main **ancestor** of the modern English we use today. (225)

ジェフリー・チョーサー
詩人、イングランド
イングランド王国出身・1340年頃〜1400年・60歳頃没

　ジェフリー・チョーサーはおそらく、ロンドンの裕福な**ワイン商人**の家に生まれた。チョーサーは貴族の一員にペイジ（小姓）として仕え、後に**外交使節**としてフランスとイタリアに派遣された。イタリアのジェノヴァとフィレンツェへの旅で、彼はダンテやペトラルカを含む作家の作品に触れることになる。

　チョーサーは、彼の著名な作品『カンタベリー物語』でイングランドの**方言**を用いた。『カンタベリー物語』は、イングランドのカンタベリーへ向かう29人の**巡礼者**の一団が話す物語を書いている。一団の目的は、トマス・ベケット廟を訪れることだ。

　その道中、巡礼者たちは、退屈しのぎに物語を語る。この**形式**は、チョーサーが上流階級から下層階級まで、イングランド社会の幅広い人々を**描く**ことを可能にした。それぞれの登場人物に、カンタベリーまでの行きに2つ、帰りに2つで4つの物語を語らせることをチョーサーは計画していた。しかし、物語は24篇しかなく、この作品は、登場人物たちがカンタベリーに到着すらしないうちに**突然終わっている**。学者たちは、これらの物語が正しい**順番**で出版されたのか、また、いくつかの話は**断片**でしかないのかどうかについて議論している。

　とはいえ、チョーサーの巧妙で風刺に富んだ**機知**は、イングランドの後の作家たちにとっての基準を打ち立てた。この作品におけるチョーサーの言葉の**明確さ**や表現の美しさは、彼の**方言**を今日私たちが使う現代英語の主な**祖型**とするうえで、**重要な役割を果たした**。

---

❶ prosperous 裕福な、栄えた　page ペイジ、小姓。中世のヨーロッパにおいて、騎士の城や屋敷に仕える7、8歳から10代半ばくらいまでの少年のこと。大部分は貴族や荘園主の子弟　the nobility （集合的に）貴族。nobilityは形容詞noble（高貴な）の名詞形　expose ... to 〜 …を〜にさらす　Dante ダンテ・アリギエーリ(1265年〜1321年)。イタリアの詩人、哲学者、政治家　Petrarch フランチェスコ・ペトラルカ(1304年〜1374年)。イタリアの詩人で人文主義者。Petrarcaとも綴る
❷ on one's way to …へ行く途中で　tomb of Thomas Becket トマス・ベケット廟。トマス・ベケットはイングランドのカンタベリー大聖堂で殺害された大司教。tombは「墓」の意　**❸** pass the time 暇をつぶす　a wide range of 幅広い…　**❹** satirical 風刺に富んだ。名詞形はsatire　set the standard for …の基準を定める

15 Johannes Gutenberg
Inventor, Germany

Merchants in Mainz, a major German **market town,** had a firm grasp of the needs of people in the region. One major **financier**, Johann Fust, found a local **printer** with an entirely new idea that he thought would make a valuable new **enterprise**.

Johannes Gutenberg apprenticed as a **goldsmith** before beginning to experiment with small metal **type**. Until then, **carving** a single **woodblock** for each page was the most efficient way of printing books. Gutenberg **focused on** making each letter out of metal, which could be **reused** and **repositioned**. **Movable type** had been used in China and other Asian countries for centuries, but Gutenberg developed a system of **casting** and **metal alloys** that made production easier.

Gutenberg opened a printing shop in Mainz in 1448. With a loan from Fust, he bought new tools and **equipment** to complete a unique **press**. The work took time and more money. Eventually, Gutenberg had to agree to make Fust a partner in his business. He also had to agree to take Peter Schoeffer, a trained **scribe** and Fust's **son-in-law**, as an **apprentice**.

Their first product was a Bible, now known as the **Gutenberg Bible**. He also printed the Book of Psalms, **decorated with** hundreds of two-color **initial letters** and **delicate scroll borders**.

The new press brought together several existing technologies. The press **was adapted from** a **wine press**. The type was taken from goldsmith's stamps. The ink was from scribes. The use of paper instead of **parchment** was new. Gutenberg made it happen, with Fust and Schoeffer. The impact was enormous. It greatly **accelerated** the spread of not just the Bible, but travel books and **tales** as well. **Eventually** prices decreased so that not only the rich could afford to **purchase** books. (289)

ヨハネス・グーテンベルク
発明家、ドイツ
神聖ローマ帝国(現ドイツ)出身・1395年頃〜1468年頃・73歳頃没

　ドイツの主要な**市場町**であるマインツの商人たちは、この地域の人々のニーズをしっかりと把握していた。主要な**投資家**の1人、ヨハン・フストは、全く新しいアイデアを持つ地元の**印刷業者**を見つけた。彼は、このアイデアは価値のある新たな**事業**を生み出すだろうと考えた。

　ヨハネス・グーテンベルクは、小型の金属**活字**での実験を始める以前、**金細工職人**の見習いをしていた。それまで、本を印刷する最も効率的な方法は、各ページにつき1つの**木版を彫ること**だった。グーテンベルクはそれぞれの文字を、**再利用・再配置**可能な金属でつくること**に注力した**。**組み替え可能な活字**は、中国やその他のアジアの国々で何世紀も前から使われていたが、グーテンベルクは、生産をより容易にする**鋳造のしくみ**と**合金**を開発した。

　グーテンベルクは、1448年にマインツで印刷屋を開業した。フストによる融資を受け、彼は独自の**プレス機**を完成させるために新しい道具や**機器**を購入した。この仕事には時間とさらなる資金がかかった。結局、グーテンベルクは、フストを自分のビジネス上のパートナーにすることに同意しなければならなかった。また、訓練を受けた**写字生**でありフストの**義理の息子**であるペーター・シェッファーを見習いとして受け入れることにも同意しなければならなかった。

　彼らの最初の製品は聖書であり、現在では「**グーテンベルク聖書**」として知られている。彼はまた、何百もの2色の**頭文字**や、**繊細な渦巻き模様の枠線で装飾された**旧約聖書の「詩編」を印刷した。

　この新しいプレス機は、いくつかの既存の技術を組み合わせた。圧縮機は、**ワイン圧搾機を使いまわした**。活字は金細工職人のスタンプから取り入れた。インクは写字生たちから。羊皮紙ではない紙の使用は新しかった。グーテンベルクは、フストやシェッファーとともにこれを可能にした。その影響は甚大だった。これにより、聖書のみならず、旅行書籍や**物語**の流通が著しく**加速した**。 後に価格が下がり、富裕層以外でも本が買えるようになった。

---

❶ have a grasp of …を把握している。graspの前に形容詞が入ることがある　❷ apprentice as …の見習いをする　experiment with …の実験をする、…を試みる　make … out of 〜 〜からつくる　❹ Book of Psalms 詩編。ここではマインツ詩編のこと。詩編とは旧約聖書の中の5巻から成る書物で、150編の神に対する賛美の詩が収められている。Psalterとも綴る　❺ bring together …を一緒にする　afford to do …する余裕がある、…できる

Chapter 2

Renaissance
[c. 1400 to 1600]

ルネサンス
[約 1400 年〜 1600 年]

16 Joan of Arc / Jeanne d'Arc
Military leader, France

In Europe, **the** late **Middle Ages** was a time of political **instability** and war. The Hundred Years' War began as a conflict over control of territory between English and French kings.

The major battles began at Crécy in 1346, ending in an English victory. The English achieved another major victory at the Battle of Agincourt in 1415. As a result, the English controlled northern France and the French **cause** seemed hopeless. Unexpectedly, a French **peasant** woman came to the rescue of Prince Charles, the **timid heir to the throne** of France.

Joan of Arc was deeply religious. She experienced **visions** and believed that **saints** had called her to free France from English control. Although she was only 17, her **determination** and courage persuaded Charles to allow her to **accompany** the French army to Orléans. Apparently inspired by her **faith**, French soldiers found new confidence and **seized** the city.

Joan turned the tide against the English, but she **was captured** by the English and French collaborators in 1430. She was charged with **witchcraft** and condemned to death as a **heretic**. She **was burned at the stake**.

Her achievements, however, were **decisive**. The French **fought on** and eventually **defeated** the English in Normandy and Aquitaine in 1453. Joan of Arc did not live to see the results, but they included major changes. A strong French **national identity** developed and a strong French **monarchy** emerged. Across the Channel, the English **abandoned** the French language, and **nationalism** began to emerge. None of this would have happened without Joan of Arc, who was later made a **saint**. (261)

「オルレアンの乙女」と呼ばれた悲劇のヒロイン

ジャンヌ・ダルク
軍事指導者、フランス
フランス王国出身・1412年〜1431年・19歳没

　ヨーロッパにおいて、中世後期は政治的不安定と戦争の時代だった。百年戦争は、イングランド王とフランス王による領土権をめぐる争いとして始まった。

　主要な戦いは1346年にクレシーで開始され、イングランドの勝利に終わった。イングランド軍は1415年のアジャンクールの戦いにおいても、もう1つの大きな勝利を収めた。その結果、イングランドはフランス北部を制圧し、フランスの目的は達成の見込みがないように見えた。ところが予想外に、フランスの小作人の女性が、フランスの臆病な王位継承者、シャルル王子を救出に来た。

　ジャンヌは、信仰心が深かった。彼女は啓示を体験し、フランスをイングランドの支配から解放するように聖人たちから求められたと信じていた。彼女はまだ17歳だったが、その決意と勇気はシャルルを説得し、彼女はオルレアンに向かうフランス軍に同行する許しを得た。彼女の信仰心に刺激を受けたらしく、フランスの軍隊は新たな自信を得て、この都市を制圧した。

　ジャンヌ・ダルクはイングランド軍の形勢を不利にしたが、1430年にイングランドとフランス軍の協力者らに捕えられた。魔術を行った罪に問われ、異端者として死刑を宣告された。彼女は火あぶりの刑に処せられた。

　しかし、彼女の功績は決定的だった。フランスは戦いを続け、ついに、1453年にノルマンディとアキテーヌでイングランドを打倒した。ジャンヌ・ダルクは生きてその結果を見ることはなかったが、その中には大規模な変化もあった。フランスに強力な国家意識が生まれ、フランスの強力な君主政治が台頭した。海峡の向こうで、イングランドはフランス語を捨て、ナショナリズムが生まれ始めた。これはいずれも、ジャンヌ・ダルクがいなければ起こらなかったことであり、彼女は後に聖人となった。

---

❶ the Hundred Years' War 百年戦争(1337年〜1453年)。フランス王と、イングランド王による戦い。イングランド王がフランス国内に領土を持っていたため王位継承権を争った　conflict over … …をめぐる争い　❷ end in …に終わる　the Battle of Agincourt 百年戦争中の1415年10月25日にフランスのアジャンクールで行われた戦い。イングランド軍が長弓隊を駆使して、その3倍の数とも言われるフランスの重装騎兵に圧勝した戦いとして有名　Charles シャルル7世(在位1422年〜1461年)。1420年トロアの和約でイングランド王ヘンリー6世に王位継承権を奪われた　❸ call … to do (神などが)人に…するように特別な使命を授ける　persuade … to do …に〜するよう説得する　apparently どうやら、見たところ　❹ be charged with …の罪に問われる　be condemned to death 死刑を宣告される　❺ Aquitaine アキテーヌ公領。フランス南西部の地方。フランス国内ながらイングランド王ヘンリー2世の領土となり、後の百年戦争勃発の一因となった　the Channel 英仏海峡(the English Channel)の略。イングランドとフランスを隔てるドーバー海峡のこと

17 Isabella I & Ferdinand II
Monarchs of Spain

Muslims had **conquered** much of Spain by about 725. During the Middle Ages, Christian rulers in Spain tried to regain their lands from the Muslims. At the end of the 1400s, several **independent** Christian kingdoms **gained strength**. These included Aragon and Castile. In 1469, Isabella of Castile married Ferdinand of Aragon, and this became a major step in **unifying** Spain. The two kingdoms remained **distinct** kingdoms, but the **dual** monarchs worked to strengthen their royal control.

King Ferdinand and Queen Isabella believed that unity in **religion** was essential for unity in politics. **Therefore** they put into effect policies that ensured strict conformity to Catholicism. In 1492, they **expelled** all the Jews from Spain. In 1502, Queen Isabella declared that all Muslims should convert to Catholic faith. If they did not, they would be **expelled from** her kingdom. By these **acts**, Spain became almost completely Catholic, **by force**.

Some Jews and Muslims converted to Catholicism **under pressure**. Spanish Christians did not always trust those who did convert. This **distrust** led to the Spanish Inquisition.

In 1492, with support from Isabella and Ferdinand, Christopher Columbus reached **the New World** for the first time. Isabella expanded her policy of forcing people to become Catholics onto the Native Americans, whom she thought of as her **subjects**.

Spain began to think of itself as the nation chosen by God to save Catholic Christianity from other religious faiths, especially Judaism and Islam. But Spain was also determined to **defeat** Protestant Christians, who it saw as **heretics**. This **intolerance** of other religions would lead to religious wars for centuries to come. (264)

イサベル1世&フェルナンド2世
スペインの君主
イサベル1世: カスティーリャ王国 (現スペイン) 出身・1451年~1504年・53歳没
フェルナンド2世: アラゴン王国 (現スペイン) 出身・1452年~1516年・64歳没

　イスラム教徒らは725年頃までにスペインの大部分を**征服した**。中世にスペインにいるキリスト教の支配者らは自分たちの土地をイスラム教徒から取り戻そうとした。1400年代末期に、いくつかの**独立した**キリスト教の王国が**勢力を増した**。これらの中に、アラゴン王国とカスティーリャ王国があった。1469年に、カスティーリャのイサベル女王はアラゴンのフェルナンド2世と結婚し、これはスペインを**統一する**上で大きな前進となった。2つの王国は、**別々の王国**のままだったが、**2人の君主**は自らの王室による支配を強化しようと努めた。

　フェルナンド2世とイサベル1世は、政治の統一のためには**宗教**の統一が欠かせないと考えていた。**したがって**、2人はカトリック主義の厳格な順守を確実なものにする政策を施行した。1492年には、スペインから全てのユダヤ教徒を**追放した**（ユダヤ教徒追放令）。1502年、全てのイスラム教徒はカトリック信仰へと改宗すべきだとイサベル1世が宣言した（改宗勅令）。もしそうしなければ、イスラム教徒らは彼女の王国**から追放**された。こうした**行為**により、スペインは**強制的に**、ほぼ完全にカトリック教徒の国となった。

　ユダヤ教徒とイスラム教徒の中には、**圧力を受けて**カトリック主義に改宗する者もいた。スペイン人のキリスト教徒らは、実際に改宗した人々であっても必ずしも信用するとはかぎらなかった。こうした**不信**が、スペイン異端審問につながった。

　1492年、イサベル1世とフェルナンド2世の支援を受け、クリストファー・コロンブスが初めて**新大陸**に到達した。イサベル1世は、国民を強制的にカトリック教徒にする政策をネイティブ・アメリカンにまで拡大し、彼らを自分の**臣民**だと考えた（エンコミエンダ制）。スペインは自らを、とりわけユダヤ教とイスラム教をはじめとする他の宗教的信仰から、カトリックのキリスト教を救うために神から選ばれた国だと考え始めた。しかし、スペインはまた、**異端者**だとみなしていたプロテスタントのキリスト教徒らを**打倒しようと**決意していた。他の宗教に対する**不寛容**は、その後何世紀にもわたる宗教戦争へと続くことになった。

---

❷ essential for …に欠かせない　put into effect 施行する、実行する　ensure …を確かにする　conformity to …を守ること、…の順守　convert to …に改宗する　❸ not always いつでも…なわけではない(部分否定)　the Spanish Inquisition スペイン異端審問(1478年~1834年)。カトリック教会で異端者の摘発と処罰のため行われた裁判。イサベル1世とフェルナンド2世はカトリック両王と称され、宗教的国家統合の理念の下にカトリックによる国造りが推進された　❹ expand … onto ~ …を~に拡大する　❺ be determined to do …することを決意している　for centuries to come のちの何世紀にもわたって

18 Christopher Columbus
Explorer, Italy

Europeans depended on spices from India and other parts of the East to **preserve** and **flavor** food. In the 16th century, the **Ottoman Turks** conquered much of the land east of **the Mediterranean**. The only way Europeans could get spices was to pay high prices to Arab merchants. They began looking for new **trade** routes.

The Portuguese and Spanish took the lead in looking for new lands and new trade routes. The Portuguese **probed** the western coast of Africa and found a new source of gold in West Africa. From there, explorers rounded the **southern tip** of the continent, called the Cape of Good Hope. Vasco da Gama rounded the cape, **cut across** the Indian Ocean and reached India in 1498. **Loading** his ship full of spices, he returned to Portugal and sold his **cargo** for a **fortune**. Following in his wake, **missionaries** such as Francis Xavier went as far east as Japan.

Columbus believed that he could reach Asia by going west, instead of around Africa. With **financing** from Queen Isabella I of Spain, he reached the Americas in October 1492. He explored the coast of Cuba and the island of Hispaniola — now **divided into current-day** Haiti and the Dominican Republic.

Columbus believed he had reached India, so he named the local people "Indians." After three further **voyages**, he still had not found a route through the outer islands to the **mainland of Asia**. In his four voyages, he reached all of the major **Caribbean islands**, which he called "**the Indies**." (252)

クリストファー・コロンブス
探検家、イタリア
ジェノヴァ共和国（現イタリア）・1451年頃～1506年頃・54歳頃没

　ヨーロッパの人々は、食料を**保存したり風味付けしたりする**ために、インドや東洋の他の地域の香辛料に頼っていた。16世紀に、**オスマントルコの人々**は**地中海**東部の土地の大部分を征服した。ヨーロッパの人々が香辛料を手に入れるための唯一の方法は、アラブの商人に高い値段を支払うことだった。彼らは新たな**貿易**ルートを模索し始めた。

　ポルトガル人とスペイン人は率先して新たな土地や新しい貿易ルートを探した。ポルトガル人は、アフリカの西海岸を**探査し**、西アフリカで金の新たな鉱床を発見した。その地から、探検家らが喜望峰と呼んだアフリカ大陸の**南端**をぐるりと回った。ヴァスコ・ダ・ガマはこの岬を回航し、**インド洋を渡って**1498年にインドに到着した。船にたくさんの香辛料を**積み込み**、ポルトガルに帰国し、**積み荷を莫大な金額**で販売した。彼に倣い、フランシスコ・ザビエルなどの**宣教師ら**が遥か東方の日本まで航海した。

　コロンブスは、アフリカを回航するのではなく西へ向かえばアジアに辿り着けると考えていた。スペインの女王、イサベル1世から**融資**を受け、彼は1492年10月にアメリカ大陸に到着した。彼はキューバの海岸や、イスパニョーラ島 ── 現在は**今日のハイチとドミニカ共和国とに分割されている** ── を探検した。

　コロンブスは、インドに到着したと思っていたため、その地の人々を「インディアン」と名付けた。さらなる3回の**航海**を経ても、彼は離島を抜けて**アジア大陸**に到着するルートをまだ発見していなかった。4回の航海で、コロンブスは全ての主要な**カリブの島々**に辿り着き、彼はそれらを「**インド諸島**」と呼んだ。

---

❷ take the lead in　率先して…する　source of gold　金の源。つまり、金の鉱床のこと　round　円いものに沿って移動する、回航する　the Cape of Good Hope　喜望峰。南アフリカのケープタウンの南約50km、ケープ半島の南端に位置する岬。1488年にバルトロメウ・ディアスにより発見される　Vasco da Gama　ヴァスコ・ダ・ガマ（1469年頃～1524年）。ポルトガルの探検家、航海家。リスボンからインドに到達し、東洋航路を発見する　in *one*'s wake　…に倣って　Francis Xavier　フランシスコ・ザビエル（1506年頃～1552年）。カトリック教会の宣教師。1549年に鹿児島に渡り、日本に初めてキリスト教を伝える。1622年に列聖された。英語表記ではFrancisとなる　as far east as ...　遥か遠く東の…まで。as far as ...（遥か遠く…まで）を応用した言い回し　❹ outer island　本土から離れた島、つまり離島のこと

ルネサンス　53

19 Leonardo da Vinci
Artist and inventor, Italy

The Italian Renaissance began in about 1350 and spanned two centuries. During that time, the ideas and culture of the Renaissance spread throughout Europe. Leonardo da Vinci is representative of the individual ability that **came forward** during this **stimulating** period. Painter, **sculptor**, inventor, **architect** and **mathematician**, da Vinci showed what a **well-rounded** human being — the Renaissance man — could achieve in many areas. Only Michelangelo **stands comparison with** his **multiple talents**.

Da Vinci mastered the art of **realistic painting**, even **dissecting** human corpses to see how the body worked. His artistic aim, however, was not realism. He believed that the realistic style was limited. He wanted to create ideal forms that **captured** the perfection of nature and the individual. His portrait known as *The Mona Lisa* **revolutionized** art. His knowledge of **geometry** allowed him to use the **revolutionary** technique of linear perspective in *The Last Supper*. It is one of the most **innovative** paintings produced during the Renaissance in Italy. (159)

レオナルド・ダ・ヴィンチ
芸術家であり発明家、イタリア
フィレンツェ共和国（現イタリア）出身・1452年～1519年・67歳没

　イタリアのルネサンスは1350年頃に始まり、2世紀にわたって続いた。その間、ルネサンスの考えや文化は、ヨーロッパ中に広がった。レオナルド・ダ・ヴィンチは、この**刺激的な**時期に**出現した個人の能力の代表的な存在である**。画家であり、**彫刻家**、発明家、**建築家**、**数学者**でもあるダ・ヴィンチは、**多才な人間、つまりルネサンス・マン（ルネサンス的教養人）**が多くの分野で何を達成できるかを示した。彼の**多才さに匹敵し得る**のは、ミケランジェロくらいである。

　ダ・ヴィンチは、**写実画**の技術を習得し、人体がどのように機能しているかを調べるために人間の死体を**解剖する**ことすらあった。しかし、彼の芸術的な目的は、リアリズムにはなかった。ダ・ヴィンチは、写実的な表現方法には限界があると考えていた。**彼は、自然や個人の完璧さを捉えた理想的形態を生み出したかった。**「モナ・リザ」として知られる彼の肖像画は、芸術に**革命**を起こした。**幾何学**に関する彼の知識は、「最後の晩餐」で線遠近法という**画期的な**技術を用いることを可能にした。これは、イタリアのルネサンス期に生み出された最も**革新的な**絵画の1つである。

---

❶ Renaissance ルネサンス。「再生」「復活」を意味するフランス語で、古典古代の文化を復興しようとする文化運動やその時代のこと。14世紀にイタリアで始まり、やがて西欧各国に広まった　span …に及ぶ、広がる　representative 代表者、代表するもの　Renaissance man ルネサンス・マン。芸術から科学に至る幅広い知識と教養を持つ多才な人間のこと。褒め言葉として使われる　Michelangelo ミケランジェロ・ブオナローティ（1475年～1564年）。イタリアルネサンス期の彫刻家、画家、建築家、詩人　❷ corpse 死体　realism 現実主義、リアリズム。美術運動の「写実主義」は19世紀に興る　linear perspective 線遠近法、透視図法、広義の遠近法。任意の1点から複数の線を伸ばし、手前から奥に向かって物を小さくしながら描くことにより、一定の視点から見た物体や空間を目に映った通り平面上に表現する

Albrecht Dürer
Artist, Germany

In the final stage of the Renaissance, artists throughout Europe were interested in **portraying** their world **realistically**. In Italy, artists used the large wall spaces of Italian churches to master their technical skills to show humans in realistic **settings**. In the Low Countries, **Gothic cathedrals** with stained-glass windows did not have space for frescoes. Northern artists developed their skills making illustrations for books and small panels for **altarpieces**. Each object on a small scale was depicted **with great care**.

Albrecht Dürer **was** greatly **affected** by two trips to Italy. He **absorbed** what the Italians could teach on the **laws of perspective**. In his famous *Adoration of the Magi*, he used the minute details typical of artists from the Low Countries. But he blended those details with the careful attention to the human form typical of the Italian **masters**.

Dürer's lasting impact was in the medium of **printmaking**. He revolutionized printmaking, turning it into an independent art form. Some of his **masterpieces** — drawn, painted and printed — are **self-portraits**. Other sets of engravings, such as *Adam and Eve* and *Knight, Death and the Devil* are technically, **intellectually** and **psychologically** unmatched by earlier printed work. (192)

アルブレヒト・デューラー
芸術家、ドイツ
神聖ローマ帝国（現ドイツ）出身・ハンガリー系ドイツ人・1471年〜1528年・56歳没

　ルネサンスの最終段階において、ヨーロッパ中の芸術家たちは、自分たちの世界を**写実的に描く**ことに関心を持っていた。イタリアでは、芸術家たちはイタリアの教会の大きな壁面空間を利用して、現実的な**設定**で人間を描く専門的技術を習得した。低地諸国では、ステンドグラスの窓が付いた**ゴシック様式の大聖堂**にはフレスコ画のためのスペースがなかった。北部の芸術家たちは、本や**祭壇画（アルターピース）**の小さなパネルに絵を描く技術を発達させた。小さなサイズのもの一つ一つが、**非常に入念に**描かれた。

　アルブレヒト・デューラーは、イタリアへの2回の旅で大きな**影響を受けた**。彼は、**遠近法**に関してイタリア人たちが教えられるだけのことを**吸収した**。有名な「マギの礼拝」では、低地諸国の芸術家たちによく見られる緻密さを用いた。しかし、彼はこの精密さと、イタリアの**大家たち**に共通する人体の構造への細心の注意とを組み合わせた。

　デューラーの与えた後々までの影響は、**製版**の手法にあった。彼は、製版を独立した芸術形式とすることで、製版に革命を起こした。線画、油絵、版画などの、彼の**傑作**のいくつかは**自画像**である。「アダムとイヴ」や「騎士と死と悪魔」など、その他の一連のエングレービングは、技術的、**知的**、**心理学的**にそれまでの版画作品とは比べものにならないほど優れたものである。

---

❶ the Low Countries（北海沿岸の）低地諸国。現ベルギー、ルクセンブルク、オランダを指す。海抜が低く、土地が平坦なためにそう呼ばれる　stained-glass window ステンドグラスの窓　fresco フレスコ画。壁に漆喰を塗り、それが生乾きのうちに水または石灰水で溶いた顔料で描く、フレスコという技法を用いた絵画のこと　scale 規模　depict 描く　❷ minute detail 詳細。minuteは形容詞で「微細な、詳細な」を意味する　typical of …に典型的な　blend ... with 〜 …を〜と組み合わせる、混ぜ合わせる　❸ lasting 持続する、長く続く　medium （芸術表現の）技法　turn ... into 〜 …を〜に変える　drawn （鉛筆や木炭などで）線描された　painted （油彩や水彩で）描かれた　sets of 一連の…　engraving エングレービング。版面に彫刻刀で線を彫り、そこにインキを詰めて刷るという銅版画における技法　be unmatched by …とは比較にならない（ほど優れた）

21 Michelangelo Buonarroti
Artist, Italy

Excelling as a painter, **sculptor**, **architect** and writer, Michelangelo was, like Leonardo da Vinci, a **well-rounded Renaissance man**. A brilliant architect, Michelangelo designed the dome of St. Peter's Basilica at the Vatican in Rome.

As a sculptor, Michelangelo **carved** powerful human **figures** inspired by **classical** Greek forms. He **personally** selected blocks from **marble quarries** for his works. His contemporaries thought that he could see a figure locked inside a block of marble and then "release" it with his hammer and **chisel**. His **masterpieces** are the **enormous** *David* and the *Pietà*. The **sculpture** of David stood for almost four centuries in the main **plaza** of Florence as a symbol of that city. The *Pietà* **depicts** the **body** of Jesus lying on the lap of his mother Mary after the Crucifixion.

Without doubt, Michelangelo's most famous work is his painting on the ceiling of the Sistine Chapel in the Vatican. Pope Julius II asked him to paint the ceiling in 1508. It took him four years to **complete**. The figures in the work depict an **ideal type** of human being, which is meant to reflect divine beauty. The **fresco** titled *the Creation of Adam* is a masterpiece of imagery and technique, especially considering that Michelangelo had to **lie down** while he was painting. On a more practical level, he also designed the complicated **scaffold** that he had to lie down on to paint the high ceilings. (234)

ミケランジェロ・ブオナローティ
芸術家、イタリア
フィレンツェ共和国（現イタリア）出身・1475年～1564年・88歳没

　画家、**彫刻家**、**建築家**、作家として秀でたミケランジェロは、レオナルド・ダ・ヴィンチと同じく、**多才なルネサンス・マン**だった。優秀な建築家であるミケランジェロは、ローマのバチカン市国内にあるサン・ピエトロ大聖堂のドームを設計した。

　彫刻家として、ミケランジェロは**古典**ギリシャの様式に触発されて力強い人間の**像を彫った**。彼は自分の作品のために、**大理石の採石場**から石材を**自ら**選別した。ミケランジェロと同時代の人々は、彼には大理石の塊の中に閉じ込められた人物を見ることができ、そしてそれをハンマーと**のみ**で「解放する」のだと考えていた。彼の**傑作**には**巨大な**「ダビデ像」や「ピエタ」がある。ダビデの**彫像**は、フィレンツェの中心的な**広場**に、この都市のシンボルとして4世紀近くにわたって置かれていた。「ピエタ」は、受難の後に母親であるマリアの膝の上で横たわるイエスの**遺骸**を描いている。

　間違いなく、ミケランジェロの最も有名な作品はバチカン市国のシスティーナ礼拝堂の天井画である。1508年に、ローマ教皇ユリウス2世が彼に天井画を描くように求めた。**完成させる**までには4年かかった。この作品に登場する人物たちは、人間の**理想型**を表現し、すなわち神聖なる美を示している。とりわけミケランジェロが**寝転がって**描かなければならなかったことを考えると、「アダムの創造」と名付けられたこの**フレスコ画**はイメージと技術の傑作である。もっと実務的な段階でも、彼は高い天井に描く必要性から横たわるための複雑な**足場**も設計した。

---

❶ St. Peter's Basilica　サン・ピエトロ（聖ペテロ）大聖堂。バチカン市国南東にあるカトリック教会の総本山。Basilica（バシリカ）とは、本来の意味では「ローマ法王より特権を与えられた7つの教会堂」をさし、サン・ピエトロ大聖堂は7つのうちの1つである　❷ inspired by　…に刺激を受けて、触発されて　block　塊、ひとまとまりのもの　contemporary　同時代の人間　locked inside　…に閉じ込められ　stand　立っている、（その場所に）ある　lie on　…に横たわる　the Crucifixion　キリストの十字架上での死、受難　❸ ceiling　天井　the Sistine Chapel　システィーナ礼拝堂。ローマ教皇の公邸であるバチカン宮殿にある礼拝堂　divine　神の、神聖な　imagery　イメージ、絵姿、絵画的形象　lie down on　…に横たわる、寝転がる

22 Ferdinand Magellan
Explorer, Portugal

Son of a noble Portuguese family, Magellan entered the service of King Manuel I. Magellan took part in several **expeditions** to the east, as Portugal tried to develop **trade routes** and bring valuable spices back to Europe from India. Although he **eventually** rose to the **rank** of **captain**, he fell from favor with the king. He **subsequently** renounced his **nationality** and went to Spain.

Like Columbus, Magellan persuaded the king of Spain to **finance** his **explorations** of a western passage that would reach India and its valuable spices. Charles V approved the expedition. Setting sail in 1519, Magellan's five ships set forth across **the Atlantic Ocean**. Once they reached South America, they traveled down the coast searching for a **sea passage** through America. In 1520, he passed through a **waterway** into **the Pacific Ocean**. That passage is now called the Strait of Magellan in his honor.

Once in the Pacific, his **fleet** traveled west and, 98 days later, with little water and almost no **food supplies** remaining, reached the Philippines. Despite this success, Magellan was killed by **native people** there. Only one of his ships **completed** the return journey to Spain, but he is remembered as the first person to circumnavigate the globe. Magellan helped to pave the way for the Portuguese and Spanish to **dominate** large parts of the globe during the 16th century. Columbus and Marco Polo discovered new **parts** of the world, but Magellan was the one who joined them all together. (245)

フェルディナンド・マゼラン
探検家、ポルトガル
ポルトガル王国出身・1480年頃〜1521年・41歳頃没

　ポルトガルの貴族家庭の息子であるマゼランは、国王マヌエル1世に仕えた。ポルトガルが**貿易ルート**を開拓しようとし、インドからヨーロッパへ貴重な香辛料を持ち帰ろうとするなか、マゼランは東方への**遠征**に何度か参加した。彼は**やがて**、**船長**の**地位**に上り詰めたが、国王からの信頼を失った。彼は**その後**、自分の**国籍**を捨て、スペインに向かった。

　コロンブスと同じように、マゼランも、インドに到達してそこの貴重な香辛料が得られるであろう西回り航路の**探検**に**出資して**くれるよう、スペインの国王を説得した。カール5世は、この探検を許可した。1519年に船出し、マゼランの5隻の船は**大西洋横断**に向けて出発した。南アメリカに到着すると、アメリカを横断する**海洋航路**を探しながら、彼らは沿岸を南下した。1520年に、彼は太平洋へ繋がる**海路**を通り抜けた。この海路は現在、彼に敬意を表してマゼラン海峡と呼ばれている。

　太平洋に出ると、彼の**船団**は西に進み、98日後、水は残りわずかとなり**食糧**もほとんど尽きたところで、フィリピンに到着した。こうした成功にもかかわらず、マゼランはそこで**先住民**に殺された。彼の船団でスペインへの帰航を**遂げた**のは1隻のみだったが、マゼランは初めて世界一周した人物として記憶されている。マゼランは、16世紀にポルトガルとスペインが世界の大部分を**支配する**ための道を開くことに貢献した。コロンブスとマルコ・ポーロは世界の新しい**地域**を発見したが、マゼランこそ、彼らの全ての航海の集大成となった人間だった。

❶ noble 貴族の、上流階級の　enter the service of …に仕える　rise to …に上り詰める　fall from favor with …からの支持(ひいき)を失う　renounce …を放棄する、捨てる　❷ persuade ... to do …に〜するよう説得する　Charles V 神聖ローマ皇帝カール5世(1500年〜1558年)。スペイン王としてはCarlos I(カルロス1世)　set sail 出港する、船出する　set forth 出発する、旅に出る　pass through …を通り抜ける　strait 海峡、難局。海峡とは陸地の間で狭くなった水域。海に限らない　in one's honor …に敬意を表して　❸ be remembered as …として記憶される　circumnavigate …を周航する、ぐるりと回る　pave the way for …への道を開く、道筋をつける　join together 結合する、1つにする

23 Martin Luther
Religious reformer, Germany

The **representative** reformer of this period was Martin Luther, a **monk** and professor at the University of Wittenberg, Germany. The Catholic Church taught that both **faith** and **good works** were needed to gain personal salvation. But Luther believed that human beings were **powerless** before an **almighty** God. They could never do enough good works to gain salvation. His view came to be known as "sola fide," or **justification** by faith alone. He arrived at this **belief** by studying the Bible and believed that the Bible was the only source of religious truth.

In his view, leaders of the Catholic Church seemed to be failing to meet their responsibilities. They **were** more **concerned about** politics and power than matters of the spirit. Local **priests** seemed ignorant of what they should teach their **congregations**. People wanted to know how to save their souls, but the priests seemed unable to meet their spiritual needs. Instead, the Church **focused on** carrying out **rites**, such as venerating a relic. However, the Church was more interested in taking in money than in actually saving the souls of **believers**.

In protest against the Church's **practices**, Luther is said to have **posted** his *Ninety-five Theses* on the door of a church in Wittenberg in 1517. Posting **subjects** for discussion was a **common practice** at the time. People in the local community would gather to talk over what had been posted. But this occurred after Gutenberg's masterful innovation. Thousands of copies of Luther's theses were printed and **distributed** all over Germany.

Luther's **intent** was to create a dialogue about the **abuses** within the Catholic Church. Instead, his publication **sparked** a religious revolution. His actions led to the birth of a new church, **Protestantism**. After Luther, Christianity was **permanently** divided into two forms: Catholicism and Protestantism. (296)

マルティン・ルター
宗教改革者、ドイツ
神聖ローマ帝国(現ドイツ)出身・1483年～1546年・62歳没

　この時期を**代表する**改革者は、ドイツのヴィッテンベルク大学の**修道士**であり教授でもあったマルティン・ルターである。カトリック教会の教えによると、個人的救済を得るには**信仰**と善行の両方が必要とされた。しかし、人間は**全能なる**神の前では**無力だ**とルターは考えた。人間には救済を得るのに十分な善行を決して行えないのだと。彼の考え方は、「**信仰義認**」または信仰のみによる**義認**として知られるようになった。彼は聖書を研究することでこの**信念**に到達し、聖書が宗教的真理の唯一の源だと考えた。

　彼には、カトリック教会の指導者たちは、自らの責任を果たせていないように見えた。彼らは精神の問題よりも政治や権力に**関心を持って**いた。地域の**司祭**たちは、**信徒たち**に何を教えるべきかについて無知のようだった。人々は自分の魂を救済する方法を知りたがっていたが、司祭らはこうした精神的要求を満たすことができなかったと見られる。その代わりに、教会は聖遺物をあがめるといった**儀式**を執り行うこと**に重点を置いた**。しかしながら、教会は**信者**の魂を実際に救うことよりも、金銭の収集に興味を持っていたのだ。

　教会の**行い**に抗議して、1517年にルターはヴィッテンベルクにある教会の扉に「95カ条の論題」を**掲示した**と言われている。議論のための**論題**を掲示することは、当時の**慣行**だった。地域社会の住民たちが集まり、掲示された内容について話し合ったものである。ただし、これはグーテンベルクによる優れた技術革新の後で起こった。ルターの論題は何千ものコピーが印刷され、ドイツ全土に**配布された**。

　ルターの**狙い**は、カトリック教会内での(贖宥状の)**乱用**について対話を生み出すことだった。代わりに、彼の発表は宗教的革命を**引き起こした**。彼の行動は、新たな教派、**プロテスタント主義**の誕生につながった。ルター以降、キリスト教はカトリックとプロテスタントという2つの形式へと**永久に分裂した**。

---

❶ salvation (罪からの)救済　sola fide 信仰義認。ラテン語で「信仰のみ」の意。人は信仰によってのみ救済される、という意味でプロテスタント信仰の根幹をなす。英語ではjustification by faith alone。「聖書のみ」「万人祭司」とともに宗教改革の三大原理のうちの1つ　❷ fail to do …できない、…し損なう　ignorant of …に無知な　venerate …を尊敬する、あがめる　relic 遺物。ここでは「聖遺物」のことで、キリストや聖母マリアの遺品、キリストの受難に関するもの、諸聖人の遺品などを指す　❸ protest against …に対する抗議　Ninety-five Theses 95カ条の論題。正式名称は「贖宥状の意義と効果に関する見解」で、ルターが免罪符の効力を批判して1517年10月31日に発表した意見書。この日は宗教改革記念日(Reformation Day)とされ、プロテスタント教会ではハロウィンよりも重要な日となっている　talk over …について話す　masterful 優れた、巧みな　❹ be divided into …に分断される

ルネサンス

24 Hernán Cortés
Explorer, Spain

Spanish explorers in the Americas looked for gold and **glory**. They also carried the religious **zeal** of Isabella and Ferdinand to introduce the local natives to the **Catholic faith**. It is difficult to know whether God, gold or glory took priority.

Hernán Cortés landed at Veracruz on **the Gulf of Mexico** in 1519. With his Spanish **force** of some 500 soldiers, he marched toward the Aztec capital of Tenochtitlán, the site of **present-day** Mexico City. Along the way, he made alliances with **city-states** that had suffered under Aztec rule. When they reached Tenochtitlán, they were welcomed by Montezuma, the Aztec **monarch**. But within a year, the Spanish took Montezuma captive and began to pillage the city. The Aztecs **fought back**, but they began to die from **smallpox**. When more soldiers from his allies came to his aid, the Aztec were doomed. Cortés destroyed temples, palaces and pyramids and used the stones to build Spanish government buildings and churches.

Francisco Pizarro **carried out** a similar campaign in South America. In 1530 he landed on the Pacific coast of South America with only about 180 men. However, he had steel weapons, **cannons**, **gunpowder** and horses. The Inca had never seen these. The Inca were also not immune to European diseases and populations of whole villages were killed by smallpox. By 1535, Pizarro had captured the Inca capital, **executed** the Inca emperor and **established** at Lima a capital for a new **colony** of the Spanish Empire.

The Spanish were not the only **conquerors** in **the New World**. However, they **illustrate** fundamental Western thinking about non-Western people. (263)

エルナン・コルテス
探検家、スペイン
カスティーリャ王国（現スペイン）出身・1485年〜1547年・62歳頃没

スペインの冒険家たちは、アメリカ大陸で金と**栄光**を求めた。また、イザベル1世とフェルナンド2世の宗教的**熱意**を持ち込み、先住民に**カトリック信仰**を教え込んだ。神と金と栄光のうち、どれが優先されたかを知るのは難しい。

エルナン・コルテスは、1519年に**メキシコ湾**のベラクルスに上陸した。約500人の兵士から成るスペイン**部隊**を引き連れ、彼は**現在の**メキシコシティの所在地である、アステカの首都テノチティトランに向かって進んだ。その途中、彼はアステカの支配によって苦しんでいた**都市国家**と同盟を結んだ。彼らはテノチティトランに到着すると、アステカの**君主**、モンテスマによって迎えられた。しかし、それから1年のうちに、スペイン人たちはモンテスマを拘束し、この都市の略奪を開始した。アステカの人々は**反撃した**ものの、彼らは**天然痘**で命を落とし始めた。コルテスの同盟軍からさらなる兵士が彼の援護に来ると、アステカの命運は尽きた。コルテスは寺や宮殿やピラミッドを破壊し、その石を用いてスペインの庁舎や教会を建てた。

フランシスコ・ピサロも、南アメリカでこれと同じような作戦を**行った**。1530年に、彼はわずか約180人の兵士を連れて南アメリカの太平洋沿岸に上陸した。しかし、彼は鋼鉄の武器や**大砲**、**火薬**、馬を持っていた。インカ人はこれらを見たことがなかった。インカ人はまた、ヨーロッパの病気に対する免疫がなく、全ての村の住人たちは天然痘で死に追いやられた。1535年までに、ピサロはインカ帝国の首都を占領し、インカ皇帝を**処刑し**、スペイン帝国の新たな**植民地**としてリマに首都を**築いた**。

スペイン人は、**新大陸**の唯一の**征服者**というわけではなかった。しかしながら、彼らは非西洋人に対する西洋人の基本的な考え方を**示している**。

---

❶ introduce ... to 〜 …に〜を紹介する　take priority 優先する　❷ march toward …に向かう、…に向かって行進する　make an alliance with ... …と同盟を結ぶ。...に複数形の目的語が入る場合、make alliances with ...となる　take ... captive …を捕える、拘束する　pillage …を略奪する　die from （病気で）死ぬ　come to one's aid …の助けに来る　doomed 絶望的な、運の尽きた　❸ Francisco Pizarro フランシスコ・ピサロ（1475年頃〜1541年）。インカ帝国を征服したスペイン人のコンキスタドール　be immune to …に免疫がある　population 住民、人々　❹ fundamental 基本的な、根本的な

ルネサンス

25 John Calvin / Jean Calvin
Religious reformer, France

As the Reformation spread, several forms of **Protestantism** developed. **Lutheranism** was the most **dynamic** form of Protestantism until John Calvin **advanced** new ideas.

Calvin was educated in France, his **homeland**. When he **converted to** Protestantism, however, he had to flee Catholic France and take refuge in Switzerland. In 1536, he published his **masterpiece** *Institutes of the Christian Religion*. It **summarized** Protestant ideas and it earned him a reputation as a new Protestant leader.

Calvin **agreed with** Luther that **faith** alone explained how humans achieved **salvation**. But Calvin placed significant emphasis on the idea that God was **all-powerful**. This led him to the idea of **"predestination."** This is the belief that God has predestined some people to be saved and others to be damned. Calvin also said, however, that no one could be **absolutely** sure of salvation. Followers of Calvin became firmly convinced that they were doing God's work on Earth. This made them determined to **actively** spread their faith to other people.

Calvin began reforming the city of Geneva, Switzerland. He formed a special court to **oversee** the moral lives of the citizens. The citizens were punished for **swearing**, playing cards, drinking excessively, singing dirty songs and even dancing.

Calvinism **stresses** the literal truth of the Bible. It views the church as a Christian community with Christ as its head and its members equal to one another. This led to an organization in which church officers are not appointed. Instead, the officers **are elected by** the members of the church. This was entirely different from the Catholic **hierarchy** of **pope**, **cardinal**, **bishops**, **priests** and believers. It was also different from early Protestant churches which were controlled by bishops. (278)

プロテスタントの神学書『キリスト教要綱』を記す

ジャン・カルヴァン
宗教改革者、フランス
フランス王国出身・1509年～1564年・54歳没

　宗教改革が広まるにつれ、**プロテスタント主義**のいくつかの形式が発達した。ルター主義は、ジャン・カルヴァンが新たな思想を**推し進める**まで、プロテスタント主義の最も**活力に満ちた**形式だった。

　カルヴァンは**故国**のフランスで教育を受けた。しかし、プロテスタントに**改宗**した際、カトリックのフランスから**逃れ**、スイスに**避難**しなければならなかった。1536年に、彼は自身の**最高傑作**『キリスト教綱要』を発表した。これは、プロテスタント教職者の思想を**要約**したもので、彼にプロテスタントの新たな指導者としての評判を与えた。

　カルヴァンは、人間が**救済**をどう得るかを明らかにするのは**信仰**のみだという点でルターと一致していた。しかし、カルヴァンは、神が**全能**だという考えに大きな重点を置いていた。このことは、**「予定説」**という考え方へとつながった。これは、ある人々は救済され、別の人々は地獄に落ちることが神によって予め運命づけられているという考えである。しかし、**絶対的に**救済を確信できる人は誰もいないともカルヴァンは言った。カルヴァンの信奉者らは、自分たちがこの世で神の仕事をしていると強く確信するようになった。これにより、彼らは自分たちの信仰を他の人々に**積極的に**広めようと決心した。

　カルヴァンは、スイスの都市ジュネーヴの改革を始めた。彼は、市民の道徳的な暮らしを**監督する**特別な裁判所を設置した。市民たちは、**罵ったり**、トランプをしたり、度を超した飲酒をしたり、下品な歌を歌ったりすると罰せられ、ダンスすらも**罰せられた**。

　カルヴァン主義は、聖書が一言一句真実であることを**強調している**。また、教会をキリストと共にあるキリスト教のコミュニティであり、その指導者とメンバーが互いに対等だと見なしている。このことにより、教会の職員が任命を受けることのない組織ができた。代わりに、職員は教会のメンバーによって**選出される**。これは、**教皇**、**枢機卿**、**司教**、**司祭**、信者から成るカトリックの**階層制**とは完全に異なるものだった。また、監督が牛耳っていた初期のプロテスタント教会とも違った。

---

❶ the Reformation 宗教改革。16世紀に起こった宗教運動で、ローマカトリック教会の改革を目指し、プロテスタント教会が樹立された。reformationは「改革」だが、Rが大文字で「宗教改革」の意味になる　❷ flee …から逃れる　take refuge in …に避難する　earn ～ …に～をもたらす　❸ place emphasis on …に重点を置く　predestined ... to do （神が人に対し）…が～することを運命づける　damn …を地獄に落とす、けなす　become convinced that …だと確信するようになる　❹ be punished for …したことで罰せられる　excessively 過剰に　❺ literal 文字通りの　equal to …と対等で

ルネサンス　67

26

Queen Elizabeth I
Monarch of England

Henry VIII led the break between England and the Roman Catholic Church. In part, he did so in order to **divorce** one wife and marry another, Anne Boleyn. Anne became queen and **gave birth**. That child became Queen Elizabeth I.

Intelligent and confident, Elizabeth took the throne in 1558 at the age of 25. She became the leader of the Protestant countries of Europe, at a time when many nations were Catholic. First, she changed the laws favoring the Catholics that her half-sister Queen Mary had **promoted**. Elizabeth was more moderate in allowing both Protestants and Catholics to practice their faiths.

In **foreign policy**, Elizabeth I **skillfully** kept France and Spain from becoming too powerful. If one country became too powerful, she supported the weaker one. War for England, she feared, would be disastrous. **Nonetheless**, she could not avoid **conflict with** Spain. In 1588, the king of Spain sent a fleet of warships, called an armada, to **invade** England. If Spain was successful, it would overthrow Protestantism — and make Spain very powerful. Fortunately for England, English ships were faster and they **defeated** the Spanish Armada. The Spanish fleet **retreated** but suffered severe damage in storms along the way.

As a result, power in Europe shifted from France and Spain to France and England. Elizabeth used this change to lay the foundations for a world empire. (225)

女王エリザベス1世
イングランドの君主
イングランド王国出身・1533年〜1603年・69歳没

　ヘンリー8世は、イングランドとローマカトリック教会との分裂を主導した。1つには、妻と離婚して新たにアン・ブーリンと結婚するためであった。アンは王妃となり、子どもを出産した。その子どもが女王エリザベス1世となった。

　知的で自信に満ちたエリザベスは、1558年に25歳で王位に就いた。多くの国家がカトリックだった当時において、彼女はヨーロッパのプロテスタントの国々の指導者となった。最初に、異母姉のメアリー女王が推進した、カトリックに有利な法律を改正した。エリザベスは、プロテスタントとカトリック双方によるそれぞれの信仰の実践に、より寛容的だった。

　外交政策において、エリザベス1世は、フランスとスペインが強力になりすぎることを**巧みに阻止した**。どちらかの国が強力になりすぎると、彼女は弱いほうを支援した。イングランドにとって、戦争は悲惨なものになるだろうと彼女は恐れていた。**それにもかかわらず、彼女はスペインとの衝突を避けることができなかった**。1588年に、スペインの国王は、イングランドを**侵略**しようと、アルマダと呼ばれる軍事艦隊を派遣した。もし、スペインが成功すれば、プロテスタント主義は転覆し、スペインは非常に強力になるはずだった。しかし、イングランドにとって幸運なことに、イングランドの船のほうが速度で勝り、スペインの無敵艦隊を**破った**。スペインの艦隊は**撤退**したが、その途中、嵐で深刻な被害を受けた。

　その結果、ヨーロッパにおける勢力図は、フランスとスペインから、フランスとイングランドへと変わっていった。エリザベスはこの変化を、世界帝国への基盤を築くために利用した。

---

❶ Henry VIII ヘンリー8世。イングランド国王（在位1509年〜1547年）。インテリであり熱心なキリスト教徒だったが、離婚問題のこじれから教皇と対立し、のちのイングランド国教会の首長となる。生涯に6人の妻を持った　in part 部分的には　❷ take the throne 王位に就く　favoring …に都合がいい、有利な　Queen Mary メアリー1世。イングランド女王（在位1553年〜1558年）。ヘンリー8世と最初の王妃、キャサリン・オブ・アラゴンの娘。プロテスタントに対する過酷な迫害から「Bloody Mary（血まみれのメアリー）」と呼ばれた　moderate in …に関して適度な、度を越さない　❸ keep ... from 〜 …が〜するのを阻止する　disastrous 悲惨な、壊滅的な　fleet 船団、艦隊　warship 軍艦　armada （スペイン語）アルマダ、大艦隊。とくにthe Armadaはスペインの無敵艦隊を指し、ここでのアルマダと同義である。無敵艦隊とはスペイン王フェリペ2世によって編成された強力な海軍。これに対し、イングランド軍は小回りのきく小型船で迎え撃った。さらに、悪天候がイングランド軍に味方したと言われている　overthrow …を転覆させる　❹ shift from ... to 〜 …から〜に移行する　lay the foundation for …の基礎を築く

27 Galileo Galilei
Scientist and mathematician, Italy

This Italian scientist was the first European to make regular observations of the heavens using a **telescope**. Galileo used it to make a **remarkable** series of discoveries: mountains on the moon, four moons revolving around Jupiter, and even **sunspots**.

Nicolaus Copernicus (mathematician, Poland) had earlier challenged the views of the ancient **astronomer** Ptolemy (A.D. 100s), who believed that the Earth was the center of the **universe**. Copernicus thought his heliocentric conception of the universe was more accurate. He believed that the sun, not Earth, was at the center and that the **planets** all revolved around the sun. He **contended** that the apparent movement of the sun around the Earth was caused by the rotation of Earth on its axis and its journey around the sun.

Galileo pushed this view further. He believed that the **heavenly bodies** were not just lights in the sky. He believed they were made of **material** like that of Earth. He **found himself** under suspicion by the Catholic Church. The church saw his view as saying that humans were not the center of the universe and that God was not in "heaven." The church felt this was a dangerous view, contradicting the authority of the Bible, which they held to be the **absolute** truth.

Despite the church's position, most astronomers **accepted** the ideas of Copernicus and Galileo. But it would be Isaac Newton who would bring all of the ideas together. (235)

ガリレオ・ガリレイ
科学者であり数学者、イタリア
フィレンツェ公国(現イタリア)出身・1564年2月〜1642年・77歳没

　このイタリアの科学者は、**望遠鏡**を使って天を定期的に観察した初のヨーロッパ人だ。ガリレオは、望遠鏡を使って、**目覚ましい**一連の発見をした。月面にある山脈と木星の周りを公転する4つの衛星を見つけ、**太陽の黒点**までも発見した。

　これ以前にニコラウス・コペルニクス(ポーランドの数学者)は、地球が**宇宙**の中心であると考えていた古代の**天文学者**プトレマイオス(紀元後100年代)の見解に異議を唱えていた。コペルニクスは、太陽を中心とする宇宙の捉え方のほうが正しいと思っていた。彼は、地球ではなく太陽が中心にあり、**惑星**は全て太陽の周りを回転していると考えた。太陽が地球の周りを動いているように見えるのは、地球が地軸を中心に自転していることと、太陽の周りを移動していることに起因していると**主張した**。

　ガリレオはこの見解をさらに発展させた。**天体**は空に浮かぶただの光ではないと彼は考えた。天体は、地球と同じような**物質**でできていると思っていた。彼は**気づくと**、カトリック教会から嫌疑をかけられていた。教会側は彼の見解を、人間は宇宙の中心におらず、神は「天」にいるのではないと言っているものと見なした。**教会はこの見解を、教会が絶対的な真実であると考える聖書の記述と矛盾しており、危険だ**と感じた。

　教会の見解をよそに、ほとんどの天文学者はコペルニクスとガリレオの考え方を**受け入れた**。しかし、その考え方の全てを統合することになるのはアイザック・ニュートンだった。

---

❶ observation 観察。動詞observe(…を観察する)から派生した名詞　revolve 回る、周回する
❷ Nicolaus Copernicus ニコラウス・コペルニクス(1473年〜1543年)。ポーランドの天文学者で当時主流だった天動説に対し、地動説を提唱　challenge …に異議を申し立てる　Ptolemy クラウディオス・プトレマイオス(83年頃〜168年頃)。英語名はトレミー。アリストテレスらが考えた宇宙像を当時の天文学の集大成となる著書『アルマゲスト』にまとめ、天動説を説いた。天動説は「宇宙の中心は地球である」という聖書の記述と合致し広く受け入れられた　heliocentric 太陽中心の(⇔geocentric 地球中心の)　conception 構想、(一般的な)理解　accurate 正確な　apparent 見かけの　rotation 回転、自転　axis 軸　❸ suspicion 疑い、嫌疑。形容詞形はsuspiciousで「疑わしい」　contradict …に相反する、矛盾する。名詞形はcontradictionで「矛盾」　authority 出典、根拠　hold ... to be 〜 …を〜であると考える　❹ despite …にもかかわらず(=in spite of)　Isaac Newton アイザック・ニュートン(1642年〜1727年)。イングランドの物理学者・数学者・天文学者。大著『自然哲学の数学的諸原理(プリンキピア)』で天体の運動を万有引力の法則に基づいて体系的に説明した　bring ... together …をまとめる、結びつける

William Shakespeare
Playwright, England

Within the **cultural** flowering during and after Queen Elizabeth's **reign**, **drama** was most important. The greatest **playwright** of that period was born in small village of Stratford-upon-Avon in 1564.

Little is known about his life, but in 1592, William Shakespeare appeared in London. Although he **probably** began as an actor, he soon earned a **reputation** as a poet and playwright. By 1594, he was writing plays for the Lord Chamberlain's Men, the chief theater company of the day. For the next twenty years, he wrote **comedies**, histories and **tragedies** that were performed at the Globe Theatre on the banks of the Thames River in London.

Throughout his career he examined human nature and possessed a **remarkable** understanding of human **psychology**. His **sympathy** for men and women of all levels of society was new. He **portrayed** their **complex** characters with great honesty, writing in *As You Like It*:

"All the world's a stage,

And all the men and women merely players;

They have their exits and their entrances;

And one man in his time plays many parts…"

The characters he **produced** are still **recognizable** today. He combined deep **insight** with a mastery of dramatic art. As a playwright, he **has no peer**. He pulls the **audience** into a story of dangerous first love in *Romeo and Juliet* and a story of violence and bloodshed in *Macbeth*.

Equally as important as his insight into human nature is the **astounding** intensity and **precision** of his language. His plays include **poetic** power, fast **witty** dialogue and **earthy** comments of the common people of his day. **Virtually** every line has multiple **layers** that give new meaning to the English language. (276)

イギリス・ルネサンス期演劇の天才劇作家

ウィリアム・シェイクスピア
劇作家、イングランド
イングランド王国出身・1564年〜1616年・52歳没

　エリザベス女王の**治世**中、またそれ以降の**文化**の開花期のさなか、**演劇**は最も重要であった。この期間における最も偉大な**劇作家**は、1564年にストラトフォード・アポン・エイヴォンの小さな村で生を受けた。

　ウィリアム・シェイクスピアの生涯のことはほとんど知られていないが、彼は1592年にロンドンに現れた。彼は**おそらく**、俳優として歩み始めたものの、すぐに詩人と劇作家として**評判**を得た。1594年までには、当時主要な劇団だったチェンバレン卿一座で脚本を書くようになっていた。その後の20年間で、彼は**喜劇**、歴史劇、**悲劇**を書き、それらはロンドンのテムズ川岸にあるグローブ座で公演された。

　シェイクスピアは自身の職業を通じて人間性を観察しており、人間の**心理**に対する**卓越した理解力**を有していた。シェイクスピアによる社会のあらゆる階級の男女に対する**共感**は、目新しいものだった。人々の**複雑な**人物像を、シェイクスピアはとても率直に**描き**、『お気に召すまま（第2幕第7場）』では次のように書いている：

　　「世界は全て1つの舞台、
　　男も女も役者にすぎぬ。
　　それぞれに退場しては登場し、
　　一人一人が与えられた時間の中で多くの役を演じていく…」

　シェイクスピアが**創作した**登場人物らは、現在もなお**理解できる**。彼は、深い**洞察**と演劇芸術の熟練した技術とを融合させた。劇作家として彼に**並ぶ者はいない**。『ロミオとジュリエット』では危険な初恋の物語に、『マクベス』では暴力と流血の物語に、**観客を引き込む**。

　人間性に対するシェイクスピアの洞察と**同等に**重要なのは、彼の言葉の**驚くべき強さと的確さ**だ。彼の演劇には、**詩的な**力と、軽妙で**機知に**富んだ会話、当時の一般の人々の**世俗的な**批判がある。ほぼ全てのセリフが、英語という言語に新しい意味を与える多層性を持っている。

---

❶ flowering 開花(期)、隆盛　Stratford-upon-Avon ストラトフォード・アポン・エイヴォン。イングランド中部の都市。シェイクスピアの生誕地として、現在では年に500万人の観光客を集める。2016年は没後400周年である　❷ poet 詩人。日本語の「ポエマー」は和製英語　perform …を演じる、行う　bank 岸、土手、堤防　❸ examine …を(詳細に)観察する、考察する　human nature 人間特有の本性、性質　possess (才能など)を有する　character 登場人物、人格　honesty 率直さ　❹ combine ... with 〜 …を〜と結びつける　mastery 熟練、精通　❺ intensity 強さ、強度　multiple 多重の

ルネサンス | 73

René Descartes
Philosopher, France

The Scientific Revolution in Europe greatly changed how people saw themselves and the universe. The clearest evidence of this change is in the work of René Descartes. He began by thinking and writing about the **doubt** and uncertainty that he **observed** everywhere around him. The **philosophy** that he formed dominated Western thinking until the 20th century.

His most famous work, *Discourse on Method*, was **published** in 1637. In it, Descartes set aside all that he had previously learned and began learning again. The one thing that seemed **certain** to him was his own **existence**. He **emphasized** the importance of his own mind, **declaring**, "I think, therefore I am." This was his first principle, his starting point: The mind cannot be **doubted**.

His second principle was that the body and **material** world can be doubted, so the two must be **radically** different. From this came the "separation of mind and matter." Descartes belief that mind and matter were separate allowed scientists to study matter as inert. Matter was **detached** from the mind and could be investigated by **reason**.

Descarte's emphasis on rationalism came to be seen as the chief source of knowledge. His thinking was a major **step forward** in Western science. (201)

ルネ・デカルト
哲学者、フランス
フランス王国出身・1596年～1650年・53歳没

　ヨーロッパにおける科学革命は、人々が自分自身と世界をどう見るかに大きな変化を与えた。この変化の最も明らかな痕跡は、ルネ・デカルトの著作に見られる。彼は、身の回りのあらゆるところで**観察した懐疑**と不確かさについて、考え、書くことから始めた。彼が形成した**哲学**は、20世紀まで、西洋の思想に色濃く影響を与えた。

　彼の最も有名な著作『方法序説』は、1637年に**出版された**。その中で、デカルトはそれまでに学んだことを全て脇に置いて、再び学び始めた。彼にとって**確か**だと感じられる唯一のことは、自分自身の**存在**だった。自分自身の思考の重要性を**強調し**、「我思う、故に我あり」と宣言した。彼の第1原理、すなわち、出発点はこれだった：精神は**疑う**ことができない。

　彼の第2原理は、肉体および**物質**の世界は疑うことができるため、この2つは**根本的に**異なっているに違いないというものだった。このことから、「精神と物質との分離」が生まれた。精神と物質とが分かれているというデカルトの考えにより、科学者たちは物質を不活性なものとして研究できるようになった。物質は精神とは**引き離され**、**理性**によって調べられるようになった。

　デカルトが理性主義に重きを置いたことは、知識の重要な源泉として見られるようになった。彼の思想は、西洋の科学における大きな**前進**だった。

---

❶ Scientific Revolution 科学革命。コペルニクスに始まり、17世紀のガリレオ、ニュートンの頃に完結するヨーロッパにおける近代科学の成立とそれに伴う自然像・世界像の変革を指す。ケンブリッジ大学のH.バターフィールド歴史学教授が著書『近代科学の起源』(1949年)で提唱した語　universe 全世界、宇宙　evidence 証拠、形跡。形容詞形はevident (明白な)　uncertainty 不確かさ、不確実性(⇔ certainty 確かなこと)　dominate …を支配する、…に著しく影響を与える　❷ set aside …を脇に置く、取っておく　previously 以前に　mind (身体と区別して、思考や感覚、感情、意志などを司る)精神、頭、心　principle 原理、主義　❸ the two 前段落のthe mindと、前の節のthe body and material worldを指す　separation 分離、区別。動詞separate (分離する、…を分ける)の名詞形　separate 別々に分かれた、別個の　inert 不活性な、自力で運動できない　investigate …を(詳細に)調査する　❹ emphasis 強調、重視。複数形はemphases　rationalism 理性主義、合理主義(⇔ empiricism 経験主義)。感覚的経験に基づく認識ではなく、理性による認識のみを真実とする立場。合理論、理性論、唯理論とも言う

Chapter 3

Early Modern Period
[c. 1600 - 1800]

近世
[約1600年〜1800年]

30 John Locke
Intellectual, England

Intellectuals of the Enlightenment were strongly influenced by two Englishmen, Isaac Newton and John Locke. John Locke's *Two Treatises on Civil Government*, published in 1690, presents the idea of a "social contract." He believed that man once lived in a **state of nature**. As a creation of God, man possessed **reason**. Reason made him capable of **cooperating** with other men. It also made him capable of understanding the laws of nature, which guaranteed a man life, **liberty** and **property**.

Locke believed that the **preservation** of property was of great importance. Although he thought men were born equal, he also believed that by **industry** and frugality some men could **accumulate** more property than others. It was to preserve this property, unequally **divided**, that men agreed to form governments.

Another major intellectual contribution was Locke's *Essay Concerning Human Understanding*. It argued that every individual is born with a tabula rasa, Latin for "**blank** slate." By this he meant that the mind was clear, without any **ideas**. All of the **materials** of reason and knowledge that come into the mind come from one place: **experience**. Everything we know is gained by perception or reflection. Combined, they give us the **ability** to understand.

Locke's ideas suggested that each individual was formed by experiencing the surrounding world through their **senses**. If **environments** were changed and people were exposed to the proper **influences**, then people could be changed. Then they would **create** a new, better society. (240)

ジョン・ロック
知識人、イングランド
イングランド王国出身・1632年〜1704年・72歳没

　啓蒙主義の知識人たちは、アイザック・ニュートンとジョン・ロックという2人のイギリス人に強い影響を受けた。ジョン・ロックの『統治二論』は1690年に出版され、「社会契約（説）」という考え方を表している。彼は、人はかつて、**自然状態**の下で生存していたと考えた。神の創造物として、人は**理性**を持っている。理性により、人は他の人と**協力**できる。また理性により、人に対して生命と**自由**、そして**財産**を保証する自然法を、人は理解できる。

　ロックは、財産の**保護**は非常に重要だと思っていた。人は生まれながらにして平等だと考えていたが、**勤勉**と倹約によって、他の人よりも多くの財産を**ためる**ことができる者がいるとも考えていた。人が政府を形成することに合意するのは、不平等に**分けられた**この財産を保護するためだった。

　もう1つの重要な知的貢献に、ロックの『人間知性論』がある。これは、各個人は「タブラ・ラサ」（ラテン語で「何も書かれていない石板」）で生まれると論じている。これにより、人の心はまっさらで、何も**観念**がないとロックは示した。人の心にもたらされる分別や知識といったあらゆるものは、1つの場所——**経験**からやってくる。私たちが知るあらゆるものは、知覚か内省によって得られる。それらが組み合わさり、私たちに理解する**能力**を与えている。

　ロックの考えは、全ての人々は、自らの**感覚**を通じてまわりの世界を経験することで形成される、と示唆した。**環境**が変わり、適切な**影響**下に置かれれば、人々は変わることができる。そうすれば、人々は新たなより良い社会を**創造する**だろうと。

タイトル intellectual 知識人、有識者　❶ Enlightenment 啓蒙主義。18世紀のヨーロッパで全盛期を迎えた「旧弊打」破を掲げる革新的思想。伝統的権威や古い思想を徹底的に批判し、各人による理性の力の行使を促すことで、人類の普遍的進歩を図った。派生元の動詞enlightenは元来「光で照らす」という意味で、今では「…を啓発する」の意味で用いられる　possess …を所有する　capable of …する能力がある　laws of nature 自然法。natural lawsとも表記する。時と場所を超え妥当とされる人類の普遍的な法。対立する概念は人の定めた「実定法」　guarantee ... 〜 …に対して〜を保証する　❷ of great importance 非常に重要な。of+抽象名詞で形容詞と同様の意味になる　frugality 倹約、質素。形容詞frugal（質素な、倹約な）の名詞形　preserve …を保護する、保存する。名詞形はpreservationで「保護、保存」　❸ intellectual 知的な　tabula rasa タブラ・ラサ。生まれたばかりの人間の心は白紙状態（何も書かれていない石板）であり、生得観念はないという主張で用いられた例え　slate（文字を書くための）石板　perception 知覚、認識。動詞形はperceiveで「…を知覚する、認識する」　reflection 内省、熟考。動詞形はreflectで「熟考する」「反射する、反映する」　❹ surrounding 周囲の、取り囲む　expose …を（〜に）さらす、露出させる。expose ... to 〜で「…を〜にさらす」。名詞形はexposure　proper 適切な、ふさわしい（⇔ improper 不適切な）

31 Louis XIV
Monarch of France

Absolutism is a system in which a **ruler** holds total power. By increasing the power of the king, it seeks stability in the country. It is tied to the **idea** of the **divine right of kings**, which means that rulers receive their powers from God. The king is responsible to no one except God. The absolute **monarch** makes the **laws**, sets **taxes**, delivers justice, controls **officials** and decides foreign **policy**.

Several European nations were ruled by absolute monarchs during the 17th century. **Undoubtedly** the most **successful** was Louis XIV, who became ruler of France in 1661. He **established** his royal court at Versailles. That is where his powerful **subjects** came to request favors and offices. High nobles and royal princes wanted to play a role in government, but he kept them under his thumb. He kept them busy with court life and out of **political** activities.

Louis XIV was dubbed the Sun King and he fostered that image of being a **source** of light for all of his people.

Under him, French **culture**, language and manners set the standard for European society. His court was imitated throughout Europe. His diplomacy and military **dominated** the **politics** of Europe. (197)

ルイ14世
フランスの君主
フランス王国出身・1638年〜1715年・76歳没・在位72年でギネスブック記録保持者

　絶対王政は、**支配者**が全権力を保持する制度だ。王の権力を増大させることによって、国の安定を目指す。この制度は、支配者が神から権力を授かっているという、**王権神授の考え方**と結びついている。王は神に対してのみ責任を負う。絶対**君主**が**法律**を作り、**税**を設定し、裁きを行い、**役人**を統制して、外交**政策**を決定する。

　17世紀には、ヨーロッパ諸国のうちの数カ国が絶対君主に支配されていた。**疑いなく**、最も**成功した**のは、1661年にフランスの直接支配を始めたルイ14世だ。彼はヴェルサイユに**王宮を設立した**。ここは、ルイ14世の有力な**臣下**が支援を仰いだり、要職を求めたりするために訪れた場所だ。大貴族と皇太子たちは政府内の役職を求めていたが、ルイ14世は彼らを意のままに操った。彼らを宮廷暮らしで忙しくさせておき、**政治的な**活動から遠ざけていた。

　ルイ14世は太陽王と呼ばれ、自分が国民の全てに光を与える**源**であるというイメージを培った。

　ルイ14世の下で、フランスの**文化**と言語、作法がヨーロッパ社会の基準となった。彼の宮殿はヨーロッパ中で模倣された。その外交政策と軍隊は、ヨーロッパの**政争を支配した**。

---

❶ absolutism 絶対王政、専制主義　stability 安定性。形容詞形はstableで「安定した」(⇔ unstable 不安定な)　tie …を結ぶ。tie ... to ～で「…を～に結びつける、関連付ける」　except …を除いて　absolute 絶対の、絶対的な(⇔ relative 相対の、相対的な)　justice 公正、裁き　❷ royal 王家の、王族の　favor 親切な行為、世話。不可算名詞では「ひいき、寵愛」「えこひいき、偏愛」などの意味になる　office 職務、任務　noble 貴族、貴族階級の人。形容詞で「貴族の」という意味もある　play a role 役割を果たす。play a role in ... は「…で役割を果たす」、of ... が続くと「…の役割を果たす」　under one's thumb (人)の言いなりになって　❸ dub …を(ニックネームで)呼ぶ　foster …を育てる、育成する　❹ set (a) standard(s) for …の基準を定める　diplomacy 外交、外交関係(交渉)、外交術

近世 | 81

Isaac Newton
Physicist and mathematician, England

Newton is typical of many of the people who **contributed to** the West. He humbly stated that he was indebted to the works of earlier scientists: "If I have seen further, it is by standing on the shoulders of **giants**." Western thinking — which we call the Western genius in this book — was developed by giants in different **fields**. But they all stood on the shoulders of giants who came before them.

Professor of mathematics at Cambridge University, Isaac Newton's major work is *Mathematical Principles of Natural Philosophy* (or "*Principia*," which is a short form of the Latin title). It fundamentally altered the way in which scientists observed and **explained** the natural world. He was the first to fuse mathematics and **natural science** and he used them together to define three laws of motion that governed **planets** and objects on Earth.

The crucial relationship in nature is known as the "universal law of gravitation," which explains why planetary bodies follow their **orbits** around the sun. The law says that every object in the universe is attracted to every other object by a **force** called gravity. Newton's ideas created a new picture of the universe. It was now seen as one huge **regulated** machine that worked according to natural laws. His world-machine concept **dominated** the modern **worldview** until the 20th century, when Albert Einstein's concept of relativity offered a new picture of the universe. (232)

アイザック・ニュートン
物理学者であり数学者、イングランド
イングランド王国出身・1642年〜1727年・84歳没

　ニュートンは、西洋に**貢献**した人々の多くを代表する人物だ。彼は謙虚にも、彼以前の科学者たちの功績に恩義があると述べている：「もし私に遠くが見えているとするならば、それは**巨人**の肩の上に立っているからだ」。西洋の思想 — この本で私たちが西洋の天才たちと呼んでいる — は、異なる**分野**の巨人たちが発展させた。しかし、彼らは皆、先行した巨人たちの肩の上に立っていたのだ。

　ケンブリッジ大学の数学**教授**だったアイザック・ニュートンの主要な著作は『自然哲学の数学的諸原理』（ラテン語での書名の略称『プリンキピア』）だ。これは、科学者が自然界を観察し、**解説していた**方法を根本から変えた。彼は、数学と**自然科学**を融合させた初めての人物であり、それらを活用して**惑星**と地球上の物体に影響を与えている３つの運動の法則を定義した。

　その極めて重要な自然界の関係は、「万有引力の法則」として知られている。これは、なぜ惑星体が太陽の周りの**軌道**を回り続けるのかを説明したものだ。この法則によれば、引力と呼ばれる**力**によって、宇宙のあらゆる物体は他のあらゆる物体と引きつけ合っているという。ニュートンの考え方は、新たな宇宙観を生んだ。宇宙は今や、自然の法則に従って機能する**制御された**１つの巨大な機械として見られるようになった。**ニュートンの機械論的世界観**は、アルベルト・アインシュタインの相対性物理学が新たな宇宙観を提示した**20世紀まで、現代的な世界観を支配した。**

---

❶ typical 典型的な、特徴をよく表す。+ of ...で「…の典型である、…の特色をよく示している」　humbly 謙虚に、卑下して。形容詞humble（謙虚な）の副詞形　state …と述べる。名詞形はstatement（声明）　indebted 借りがある、恩義がある。be indebted to ... で「…に恩を受けている」　further far（遠方に、はるかに）の比較級　❷ fundamentally 根本的に　alter …を変える、改める　observe …を観察する。名詞形はobservationで「観察」　fuse …を融合させる、溶解する　define …を定義する、明確に定める。名詞形はdefinitionで「定義」　motion 動き、運動、運行　object 物体、対象、客体（⇔ subject 主体）　❸ crucial 極めて重要な、決定的な　gravitation 引き寄せられること、引力　planetary 惑星の　be attracted to …に引きつけられる、惹かれる　gravity 引力、重力　machine 機械、装置　concept 概念、発想　relativity 相対性（原理）、相対性物理学

33 Engelbert Kaempfer
Doctor, Germany

German doctor Engelbert Kaempfer began working for the Dutch East India Company in Persia and in 1689 was transferred to Indonesia. In 1690 he arrived in Japan to **serve** as the physician at the Dutch factory on the island of Dejima in Nagasaki Harbor.

In 1691 and 1692, as part of his official duties, he accompanied the **annual** Dutch tribute mission to the court of the shogun at Edo <Tokyo> (*Edo sampu*). Kaempfer was a careful **observer** and he wrote **detailed** accounts of these journeys and the Japanese people and culture at Nagasaki.

After he **returned** to Europe, his **accounts** were published as *History of Japan* (1727-1728) in Dutch, French and German. This work was the first accurate firsthand introduction of the **geography** of Japan, the Japanese system of government, and **customs** of ordinary people in a foreign language. It may even have been a **source** for *Gulliver's Travels*. There is no doubt that it was the standard European-language work on Japan until the 19th century. In fact, for information about those days in Japan, it has few rivals even in Japanese. (182)

エンゲルベルト・ケンペル（ケンプファー）
医師、ドイツ
神聖ローマ帝国（現ドイツ）出身・1651年～1716年・65歳没

　ドイツの医師エンゲルベルト・ケンペルは、ペルシャにあったオランダ東インド会社で勤務を始め、1689年にインドネシアに転任になった。1690年に、長崎港の出島にあるオランダの工場で医師を**務める**ため、日本に到着した。

　1691年と1692年に、公務の一環として、彼は、江戸〈東京〉にいる将軍の城へ**年に1度の献上品を納めるオランダの使節団（江戸参府）に同行していた**。ケンペルは、注意深い**観察者**で、これらの旅と日本人、長崎の文化についての**詳細な報告**を記した。

　ケンペルがヨーロッパに**戻った**後、彼の記述は『日本誌』（1727年～1728年）としてオランダ語、フランス語、ドイツ語で出版された。この著作は、日本の**地理**、政府の仕組み、庶民の**風習**を直に見聞きして、外国語で初めて正確に紹介したものだった。『ガリバー旅行記』の**情報源**にさえなっていた可能性もある。『日本誌』が19世紀まで、日本についてヨーロッパの言語で記された定評のある作品だったことは間違いない。実際、当時の日本についての情報としては、日本語でさえも他に競合するものはほとんどない。

---

❶ Dutch East India Company オランダ東インド会社。1602年にオランダの大商人の共同出資で設立された東洋貿易の独占会社。世界初の株式会社と言われている。1799年にオランダの国力が低下し、解散　transfer …を移動させる、転勤させる　physician 医師、内科医　❷ duty 任務、職務　accompany …に同行する、付き添う　tribute 贈り物、(他国の君主への)貢ぎ物　mission 派遣団、交渉団　*Edo sampu* 江戸参府。長崎のオランダ商館長の一行が、江戸に上り将軍に貿易許可の礼を述べ献上物を贈った行事。1609年に始まり、中止されたこともあったが1850年までに116回を数えた　account 報告、記述　❸ accurate 正確な、精密な（⇔ inaccurate 不正確な）　firsthand 直に得られた、直接体験した　ordinary 普通の、平凡な（⇔ extraordinary 異常な、非凡な）　There is no doubt that … …であることは疑いの余地がない

34 Johann Sebastian Bach
Musician, Germany

Johann Sebastian Bach is considered by many people, especially professional musicians, to be the greatest **composer** in Western history.

During his lifetime, he never left Germany. He continued for many years to be the cantor at St. Thomas' Church in Leipzig. Little of his music was published while he was alive. His **reputation** was less that of a composer and more that of an **organist** and creative genius at the **keyboard**. He played a major role in the **development** of the organ. He also transformed the harpsichord from an **instrument** for **accompaniment** to a virtuoso solo instrument.

For the generations that followed, his main **genius** was his **ability** to juggle **themes** and melodies in music. He could move a **piece** in one **direction**, take it into several other directions and **seamlessly** return to the main thread. This technical intricacy was matched by **emotional** richness. His aim was to set the soul on fire and create in his music the sound of heaven on earth.

Bach's last great **masterpiece**, completed in the last months of his life, was the Mass in B Minor. It is one of the great masterpieces of Western music. But Bach died before he could hear it **performed**. With this piece, baroque — a whole artistic, spiritual and intellectual world — came to an end. (216)

ヨハン・セバスティアン・バッハ
音楽家、ドイツ
神聖ローマ帝国（現ドイツ）出身・1685年～1750年・65歳没

　ヨハン・セバスティアン・バッハは、多くの人々、特にプロの音楽家たちから、西洋の歴史で最も偉大な**作曲家**と見なされている。

　生涯のうちに、バッハがドイツを離れることはなかった。長年、ライプチヒの聖トーマス教会でカントール（音楽監督）を続けていた。バッハの音楽で、彼が生きている間に発表されたものはほとんどない。彼への**評価**は作曲家としてよりも、**オルガン奏者**または、**鍵盤**に向かう創意あふれる天才としてのそれのほうが高かった。バッハは、オルガンの**発展**に重要な役割を果たした。彼はまた、チェンバロを**伴奏用楽器**かられっきとした独奏楽器に変えた。

　その後に続いた世代にとって、バッハの主たる**天賦の才**は、音楽の中で**主題**と旋律の**バランスを取る能力**だった。彼は自分の曲を１つの**方向**に展開し、さらに異なるいくつかの方向へと導き、**途切れることなく元の流れに戻すことができた。この技術的な複雑さは、感情的な豊かさと調和していた。**バッハの狙いは、魂に火を灯し、地上の楽園の音を彼の音楽の中に生み出すことだった。

　バッハの最後の偉大な**傑作**は、人生最後の数カ月で完成した「ミサ曲ロ短調」だった。西洋音楽の優れた名作の1つである。しかし、バッハはこの曲が**演奏される**のを耳にする前に亡くなった。この曲で、バロック音楽 ── 全体で１つの芸術と精神と知性の世界 ── の時代は終わりを迎えた。

---

❷ lifetime 生涯、生存期間　cantor 教会音楽家　Leipzig ライプチヒ。ドイツ東部のザクセン州最大の都市　alive 生存して　less that of ... and more that of ~ …というよりも~としての。thatは前出のreputation（評判）を指す　play a ... role in ~ ～で…な役割を果たす　transform …を変容させる、変換する。transform ... from A to B で「…をAからBに変える」　harpsichord チェンバロ。英語ではハープシコード。ピアノに似た鍵盤楽器の一種　virtuoso 名人芸の。もとは「巨匠、名演奏家」という意味の名詞　❸ juggle （複数のものを）うまく調整する、やりくりする　take ... into …を～へと連れて行く　thread 筋、脈絡、糸　intricacy 複雑さ。形容詞intricate（複雑な）の名詞形　set ... on fire …に火をつける　❹ complete …を完成する　baroque バロック音楽。劇音楽が生まれた1600年から、バッハが死去した1750年までの約150年間に活躍した音楽家による西洋音楽のこと。絶対王政の時代だった　artistic 芸術的な　spiritual 精神的な、霊的な　intellectual 知性の

35 Voltaire / François-Marie Arouet
Philosopher, France

The greatest **figure** of the Enlightenment is known simply by his pen name, Voltaire. Born in a prosperous middle-class family, he became famous through his writings.

Voltaire is especially known for his strong belief in **religious toleration** in France. In *Treatise on Toleration*, **published** in 1763, he wrote, "all men are brothers under God." This was a risky thing to say at a time when government leaders believed that their own religion was the best and that other religions were dangerous or **evil**. He **spoke against** tyranny, ignorance and the excesses of the Christian churches. "Those who can make you believe absurdities can make you commit atrocities." His words reflected what he saw in the history of religion in Europe. They also anticipated the religious conflicts that would come in the future.

Voltaire followed the 18th-century religious **philosophy** of deism. Based on reason, deism was built on the ideas of Isaac Newton's world-machine. Voltaire and others **held** that the universe was like a clock. God was **the maker** of the clock. God **set** the clock **in motion** and allowed it to run without **interference**. The universe simply continued to run according to its own natural laws. Each individual could discover the truth about God through reason and studying nature, not by blind faith in **doctrines** and divine revelation.

Forced into exile from France, Voltaire moved to England. While he was there, he fell under the influence of John Locke and Isaac Newton. He later **returned** to France. His ideas later influenced **participants** in both the American Revolution — including Benjamin Franklin and Thomas Jefferson — and the French Revolution. (267)

宗教的不寛容を批判『寛容論』

ヴォルテール／〈本名〉フランソワ＝マリー・アルエ
哲学者、フランス
フランス王国出身・1694年〜1778年・83歳没

　啓蒙主義の最も偉大な**人物**は、簡単にヴォルテールというペンネームで知られている。裕福な中流階級の家庭に生まれ、著作を通じて有名になった。

　ヴォルテールは、フランスにおいて**宗教的**寛容に対する強い信念で特に知られている。1763年に**出版された**『寛容論』では、「人間は皆、神の下に生まれた兄弟である」と書いた。これは、政府の指導者たちが自分の宗教が最善のものであり、他の宗教は危険または**邪悪**だと信じていた時代にあって、危険を伴う言論だった。彼は、絶対権力と無知、キリスト教会の行き過ぎた行為**に反対意見を述べた**。「人に不条理を信じさせることのできる者は、人に残虐な行為をも行わせることができる」。彼の言葉は、ヨーロッパの宗教の歴史において彼が目にしてきたものを映し出していた。彼の言葉はまた、将来起こるであろう宗教紛争も予期していた。

　ヴォルテールは18世紀の 理神論 という宗教**哲学**を信奉していた。理性に基づき、理神論はアイザック・ニュートンの機械論的世界観に立脚している。ヴォルテールらは、全世界を時計のようなものと**考えた**。神が時計の**創造主**だった。神は時計**を動かし**、**支障**なく動けるようにした。 全世界はただ自らの自然法に従って動き続ける。 個々人は、理性と自然についての学びを通じて、神についての真実を知ることができるのであり、**教義**と神の啓示への盲信によって知るのではない。

　フランス国外へ追放され、ヴォルテールはイングランドに移った。イングランドにいる間に、ジョン・ロックとアイザック・ニュートンの影響を受けた。後に彼はフランスに**戻る**。彼の考えはその後、ベンジャミン・フランクリンやトーマス・ジェファーソンなど、アメリカ独立戦争の**関係者**やフランス革命の関係者に影響を与えた。

---

❶ simply 単に、簡単に　prosperous 裕福な、有望な　**❷** toleration 寛容、容認。動詞tolerate（…を容認する）の名詞形　risky 危険な、リスクのある　tyranny 絶対権力、独裁（専制）政治　ignorance 無知、無学。形容詞形はignorant（無知な）　excess 行き過ぎた行為、不謹慎　absurdity 不条理、ばかげたこと。形容詞absurd（ばかげた）の名詞形　commit （罪など）を犯す　atrocity 残虐行為　reflect …を反映する　anticipate …を予測する、見込む　conflict 紛争、対立　**❸** deism 理神論。神が世界を創造したことは認めるが、創造した後の世界はねじを巻かれた時計のように、神が定めた自然法則に則ってその働きを続けるという考え方。聖書批判、比較宗教への道を開いた。自然神論、自然宗教ともいう。啓蒙時代のヨーロッパで栄えた　universe 世界、宇宙　blind 盲目の、目隠しをした　faith 信仰　divine 神聖な、天与の　revelation 啓示、天啓、黙示　**❹** exile 国外追放　fall under （注目や影響など）を受ける、…の支配下に入る

36 Benjamin Franklin
Polymath, U.S.

Although he stopped attending school at the age of 10, Benjamin Franklin read **seriously** and widely in every **field** from **grammar** to **geometry** to navigation. He became an apprentice to his half-brother James Franklin, who printed a newspaper in Boston. While learning the publishing business, he read borrowed books at night and began to write **summaries** of what he had read. He educated himself and **eventually** became one of America's best-known **intellects**. As an adult, through his bestselling annual **publication** *Poor Richard's Almanac*, he helped make American English a **separate** language from British English.

In the early years, the American **colonies** were under strong Puritan influence. They believed that God was all-powerful and that man had no **capacity** for free choice. Franklin **disagreed with** them on these points. However, he did agree with them about the importance of hard work and the idea that **prosperity** was a sign of godliness. His stress on **industriousness** and developing a good business sense was one step toward making America a land where success in business was important. He noted, conveniently, that "God helps them that help themselves."

Throughout his life he carried out scientific **experiments** and was **particularly** known for his discoveries regarding **electricity**. In his **kite** experiment, he showed that lightning is really electricity, a discovery for which he became famous in the U.S. and in Europe.

Franklin spent long periods in Europe, representing first Pennsylvania and later the American colonies as a whole. To many Europeans, he was the most well-known American. His *Autobiography*, which he began in 1771 but never completed, shows him to be an **example** of the 18th-century **Enlightenment**. (271)

アメリカ建国の父の1人

ベンジャミン・フランクリン
博学者、アメリカ
英領ボストン（現アメリカ）出身・1706年〜1790年・84歳没

　ベンジャミン・フランクリンは、10歳で学校に通うのをやめたが、**文法**から**幾何学**、航海学に至るまで、あらゆる**分野**の書物を広く**真剣**に読んだ。彼は、ボストンで新聞を印刷していた片親違いの兄、ジェームズ・フランクリンの見習いになった。出版事業を学びながら本を借りて夜のうちに読み、読んだものの**要約**を書き始めた。彼は独学で教養をつけ、**やがて**アメリカで最もよく知られる**知識人**の1人になった。成人後には、彼のベストセラーである年刊**出版物**『貧しいリチャードの暦』を通じて、彼は、アメリカ英語をイギリス英語から**別れた言語**にする一助となった。

　初期には、アメリカの**植民地**は清教徒（ピューリタン）の強い影響下にあった。清教徒は、神が全能であり、人間に自由な選択をする**能力**はないと信じていた。フランクリンは、こうした点について彼らと**異なる意見を持っていた**。しかし、勤勉の重要性と、繁栄は敬神の証しであるという考えについては、清教徒と同意見だった。==フランクリンは勤勉さと優れたビジネスセンスを磨くことを強調しており、これはアメリカを、ビジネスにおける成功が重要な場所とすることを後押しした。==彼は、「神は自らを助ける者を助ける」と都合よく記した。

　フランクリンは、生涯を通じて科学**実験**を行い、**特に電気**に関する発見でよく知られている。**凧**を使った実験で雷が本当に電気であることを示し、この発見により、フランクリンはアメリカとヨーロッパで有名になった。

　フランクリンはヨーロッパで長く過ごし、まずペンシルバニアの代表となり、後にアメリカの植民地全体を代表するようになった。多くのヨーロッパ人にとって、彼は最もよく知られるアメリカ人だった。フランクリンが1771年に書き始めた未完の『自伝』は、彼が18世紀の**啓蒙思想**の**典型**であったことを示している。

---

❶ attend （学校など）に行く、出席する　navigation 航海学。船舶を安全かつ経済的に、目標地点まで導くために必要な過程を研究対象とする科学　apprentice （職人などの）見習い、徒弟　half-brother 片親違いの兄弟。母が同じならmaternal、父が同じならpaternalを前に置く（例:paternal younger half-brother＝異母弟）　educate oneself 自分自身を教育する→独学で覚える　annual 年に一回の　Poor Richard's Almanac 『貧しいリチャードの暦』。1732年〜1758年の27年間、毎年発売された　❷ Puritan 清教徒。改革的プロテスタント。17世紀前半にイングランドからアメリカに渡り、大西洋岸のニューイングランドを開拓した。中心都市のボストンはPuritan Cityという俗称がある　all-powerful 全能の、全権力を握る（≒ omnipotent）　did 後続の動詞を強調する　godliness 敬神、信心深さ　conveniently 好都合に、便利に　❸ carry out …を実行する　regarding …に関して　❹ represent …を代表する　as a whole 全体として

Carolus Linnaeus / Carl von Linné
Naturalist, Sweden

The foundation of **biology** is the classification of living things into a hierarchy of groups. These groups help us to understand **diversity** and allow scientists to **compare** and identify millions of organisms.

Aristotle was the first **influential** classifier. He grouped animals into **broad** groups and created a "**classification** of organisms" with 11 grades of **complexity**. Plants were at the bottom; humans were at the top. Over the centuries, scientists came up with a chaotic mixture of names and **descriptions** of plants and animals. By the 17th century, scientists began trying to **establish** a coherent and consistent system that everyone could use.

The great advance in naming and classifying began with Carolus Linnaeus. In 1735, he published a 12-page booklet which outlined a system of classification for all living organisms. Through 12 editions, he **expanded** this into a multivolume work of more than 1,000 pages. It covered more than 4,000 animals and 6,000 species of plants.

He **divided** all life **into** three "kingdoms": animals, plants and **minerals**. To make the naming process stable, he named each of the species — the bottom category — using a two-part Latin name, one for the genus and one for the species within that genus. This is the same system that we use today.

Significantly, Linnaeus was the first to **define** humans as an animal, calling us *Homo sapiens*. He believed that nature worked in its God-given **order**. His work paved the way for Charles Darwin, who **claimed** that all species in a genus were related by descent and came from a common **ancestor**. (257)

カロルス・リンナエウス／〈本名〉カール・フォン・リンネ
博物学者、スウェーデン
スウェーデン帝国出身・1707年〜1778年・70歳没

　生物学の基礎は、生物をグループ階層別に分類することだ。こうしたグループ分けは、私たちが**多様性**を理解する上で役に立ち、科学者たちが何百万もの生物を**比較し**、特定できるようにしている。

　アリストテレスは**影響力のある**最初の分類者だった。彼は、動物を**大まかな**グループに分け、**複雑さ**によって11の段階がある「生物の**分類**」を作った。植物は最下層で、人類が頂点だった。何世紀にもわたり、科学者たちは、混沌と混ざり合った動植物の名前と**説明**とを考え出してきた。17世紀までに、科学者たちは、万人に使える理路整然として一貫した体系を**確立**しようとし始めた。

　名付けと分類は、カロルス・リンナエウスのおかげで大きく進歩し始めた。彼は1735年、全ての生命体を分類する体系の概要を示した12ページの冊子を発行した。12版を通じて、彼はこれを1,000ページ以上の複数冊の著作へと**拡大させた**。これは、4,000種以上の動物と、6,000種以上の植物をカバーしている。

　彼は全ての生命体を、動物、植物、**鉱物**の3つの「界」**に分けた**。名付けの工程を安定させるため、最下位区分であるそれぞれの「種」の名付けに、2つの部分から成るラテン語名を用いた。1つは「属」、もう1つはその属内の「種」を示す。これは、現在私たちが使っているものと同じ体系だ。

　意義深いことに、リンナエウスは人間を動物と**定義した**初めての人物であり、私たち人類を「ホモ・サピエンス」と呼んだ。彼は、自然は神が与えた**秩序**の中で機能していると考えていた。彼の功績は、チャールズ・ダーウィンの下地となった。ダーウィンは、1つの属に区分される全ての種は系譜で関連付けられ、共通の**祖先**に起源があると**主張した**。

---

❶ foundation 基礎、土台　classification 分類　hierarchy 階層、(生物の)分類体系　identify …を特定する、身元を確認する　organism 生物(≒ living things, creature)。動物(animal)と植物(plant)だけでなく、細菌(microbe)や原生生物(protist)などを含む　❷ classifier 分類者。動詞classify (分類する) +-er (人)　come up with …を考え出す　chaotic 混沌とした、無秩序状態の　mixture 混合物　coherent 首尾一貫した(⇔ incoherent つじつまの合わない)　consistent 矛盾のない(⇔ inconsistent 矛盾した)　❸ advance 進歩、発達　classify …を分類する　outline …の概要を説明する、輪郭を描く　multivolume 複数巻から成る　species (生物学の)種。単数形も複数形も同形。属の下位分類　❹ kingdom (生物学の)界。現代の生物分類では最上位のドメイン(domain)に次いで2番目の分類　stable 安定した、不変の　genus (生物学の)属。複数形はgenera。種の上位分類　❺ Homo sapiens ホモ・サピエンス。homoは「ヒト」、sapiensは「賢い」という意味のラテン語　pave the way for …の道を開く　descent 系譜、血統

38 Samuel Johnson
Man of letters, England

Samuel Johnson was lucky to have a protégé, James Boswell, who wrote a famous **biography** about him. Titled *The Life of Samuel Johnson, LL.D.*, this volume allows us to appreciate Johnson as if he were alive today. We know that Johnson was disfigured from **smallpox**, suffered from **depression**, and attended Oxford for only one year. Despite these hardships, Johnson became a **brilliant** figure in London society. His house became a refuge to friends of lower-class backgrounds. He was just as popular with the higher strata of society.

He was a highly accomplished writer of political satire, a master conversationalist, and a great literary critic in English **literature**, offering great **insight** into Milton, Shakespeare and the poets of his own day.

His great **contribution** to the West, however, was *A Dictionary of the English Language.* When he began writing it in 1746, no one had ever attempted such a comprehensive project. He broke entirely new ground in **lexicography**. He took words from a huge variety of source material, showed how each word was used and tried to show where it came from. His writing style was the same style that marked his **conversation** in the coffeehouses of London — **precise** and witty.

The *Dictionary* took him nine years and it was a masterpiece of scholarship. Published in 1755, it was **immediately recognized** as a work of brilliance. It has been described as one of the greatest **achievements** of scholarship. Even before he finished the work, Oxford University awarded him an **honorary** MA degree. It brought him both further **popularity** and success. Until the *Oxford English Dictionary* was completed a century and a half later, it was the **pre-eminent** dictionary of British English. It had a long-term **impact** on Modern English. (288)

サミュエル・ジョンソン
文人、イングランド
グレートブリテン王国出身・イングランド人・1709年〜1784年・75歳没

　サミュエル・ジョンソンは、彼についての有名な**伝記**を書いた弟子、ジェームズ・ボズウェルがいて幸運だった。『サミュエル・ジョンソン伝』と題されたこの本で、私たちは、ジョンソンが今も生きているかのように、彼のことを正しく理解することができる。ジョンソンは、**天然痘**で外見が損なわれ、**うつ病**に苦しみ、1年間しかオックスフォード大学に通えなかったことが知られている。こうした苦難にもかかわらず、ジョンソンは、ロンドンの社交界で**輝かしい**人物になった。彼の家は、下層階級の生まれの友人たちの逃げ場となった。彼は、上流の社会階層にも同様に人気があった。

　彼は、傑出した政治風刺の作家であり、会話に長け、イギリス**文学**においては偉大な文学評論家で、ミルトンやシェイクスピア、同時代の詩人たちについて、優れた**洞察**を与えた。

　しかしながら、彼が西洋にもたらした大きな**貢献**は『英語辞典』だった。1746年にこの辞典を書き始めたとき、このような包括的なプロジェクトを試みたことのある者は他にいなかった。彼は**辞書編集**という全く新しい分野を開いた。多様な題材から単語を選び、それぞれの単語がどのように使われているかを示し、語源を示そうとした。彼の文体は、ロンドンの**コーヒーハウス**での彼の**会話**を特徴づけるスタイルと同じで、**的確**で機知に富んでいた。

　その辞典は、9年がかりで完成し、学問の傑作となった。1755年に出版されると、**瞬く間に**輝かしい功績として**認められた**。この辞典は、学問の最も偉大な**功績**の1つと表現されてきた。ジョンソンが執筆を終える前から、オックスフォード大学は彼に**名誉ある**文学修士号を授与したのである。このことは彼に、さらなる**人気**と成功の両方をもたらした。かの『オックスフォード英語辞典』が1世紀半後に完成するまで、ジョンソンの英語辞典はイギリス英語の**卓越した**辞典だった。そして近代英語に長期的な**影響**を与えた。

タイトル of letters 文の。of+抽象名詞で形容詞と同じ働きをする　❶ protégé 保護（庇護）を受けている人　James Boswell ジェームズ・ボズウェル（1740年〜1795年）。スコットランド生まれの弁護士で作家　appreciate …を正しく評価する　disfigure …の外観を損ねる　refuge 避難所、隠れ家　strata 階層。単数形はstratum　❷ accomplished 教養のある。accomplish（…を達成する）の過去分詞から派生した形容詞　satire 風刺　conversationalist 話し上手　literary 文学の　critic 批評家　❸ huge 巨大な　mark …を際立たせる　coffeehouse コーヒーハウス。17〜18世紀のイギリスやフランスで、市民の文化交流や情報発信の場となった　witty 機知（wit）に富んだ　❹ scholarship （人文学の）学問、学識　MA Master of Artsの略で文学修士　degree 学位　Modern English 近代英語。1500年頃以降の英語

Jean-Jacques Rousseau
Philosopher, France

Before becoming one of the most important philosophers of the late **Enlightenment**, Rousseau as a young man traveled through Italy and France working at various jobs. Settling in Paris, he **was introduced to** the main philosophers **of the day**. He also withdrew from the city **for long periods** to think.

In *Discourse on the Origins of the Inequality of Mankind*, he wrote that people made laws and government in order to protect their **property**. In doing this, however, they became enslaved to government. He raised the question of how people could **regain** their original freedom.

In 1762, he published his major work, *The Social Contract*. A society, he said, agreed to be governed by its general will, which he called a **social contract**. Individuals who wish to follow their **self-interest**, he **claimed**, had to abide by the general will. **Liberty** is achieved, **therefore**, by being forced to follow what is best for the general will. The reason for this is that "the general will" represents what is best for the whole community, not just a few individuals.

Taking up the subject of education, Rousseau's novel *Émile* **argues** that education should foster, not limit, a child's natural instincts. He wrote that **emotions**, as well as **reason**, were important in the developing of humans. Therefore, there should be a balance between emotions and reason, between heart and mind. (226)

ジャン=ジャック・ルソー
哲学者、フランス
ジュネーヴ共和国（現スイス）出身・フランス人・1712年〜1778年・66歳没

　後期の**啓蒙思想**家たちの中でも最も重要な1人になる以前、青年のルソーはさまざまな職で働きながらイタリアからフランスまで旅をした。パリに落ち着くと、**当時**の代表的な哲学者たち**に引き合わされた**。ルソーはまた、思索するために**長期にわたって**都市から離れた。

　ルソーは『人間不平等起源論』において、人々は自分の**財産**を守るために法律や政府をつくったと述べた。しかし、それによって人々は政府に隷属させられるようになったのだと。ルソーは、人々がもともと持っていた自由をどのようにして**取り戻せる**かについて問題提起した。

　1762年に、ルソーは彼の主要な著作である『社会契約論』を発表した。ルソーによると、社会が一般意志による統治に同意すること、これを　**社会契約**　と呼んだ。**自己の利益**を追求したい個人は、一般意志を順守しなければならないと、**彼は主張した**。**したがって、自由**　は、一般意志にとっての最善の追求を強制されることにより達成される。その理由は、「一般意志」とはわずか数人の個人にとってではなく、共同体全体にとって最善なことを意味するからだ。

　教育という議題**を取り上げる**と、ルソーの小説『エミール』では、教育は子どもの天性の資質を制限するのではなく伸ばすべきだと**主張している**。人間を成長させる上で、**理性**と同じく、**感情**も重要だと、彼は書いた。よって、感情と理性、心と頭のバランスが必要となる。

---

❶ settle in …に引っ越して落ち着く、定住する　withdraw from …から離れる、退く　❷ discourse 論文　origin 起源　mankind 人類、人間　become enslaved to …の虜になる、奴隷になる　❸ general will 一般意志、普遍意志。私的利害をもつ個々の意志ではなく、一体となった人民の総意。ルソーは『社会契約論』の中で、一般意志による政治の確立を提唱した　abide by …に従う、…を守る　be forced to do …することを強制される　represent 意味する、示す、表す　❹ foster …を養う、育てる　natural 生来の、生まれつきの　instinct 素質、才能　mind （感情ではない）知性、（知性に基づいた）判断力

40 Adam Smith
Economist and philosopher, Scotland

Adam Smith is one of the **founders** of the **social science** we call **economics**. Smith and others tried to find the natural economic laws that controlled human society. They **generally** held that individuals should be free to pursue economic **benefits** for themselves. If individuals did this, these **thinkers** said, the whole society would benefit.

This meant that governments should not impose regulations on the economy. **Instead** the government should allow natural economic forces to move freely. This idea came to be known by its name in French: laissez-faire. Basically the term means "let people do what they want to do." The most famous **statement** of this policy is Smith's book *The Wealth of Nations*, which was published in 1776.

This book **stimulated** a major change in economic **theory** and **practice**. It contended that the desire for **personal gain** stimulates business. This leads in turn to competition. Allowing free competition benefits society in several ways. It keeps prices down. Competition makes businesses more **efficient** and **profitable**. **Labor** and capital flow to the most profitable industries. The result is that the **pursuit** of self-interest benefits all of society. Smith referred to this as "**the invisible hand**" guiding individuals to promoting the **public interest**.

In his **view**, government had only three duties. First, it should protect the country from **invasion**. Second, it should **provide justice** for its citizens. Third, it should build infrastructure, such as roads and bridges, which individuals could not afford. These **public works**, he said, were **essential** for trade and for social **interaction**. (253)

アダム・スミス
経済学者であり哲学者、スコットランド
グレートブリテン王国出身・スコットランド人・1723年～1790年・67歳没

　アダム・スミスは、私たちが**経済学**と呼ぶ社会科学の**創始者**の1人である。スミスらは、人間の社会をコントロールする自然な経済的法則を見つけようとした。彼らは**概して**、個人には自らのための経済的**利益**を追求する自由があるべきだと考えた。個人がそうすれば、社会全体が利益を得ると、こうした**思想家たち**は述べた。

　このことが意味したのは、政府は経済に規制を課すべきではないということだ。**そうではなく**、政府は自然な経済的力学が自由に作用するのを認めるべきだと。こうした考えは、フランス語の「レッセ・フェール」という名前で知られるようになった。基本的に、この用語は、「人々に自分たちがしたいことをさせる」ことを意味する。この方針に関する最も有名な**主張**は、1776年に発行されたスミスの本『国富論』である。

　この本は、経済の**理論**や**実践**における大きな変化を**促した**。**個人的利益**に対する欲望は事業を促進すると主張したのである。それが今度は競争につながる。自由競争を許可すると、社会はさまざまな形で利益を受ける。価格が低く抑えられる。競争は、事業をより**効率的で利益の上がる**ものにする。**労働力**や資本は、最も利益の高い業界へと流れる。その結果、自己の利益の**追求**は社会全体の利益となる。スミスはこれを、**公共利益**の促進へと個人を導く「**見えざる手**」と呼んだ。

　彼の**見解**によると、政府はわずか3つの責務を担っていた。まず、国を**侵略**から守ること。2つ目に、市民に対して**裁きを下す**こと。3つ目に、道や橋など、個人では購入不可能なインフラを構築することである。こうした**公共事業**は、貿易や社会的**交流**のために**欠かせない**ものだと彼は述べた。

---

❶ hold …だと考える　pursue …を追求する、達成しようとする　benefit 利益を得る(自動詞)
❷ impose ... on ～ …を～に課す　laissez-faire レッセ・フェール、自由放任主義　❸ contend …を主張する　stimulate …を刺激する、奨励する　in turn 次に、今度は　refer to ... as ～ …を～と呼ぶ　guide ... to ～ …を～に導く　❹ infrastructure インフラ、(社会)基盤　afford …を買う余裕がある

41 Immanuel Kant
Philosopher, Germany

Kant's philosophy is **challenging** to understand. He never thought it would be necessary to give illustrations of his **abstract** ideas. Perhaps he did not think illustrations would make his **arguments** any easier to grasp. Fundamentally, he sought to **clarify** three subjects: the **nature** of truth, goodness and beauty.

After ten years of contemplation, in 1781 he published his most important book, *Critique of Pure Reason*. This book discusses the **fundamental** problem of "truth": How do we know the world? He distinguished between two kinds of judgment. One is **subjective** judgment, which individuals may not agree on. Another is universally true, without reference to experience. It is true "a priori," meaning "from the first." For example, regardless of who measures a triangle, the **sum** of the three **angles** is always 180 degrees.

In *Critique of Practical Reason* in 1788, he looked at goodness, the idea of **morality**. An action can be seen as "good" if its **consequences** are good. Or, an action can be seen as "good" if it comes from good **motives**. He concluded that humans "evolve toward morality," toward moral **character** guided by good **principles**. Human beings develop into good people by first **obeying** and **gradually** taking joy in doing what is good. He called this the "categorical imperative," an "inner **command**" that tells the individual what is "good." It **represents** the Western **concept** of "conscience," which tells a person to "do to others as you wish them to do to you."

Kant's third work, *Critique of Judgment*, published in 1790, turned to the issue of beauty. In it, Kant asked whether there were **conditions** in art or in nature that had to be satisfied in order for something to be considered beautiful. (284)

イマヌエル・カント
哲学者、ドイツ
プロイセン王国（現ドイツ）出身・1724年～1804年・79歳没

　カントの哲学を理解するのは**難しい**。彼は、自分の**抽象的な**考えについて解説を与える必要があるとは全く考えなかった。おそらく、解説したところで彼の**議論**を理解するのが容易になるとは思わなかったのだろう。基本的に、彼は3つの主題を**明確にする**ことを追求した。つまり、真、善、美の**本質**である。

　10年間の思索の後、カントは1781年に彼の最も重要な著作『純粋理性批判』を発表した。この本は、「真実」の**根本的な**問題について議論している。つまり、私たちはどのようにして世界を認識しているのか、ということである。彼は、判断を2種類に区別した。1つは、各個人同士で合意しない可能性もある**主観的な**判断である。もう1つは、経験によらない、普遍的に真実であるもの。それは、正しい「アプリオリ」であり、「最初から」という意味だ。例えば、三角形を誰が計測しようと、3つの**角（度）**の**合計**は常に180度になる。

　1788年に発行された『実践理性批判』で、カントは善、つまり**道徳**という概念について考察した。ある行動は、その**結果**が善ければ「善い」ものと見なされ得る。あるいは、ある行動は、それが善き**動機**によるものならば「善い」と見なされ得る。人間は善い**原則**に導かれることによって、「道徳に向かって進化」し、道徳的な**人格**へと進化するのだと、彼は結論づけた。人間はまず、善行に**従い**、**次第に**それを楽しむことによって、善い人間へと進化するのだと。彼はこれを「定言命法」、あるいは「内なる**命令**」と呼び、何が「善い」のかを個人に告げるものだとした。これは、「あなたが他人にしてもらいたいことを他人にしなさい」と人間に告げる「良心」という西洋の**観念**を示している。

　1790年に刊行されたカントの3作目である『判断力批判』は、美という問題に目を向けた。この中でカントは、何かが美しいと見なされるために満たされなければならない**条件**が、芸術や自然の中に存在するかどうかを問うた。

---

❶ give illustrations of …について解説する、説明を加える　grasp …を理解する、把握する
❷ contemplation 熟考、沈思　critique 批判、批評　discuss …について議論する（他動詞。aboutなどの前置詞は不要）　distinguish between …を区別する　universally 普遍的に　without reference to …を参照せずに、頼らずに　a priori （ラテン語）アプリオリ。先験的に、演繹的に。経験的認識に先立つ先天的、自明的な認識や概念のこと　❸ look at …を考察する、調べる　evolve toward …に向かって進化する　develop into …に進化する、高じて…になる　take joy in …を楽しむ　categorical 定言的な。論理学で、「もし」や「または」などの仮定や条件を設けず、無条件に断定することを指す　imperative 命法、原則　conscience 良心、善悪の判断力　❹ turn to …のほうを向く、次に…について考える　in order for ... to do …が～するために

42 Catherine the Great / Catherine II
Ruler of Russia

Catherine started her life as an unimportant German princess. In 1744, however, she was chosen to be the wife of Russia's future king, Peter III. When Peter assumed the throne, he was unpopular and was overthrown. In his place, in 1762, Catherine was proclaimed queen. She ruled Russia from 1762 to 1796.

Catherine became a powerful ruler and she worked to **expand** Russia's power and influence. By **partitioning** Poland, she expanded Russian territory. In a series of wars, she attempted to break up the **Ottoman Empire** and take over some of its land. By **annexing** Crimea, Russia gained access to the **Black Sea**. A major reason she is called Catherine the Great is because she increased Russian territory.

In the beginning, Catherine seemed to **favor** enlightened reforms. She seemed to be guided by an interest in the power and welfare of the country. In fact, she considered a new set of laws that would benefit her **subjects** and treat all people equally. But the **French Revolution** changed her attitudes. She was no longer willing to **tolerate** people who **criticized** the Russian Empire she had strengthened. She **halted** rural reform and expanded serfdom into new parts of her empire.

In the end, she bowed to the Russian nobility who supported her. She used her power to collect more taxes, create armies, fight wars, and gain increasing power. (226)

女帝エカチェリーナ（キャサリン）／エカチェリーナ2世
ロシアの統治者
神聖ローマ帝国（現ドイツ）出身・1729年～1796年・67歳没

　エカチェリーナは、もともとさして重要ではないドイツの王女だった。ところが、1744年、彼女はロシアの未来の王であるピョートル3世の妻に選ばれた。ピョートルが即位したとき、彼は人気がなく、廃位に追い込まれる。彼に代わり、1762年にエカチェリーナの女帝即位が宣言された。彼女は1762年から1796年までロシアを支配した。

　エカチェリーナは強力な支配者となり、ロシアの権力と影響力を**拡大**しようと努めた。ポーランドを**分割**することで、彼女はロシアの領土を拡大した。一連の戦争で、彼女は**オスマン帝国**を崩壊させてその土地の一部を占領することを目指した。クリミアを**併合**することで、ロシアは**黒海**へのアクセスを手にした。彼女が"Catherine the Great"と呼ばれる主な理由は、ロシアの領土を拡大したためである。

　最初の頃、エカチェリーナは啓蒙主義的改革を**好ん**だようだった。彼女は、ロシアの力や繁栄への関心によって導かれているように見えた。実際、**臣下**の利益になり、全ての人々を平等に扱う一連の新しい法律を検討していた。しかし、**フランス革命**が彼女の態度を変化させた。彼女はもうこれ以上、自分が強化してきたロシア帝国を**非難する**人々を**許容**する気にはなれなかった。農村の改革を**中止**し、自分の帝国の新たな地域にも農奴制を拡大した。

　最終的に、彼女は自分を支持するロシアの貴族たちに従った。自分の権力を使ってより多くの税を徴収し、軍隊を創設し、戦争を行い、さらなる権力を手に入れた。

❶ unimportant 重要でない、取るに足らない　assume the throne 即位する　overthrow …を打倒する、廃位させる　in *one*'s place …の代わりに　be proclaimed …になったことを宣言される
❷ a series of 一連の…　attempt to *do* …しようと試みる　break up …を解体する、解散させる　take over …を占領する、併合する　gain access to …に辿り着く手段（アクセス）を手にする
❸ enlightened 啓蒙された、文明の進んだ　welfare 繁栄、幸福　a set of 一連の…　be willing to *do* 進んで…する　serfdom 農奴制。ヨーロッパ封建社会で、農民が領主に隷属し、保有される制度のこと　❹ bow to …に従う、屈する　nobility 貴族、貴族階級

James Watt
Engineer, Scotland

The **Industrial Revolution** began in Great Britain in the late 18th century. Great Britain had all of the necessary **elements** to make it happen: **natural resources**, workers, **capital** and markets. Increases in **farmland** increased the **food supply**. More people could afford to buy manufactured goods. **Peasants** were forced off common lands and into the cities, where they provided labor. Capital was invested in new machines and factories. Rivers provided means of transporting goods to market.

A **key element** in boosting the British economy was the production of cotton products. In the early stages, individuals made **cotton thread** and wove cloth in their **cottages** in the rural areas. Then **a series of** technological **advances** made **rapid** changes. Among them was James Hargreaves' machine which spun cotton thread faster. Then Richard Arkwright created a **loom** that was powered by the flow of water in rivers.

Even more **significant** was the improvement of the **steam engine** by engineer James Watt. By 1782, he made changes to his engines that allowed them to power machinery. **Steam power** was then used to spin cotton thread and weave **cotton fabric**. What made this so important was that steam engines were powered by **coal**, not water. This allowed **manufacturers** to build factories anywhere in the country, not just near rivers. British cotton cloth production increased **significantly**. Each of the new technologies contributed to this advance, but it was Watt's invention that made the greatest contribution. Within a few years, cotton cloth became Britain's most valuable product. (249)

ジェームズ・ワット
技術者、スコットランド
グレートブリテン王国出身・スコットランド人・1736年～1819年・83歳没

　産業革命は18世紀後半にグレートブリテン王国（イギリス）で始まった。同国には、これが生じるために必要な全ての**要素**がそろっていた。**自然資源**、労働者、**資本**、市場である。**農地**の増加により、**食糧供給量**が高まった。より多くの人々に、工業製品を買う余裕ができた。**小作人たち**は、共有地から都市へと追い出され、彼らは都市で労働力を提供した。資本は、新しい機械や工場に投資された。河川は商品を市場に輸送するための手段を提供した。

　イギリスの経済を押し上げた**重要な要素**は、綿製品の製造だった。初期の段階で、各個人は、農村地域の**小屋**で**木綿糸**を作り衣服を織った。その後、**一連**の**技術的進歩**が、**急速な変化をもたらした**。そのうちの1つは、ジェームズ・ハーグリーブスによる、木綿糸をより速く紡ぐ機械だった。その後、リチャード・アークライトが、河川の水の流れで動く**織り機**を生み出した。

　これに増して**重要だった**のは、技術者のジェームズ・ワットによる**蒸気機関**の**改良**だった。1782年までに、彼は自分のエンジン（蒸気機関）に改良を加え、機械に動力を供給することを可能にした。**蒸気動力**はそうして、木綿糸を紡いだり**綿織物**を織ったりするために利用されるようになった。このことを非常に重要たらしめたのは、蒸気機関が水ではなく**石炭**を原動力としたことだった。それにより、**製造業者**は、河川の近くだけでなく、国のどこにでも工場を建設することが可能になった。イギリスの綿布製造は、**著しく拡大**した。新しい技術はどれもこの進歩に寄与したが、最も大きく貢献したのはワットの発明だった。その後数年以内に、綿布はイギリスで最も価値の高い製品となった。

❶ afford to buy ... …を買う余裕がある　manufactured goods 工業製品。工場で大量生産された製品のこと　be forced off ... to ～　…から～へと追い出される。toの代わりにintoも使用可能　common lands 共有地、コモンズ。中世より誰でもその地を使うことができたが、政府による全国的な共有地の私有地化が始まると貧しい農民は町に出て働くことを余儀なくされた　be invested in …に投資される　means of …の手段　❷ boost 押し上げる、強化する　spin（糸を）紡ぐ。過去形・過去分詞形はspun　be powered by …を動力源とする、…で駆動する　❸ make a change to …に変化をもたらす。本文のように、変化が複数ある場合には、make changes toとなる　machinery （集合的に）機械、機械類　weave …を織る　contribute to …に寄与する、貢献する　make a contribution to …に寄与する、貢献する

44 Thomas Jefferson
President of America

Thomas Jefferson is widely known as the **chief** author of the **Declaration of Independence**, which called for universal **liberty** and equality. It was one of the first documents of freedom and **civil rights**. Actually, it was not intended to **guarantee** freedom, equality and rights for everyone. It was not meant to include women, black **slaves** or whites who did not own land. It applied only to white males who were **landowners**. In fact, despite writing in the declaration that "all men are created equal," Jefferson owned **a large number of** slaves who worked on his plantation at Monticello, Virginia. He even had a long-term relationship with his slave Sally Hemings. They had several children, as recent **DNA evidence** has proven. However, by introducing the idea of government based on equal individual rights, Jefferson made an enormous contribution to Western thought.

In addition, being a deist like Voltaire, Jefferson pushed for the complete **separation** of church and state. This made America completely different from European countries. This separation of religion and politics lies at the core of American **democracy** even today. The **concept** is still debated in **court cases** that end up in the **U.S. Supreme Court**.

As America's third president, Jefferson's major impact was in **geography**. He attempted to **purchase** the city of New Orleans from France in order to freely use the Mississippi River. Much to his surprise, Napoleon **unexpectedly** offered to sell that city and the rest of France's territory west of the river, too. Jefferson had no **constitutional** right to make the Louisiana Purchase, but he did it anyway. The purchase doubled the size of the United States. (271)

トーマス・ジェファーソン
アメリカの大統領
英領バージニア（現アメリカ）出身・1743年〜1826年・83歳没

　トーマス・ジェファーソンは、全ての人の**自由**と平等を呼び掛けた「**独立宣言**」の**中心的**な起草者として広く知られている。これは、自由と**公民権**を記した初期の文書の1つだった。実質的に、これは全ての人に自由、平等、権利を**保証する**ことが意図されていたわけではなかった。女性、黒人の**奴隷**、あるいは土地を所有していない白人を含むつもりはなかったのだ。これは、**土地所有者**である白人男性だけに適用された。実際、この宣言には「全ての人間は平等につくられている」と書いておきながら、ジェファーソンはバージニア州モンティチェロにある自分のプランテーションで働く**数多くの奴隷**を所有していた。彼はさらに、奴隷だったサリー・ヘミングスと長期にわたって関係を持っていた。彼らには何人かの子どもがいたことが、最近の **DNA 鑑定**によって証明されている。とはいえ、平等な個人の権利に基づいた政府という概念を導入することで、ジェファーソンは西洋の思想に大きく寄与した。

　さらに、ヴォルテールと同じく理神論者であったジェファーソンは、教会と国家の完全な**分離**を推し進めた。これにより、アメリカはヨーロッパの国々とは全く異なるものとなった。宗教と政治のこうした分離は、今日でさえ、アメリカの**民主主義**の根幹にある。この**概念**は、米連邦最高裁まで行き着く**訴訟**の数々の中で、未だに議論されている。

　アメリカの第3代目の大統領として、ジェファーソンは**地理**に大きな影響を与えた。彼はミシシッピ川を自由に使うために、フランスからニューオーリンズの町を**購入**しようと試みた。ジェファーソンがとても驚いたことには、ナポレオンは**意外にも**この町と、フランス領の残りのミシシッピ川西側部分をも売却すると申し出た。ジェファーソンには「ルイジアナ購入」を行う**憲法上**の権利がなかったが、いずれにしてもこれを実行した。この購入により、アメリカの面積は2倍になった。

---

❶ call for …を呼び掛ける、訴える、命じる　universal 全員の、万人の　be intended to *do* …することが意図されている　apply to …に適用される　plantation（熱帯地方の）大農園、プランテーション　enormous 多大な、巨大な　❷ deist 理神論者、自然神論者。啓蒙時代のヨーロッパで栄えた宗教思想。創造者としての神は認めるが、神を人格的存在とは認めず啓示を否定する哲学や神学説を信じる者のこと　push for …を押し進める、要求する　lie at …に位置する　core 根幹、核　debate …を議論する、論争する　end up in 最後に…で終わる　❸ impact 影響　much to *one*'s surprise …が大変驚いたことに　Louisiana Purchase ルイジアナ購入。1803年にアメリカが現在のルイジアナ州を含む広大な土地をフランスから購入した事件のこと　double …を2倍にする

45 Toussaint L'Ouverture
Revolutionary of Haiti

In the 18th century, the western third of the **island of Hispaniola**, now called Haiti, was the French **colony** of **Saint-Domingue**. The colony produced sugar from **sugar cane** using the labor of slaves brought from Africa. One of those slaves, a **skilled** man named Toussaint L'Ouverture earned the position of **steward** of his **master**'s plantation. That was a position usually reserved for a white man. He worked hard and earned freedom from slavery at the age of 34. Then he began to **farm** a plot of land — with 13 of his own slaves.

When the first **Haitian Revolution** broke out in 1791, L'Ouverture **was not eager to** join. But within a year, **thousands of** black slaves rose in rebellion and L'Ouverture joined the **rebels**. He **eventually** rose to a position of leadership in the black **rebel army**. Supported by the Spanish, the rebel army forced the French to end slavery in that **third of** the island. **Shortly thereafter**, L'Ouverture turned against the Spanish who had supported him and he **declared** new allegiance to France.

L'Ouverture served as **lieutenant-governor** of his homeland for close to a **decade**. Although he was later deposed, arrested and imprisoned in France, the republic of Haiti survived. It became the only colony in the Americas to free all of its slaves and to **be governed** to some extent by black leadership. L'Ouverture's free Haitian republic was **epoch-making** in two ways. First, it **encouraged** rebellion throughout the slave communities of the Caribbean, the United States and, of course, Africa. He proved that **organized** rebellion could succeed against white **slaveholders**. Second, his success instilled fear in white owners of slaves throughout North and South America, who then **violently** suppressed every potential slave **uprising**. (285)

トゥーサン・ルーヴェルチュール
ハイチの革命家
フランス領（現ハイチ）出身・フランス人・1743年頃～1803年・59歳頃没

　18世紀には、**イスパニョーラ島の西側3分の1**（現在はハイチと呼ばれる）は、フランス**植民地の**サン＝ドマングだった。この植民地は、アフリカから連れて来られた奴隷たちの労働力を利用して**サトウキビ**から砂糖を生産した。こうした奴隷の1人であり、トゥーサン・ルーヴェルチュールという名の**腕の立つ**男は、彼の**主人**のプランテーションにおいて**管理者**の立場を手にした。この立場は通常、白人男性が務めるものだった。彼は、熱心に働き、34歳のときに奴隷から解放された。その後、彼は土地の一角を**耕作し始め**、彼には13人の奴隷がいた。

　1791年に最初の**ハイチ革命**が起こったとき、ルーヴェルチュールは参加に**意欲的でなかった**。しかし、それから1年以内に**何千人もの**黒人奴隷が反乱に立ち上がり、ルーヴェルチュールはこの**反乱**に加わった。彼は**やがて**、黒人**反乱軍**の指導者に就任した。スペインに支援され、反乱軍はこの島の（西側）**3分の1**で奴隷制を終わらせることをフランスに余儀なくさせた。**その後まもなく**、ルーヴェルチュールは自分を支援してきたスペインを敵に回し、フランスへの新たな忠誠を**宣言した**。

　ルーヴェルチュールは、**10年近くの間**、彼の故国の**副総督**を務めた。彼は後に退任させられ、逮捕され、フランスで投獄されたが、ハイチの共和制は生き残った。同国は、すべての奴隷を解放し、黒人の指導者によってある程度**統治される**アメリカ大陸で唯一の植民地となった。ルーヴェルチュールの自由なハイチ人の共和制は、2つの点で**画期的だった**。まず、カリブ諸国、アメリカ、そして言うまでもなく、アフリカの**奴隷社会全体における反乱を促した**ことである。彼は**組織化された**反乱は白人の**奴隷所有者**に対して勝利する可能性があることを証明したのだ。2つ目に、彼の成功が南北アメリカ大陸全域で白人の奴隷所有者に対して恐怖を植え付けたのだが、奴隷所有者たちはその後、奴隷による**反乱**の可能性のあるもの全てを**激しく**抑圧した。

❶ western third of …の西側3分の1。western one-third ofとも言う　earn the position of …の立場を得る　reserved for …のために確保された　slavery 奴隷の身分、奴隷制度　a plot of …の一区画　❷ break out 勃発する、発生する　rise in rebellion 反乱に立ち上がる、謀反する　rise to ... …の立場まで昇りつめる、昇進する　force ... to do …に～するよう強制する　turn against …に離反する、背く　allegiance to …への忠誠、…に忠実であること　❸ close to ほぼ…、ほとんど…　depose 退任させる　imprison 投獄する　republic of Haiti ハイチの共和制、ハイチ共和国。この時点では公式にはまだ仏領サン＝ドマングだが、1804年にハイチ共和国として名前を変え、独立を果たした　to some extent ある程度まで　succeed against …に勝利する、…を打ち負かすことに成功する　instill fear in …に恐怖を植え付ける　suppress 抑圧する、抑制する　potential 可能性のある

Johann Wolfgang von Goethe
Literary figure, Germany

In 1774, Goethe published *The Sorrows of Young Werther*. The novel is about a young man who falls in love with a woman who is engaged to another man. Although they love each other, their relationship is doomed. *Werther* is part **autobiographical** and part **biographical** and it is generally regarded as the first piece of "confessional" literature. It took Europe by storm. Immediately after the original German volume was published, it was translated into almost every other major European language. Goethe became famous and a cult developed around the book.

In his **poetry** and essays, Goethe gradually developed the **concept** of "Bildung," an internal pursuit of perfection. Individuals may have great ability or **genius**, he said, but they have to **consistently** endeavor to create great works. His own next great effort was the **masterpiece** *Wilhelm Meister's Apprenticeship*. It was the first of a new **genre**, the Bildungsroman, a novel of ideas. Goethe had lost belief in **divine** powers. He believed that since there was no god, the **purpose** of human life was to become a **fuller** human being. In the novel, the **intelligent** young Wilhelm becomes aware of worthy models to **follow** and his inward journey leads him to a **well-tested** philosophy of life.

Goethe's greatest masterpiece is the **unfinished** novel *Faust*. It is based on a **medieval legend** of a man named Faust who made a deal with the devil. The devil promises to give Faust all of the **pleasures** of the world — for an instant. If Faust tries to cling to one of those pleasures for too long, he must give up his life. The book **presents** the nature of human desire and the nature of evil in a story form that is witty and insightful. (288)

ヨハン・ヴォルフガング・フォン・ゲーテ
文豪、ドイツ
神聖ローマ帝国（現ドイツ）出身・1749年〜1832年・82歳没

　1774年に、ゲーテは『若きウェルテルの悩み』を発表した。この小説は、他の男性と婚約している女性に恋する若い男について描いている。2人は互いに愛し合っているが、その関係は絶望的な運命にある。『ウェルテル』には部分的に**自伝的**であり、部分的に**伝記的**でもあり、一般的に、「告白」文学の先駆けと見なされている。これは、ヨーロッパに旋風を巻き起こした。原書のドイツ語版が発売されてすぐに、ヨーロッパの他の主要な言語ほぼ全てに翻訳された。ゲーテは有名になり、この本の熱狂的な読者たちが現れた。

　ゲーテは自身の**詩**や随筆で、内面的な完成への追求を意味する「ビルドゥング」という**概念**を次第に築いていった。各個人は、偉大な能力や**天賦の才**があるが、偉大な作品を生み出すためには**常に**努力し続けなければならないと、ゲーテは述べた。彼自身の次の大きな成果は『ヴィルヘルム・マイスターの修業時代』という**傑作**だった。これは、思想に関する小説である「教養小説」という新しい**ジャンル**の先駆けだった。ゲーテは、**神聖な力に対する信仰**を失っていた。神は存在しないため、**人生の目的はより完全な人間になること** だと考えていた。小説の中では、若く**知的な**ヴィルヘルムが見習うべき価値のある人物たちの存在に気づき、**内的な旅の結果、試練に耐え得た人生哲学へと導かれる。**

　ゲーテの一大傑作に、**未完の**小説『ファウスト』がある。これは、悪魔との契約を交わした、ファウストという名の男に関する**中世の伝説**に基づいている。悪魔は、世界のあらゆる**快楽**を、ほんのつかの間、ファウストに与えることを約束する。もし、ファウストがこうした快楽にあまりに長い間しがみつこうとするならば、彼は自らの命を捨て去らねばならない。この本は、機知や洞察に富んだ物語という形式で、人間の欲望の本質や悪魔の本質を**示している。**

---

❶ fall in love with …と恋に落ちる　be engaged to …と婚約している　doomed 絶望的な、運の尽きた　part（副詞）部分的に、ある程度　confessional 告白の。名詞形はconfession（告白）　take ... by storm …を席巻する、…で爆発的な人気を得る　immediately after …の直後　volume（セットになった本の）巻。ここでは、さまざまな言語に訳された本のうちの1巻であるオリジナル版を指している　be translated into …に翻訳される　cult 熱狂的な信奉者　❷ Bildung ビルドゥング。ドイツ語。日本語では「形成」や「陶冶（とうや）」と訳される　internal 内的な、内面の、意識の　endeavor to do …しようと努める　effort 成果、作品　Bildungsroman 教養小説、ビルドゥングスロマン。主人公が数々の体験を経て、自己形成をし、成長発展していく過程を描く、小説のジャンル。西洋、とくにドイツには多く見られる　lose belief in …を信じなくなる　become aware of …に気づく　inward 内に向かう　lead to 〜 …を〜に導く　❸ make a deal with …と契約を結ぶ　for an instant 少しの間、ほんのつかの間　cling to …に固執する、しがみつく　nature 本質、特質　witty 機知に富んだ　insightful 洞察力のある

47 Mary Wollstonecraft
Writer, England

Male **intellectuals** for centuries argued that the nature of women made them inferior to men. These men said that male **domination** of women was necessary. However, by the 18th century, female intellectuals began to call for **improving** the conditions of women. Mary Wollstonecraft presented perhaps the strongest statement on the rights of women in the early period.

She **identified** two problems in A ***Vindication*** of the Rights of Woman. First, she pointed out that many **Enlightenment thinkers** attacked the power of **monarchs** over their **subjects**. They said that arbitrary government was wrong. Wollstonecraft argued that the power of men over women was **equally** wrong. If people did not have to **obey** kings and queens, why were women required to obey men?

Second, she believed in the Enlightenment view that all human beings possessed **reason**. Because women have reason, she **contended**, they should have the same rights as men. She even criticized the **treatment** of women in Rousseau's *Émile*. Women should have equal rights in economic and political life and in education as well. Wollstonecraft is seen by some as the **founder** of the modern movements for women's rights in Europe and America. (192)

メアリー・ウルストンクラフト
文筆家、イングランド
グレートブリテン王国出身・イングランド系アイルランド人・1759年〜1797年・38歳没

　男性の**知識人**たちは何百年もの間、女性はその本質により、男性よりも劣っていると主張してきた。女性に対する男性の**支配**は必要なものだと、こうした男性たちは述べた。しかし、18世紀までには、女性の知識人たちが、女性の地位の**向上**を求め始めた。メアリー・ウルストンクラフトは、初期の段階において、女性の権利を求めるものとしておそらく最も強力な意見を述べた。

　彼女は、『女性の権利の**擁護**』で2つの問題を**特定した**。まず、多くの**啓蒙主義者たち**が**家臣**に対する君主の権力を非難していることを指摘した。専制政治は間違っていると彼らは述べた。ウルストンクラフトは、女性に対する男性の権利も**同じく**間違っていると主張した。人々が王や女王に**従う**必要がないとすれば、どうして女性が男性に従わなければならないのか？

　2つ目に、彼女は、全ての人間は**理性**を持っているという啓蒙主義の考え方を信じていた。女性も理性を持っているのだから、男性と同じ権利を有するべきだと彼女は**主張した**。彼女はルソーの『エミール』での女性の**扱い**にすら批判を述べた。経済活動や政治活動、それに教育においても女性は平等な権利を有するべきだと。ウルストンクラフトは一部の人々から、ヨーロッパとアメリカにおける近代の女性の権利運動の**創始者**だと見なされている。

---

❶ nature 本質　inferior to …に劣っている　call for …を求める、要求する　present …を示す、提示する　statement 意見、発言　❷ point out …を指摘する　arbitrary government 専制政治。arbitraryは専政的な、独裁的な、気まぐれな、恣意的な、といった意味　be required to do …することを求められる　❸ believe in …(の正当性)を信じる　possess …を所有する　Émile エミール(1762年)。ルソーの教育論として知られる代表作のうちの1つ。女性の教育論に関しては、女性は子どもを育て家を守り貞淑であるべきだと述べており、19世紀以降に主流を占める女性観の源流に位置する　be seen as …と見なされる

48

Eli Whitney
Inventor, U.S.

The system of African slavery in America was **gradually** declining in the late 1780s. It was outlawed in some Northern states. In Southern states, the need for slave labor was declining. All of that changed in 1793 when Eli Whitney **invented** the cotton gin. His invention stimulated the Southern economy and **altered** the history of the country.

Visiting an **acquaintance** near Savannah, Georgia, he was asked to come up with a solution to a problem in local agriculture. Large plantation owners grew cotton that had a high yield **per acre**, but the seeds clung hard to the white **fiber**. The seeds had to be pulled out by hand. It took one slave a full day to clean a single pound of cotton.

Whitney made a **model** and soon had a **full-size** machine ready for trial. By turning a simple **hand crank**, one slave could do the work of 50 slaves. Once Whitney's cotton gin — or one created by his many **imitators** — was hooked to a **water wheel**, it would do the work of hundreds of workers.

With Whitney's invention, new cotton plantations were opened along the Mississippi River. The **anticipated** decline of slavery was seriously affected. Plantation owners along the Atlantic coast, who no longer needed slaves, sold them to new **landowners** along the Mississippi. The explosion in the national production of raw cotton, the major American export to Europe, led to a great demand for slaves.

Without Whitney's invention, slavery might have gradually declined. And as a result, the **American Civil War** (1861-1865) might not have occurred. This one invention had a major impact on the history of America, the **Industrial Revolution** and race relations. (276)

イーライ・ホイットニー
発明家、アメリカ
英領マサチューセッツ（現アメリカ）出身・1765年～1825年・59歳没

　1780年代後半、アメリカにおけるアフリカ人の奴隷制度は**徐々に**衰退していた。北部の州の一部では法的に禁止されていた。南部の州において、奴隷労働の必要性は弱まりつつあった。こうした状況は、イーライ・ホイットニーが綿繰り機を**発明した**1793年に一変した。彼の発明は、南部の経済を活性化させ、この国の歴史を**変えた**。

　ジョージア州サバンナの**知人**を訪ねた際、彼はその地方における農業問題への解決策を考えるよう頼まれた。広大なプランテーションの所有者たちは、**1エーカーあたりの収量**が高い綿を育てていたが、種が白い**繊維**に強固に絡まっていた。こうした種は、手で取り除く必要があった。1ポンド（約450グラム）の綿から種を取り除くのに、奴隷1人が丸1日がかりで作業にあたった。

　ホイットニーは**模型**を作り、まもなく、実験に向けて**実物大**の機械を用意した。単純な**手回しハンドル**を回すと、1人の奴隷が50人分の仕事を行うことができた。ホイットニーの綿繰り機、あるいは多くの**模倣者**によって生み出された機械が**水車**に接続されると、何百人もの労働者と同じだけの仕事ができるようになった。

　ホイットニーの発明とともに、ミシシッピ川沿いに新しい綿花プランテーションが作られた。**予想されていた**奴隷制度の衰退に、深刻な影響がもたらされた。大西洋沿岸のプランテーションの所有者らは、もはや奴隷が必要なくなり、ミシシッピ川沿いの新たな**土地所有者ら**に売り払った。アメリカの主なヨーロッパ向け輸出品である原綿の国内生産の爆発的増加は、奴隷の需要拡大につながった。

　ホイットニーの発明がなければ、奴隷制度は徐々に衰退したかもしれない。そして、その結果、**アメリカ南北戦争**（1861年～1865年）は起こらなかったかもしれない。この1つの発明が、アメリカの歴史、**産業革命**、人種間の関係性に大きな影響を**与えた**。

---

❶ slavery 奴隷制度　outlaw …を法律で禁止する、非合法化する　cotton gin 綿繰り機。綿の繊維と種子とを分離する機械。ginだけでも同じ意味を表す　stimulate …を刺激する、促進する　❷ come up with …を思い付く、考え出す　solution to …に対する解決策　local 地元の、現地の　yield 収穫高　cling to （綿の繊維同士）がくっつく、…に粘着する。clingの過去形・過去分詞形はclung　pull out …を取り出す、引き抜く　clean …をきれいにする。この場合、種を取り除いて綿だけにする、という意味　❸ have ... ready for ～ ～に向けて…が用意できている　be hooked to …に接続される　❹ seriously 深刻に　explosion 爆発的な増加、激増　❺ occur 生じる、発生する　impact on …への影響

49 Napoleon Bonaparte
Military leader and emperor of France

The French Revolution in 1789 was a **turning point** in European history. The revolution was followed by great **turmoil** and changes of government. In 1799, Napoleon led a **coup d'etat** against the French government and took complete control of the country himself.

His most important **domestic** achievement was to **codify** the laws. Before the revolution, there had been 300 different systems of law in France. During the revolution, leaders tried to make one **common** system. Under Napoleon, this work was accomplished. It became known as the *Napoleonic Code*, was later renamed *Code Civil*, and is still in use today. It had great influence on the laws of many countries including some in the Middle East and Japan. He also created a strong, **well-trained** bureaucracy. Prior to Napoleon, many **bureaucrats** were chosen because of their **family background**. Napoleon promoted officials on the basis of ability only, and many were from the middle class.

Napoleon's **fame**, however, came from his military leadership. He **conquered** Europe and sent **relatives** to rule the kingdoms of Spain, Holland, Italy, Switzerland and a union of most of the German states. In these areas, he **declared** equality of opportunity in government, equality before the law, and **religious tolerance**. These **revolutionary** principles were very important in developing **liberal** traditions in these countries.

A new era began when the French people decided they were a nation. Nationalism gave the people a sense of identity based on common religion, language and national **symbols**. Napoleon's military success made the French people proud as a nation. But as Napoleon's **troops** marched through the other countries of Europe, the **defeated** people began to unite in hating the French. The conquered people began to develop national feelings of their own. This new idea of belonging to a nation had a major impact on world history. (301)

116　フランス革命後を独裁統治

ナポレオン・ボナパルト
フランスの軍事指導者であり皇帝
フランス王国コルシカ島出身・1769年〜1821年・51歳没

　1789年のフランス革命は、ヨーロッパの歴史の**転換期**だった。この革命の後、政府には大きな**混乱**と変化が生じた。1799年、ナポレオンがフランス政府に対する**クーデター**を先導し、フランスを自ら完全な管理下に置いた。

　彼の**国内における**最も重要な功績は、法律を**成文化した**ことだった。フランス革命以前、フランスには300の異なる法体系が存在した。革命のさなか、指導者たちは1つの**共通の**体系をつくろうとした。ナポレオンの下で、この作業が完成した。これは「ナポレオン法典」として知られるようになり、後に「民法典（コード・シビル）」と改名され、今日でもなお使用されている。これは中東や日本など、たくさんの国々の法律にも大いなる影響を与えている。彼はまた、強力で**よく訓練された**官僚組織をつくり上げた。ナポレオン以前、多くの**官僚**は**家柄**によって選ばれていた。ナポレオンは、能力だけを基に役人を昇進させ、その多くは中流階級の出身だった。

　しかしながら、ナポレオンの**名声**は軍事的指導力により得られていた。彼はヨーロッパを**征服し**、スペイン、オランダ、イタリア、スイスの王国や、ドイツのほとんどの国家による連合を統治するために**親類**を送り込んだ。彼はこれらの地域で、政府における機会の平等、法の前の平等、**宗教的寛容**を宣言した。これらの国における**自由主義**の伝統の発展において、こうした**革命的な**原則は非常に重要だった。

　フランスの人々が、自分たちが国家（ネーション）であると決めたとき、新しい時代が始まった。国民主義（ナショナリズム）は、共通の宗教、言語、国の**象徴**に基づく一体感を人々に与えた。ナポレオンの軍事的成功により、フランスの人々は国家としての誇りを持った。しかし、ナポレオンの**軍隊**がヨーロッパの他の国々に進軍すると、**敗北した**人々はフランスへの憎しみで団結し始めた。征服された人々も、彼らの愛国的感情を抱き始めた。国家への帰属というこの新しい概念は、世界史に大きな影響を与えた。

> ❶ French Revolution フランス革命(1789年〜1799年)。ブルボン王朝の積年の失敗、啓蒙思想の影響、第3身分(平民)の台頭などを要因として起こった、世界史上代表的な「市民革命」。封建的な旧制度と絶対王政を倒し人権宣言を公布、そして共和制が成立した。西欧近代史への転換点と言える　be followed by …が続く　take control of …を支配する、コントロールする　❷ accomplish …を達成する、完成する　Napoleonic Code ナポレオン法典(1804年)。ナポレオン1世が制定した民法典で、世界各国の民法に多大なる影響を与えた　bureaucracy 官僚組織、官僚制度　prior to …より前に　on the basis of …に基づいて　❸ union 連合。ここでは、ナポレオンを盟主とし、大司教ダールベルクを総裁としたフランス主導の国家連合(ライン同盟)のこと　❹ nation 国家、国民。フランス革命以降、国民国家 nation-state (国民を主体としてつくられた国家)が形成されていく　nationalism 国民主義、愛国主義、ナショナリズム　sense of identity 一体感、同一性意識　proud 誇りを持った　march through …に進軍する　unite in …で団結する　hate …を嫌う、嫌悪する

50 Alexander von Humboldt
Naturalist, Germany

Born into an elite Prussian family, Humboldt grew up in intellectual Berlin. His father died when Humboldt was just nine, and under pressure from his mother, he was prepared for a routine career in the government's ministry of **mines**. But when his mother also died, he **immediately** used a generous **inheritance** to buy meteorological instruments and begin studies of **astronomy**, **botany**, **geology** and **zoology**. Then he began to travel widely — to Greece, Siberia, the West Indies and the Philippines. In 1799, he and Aimé Bonpland, a French **botanist**, headed for South America. They spent five years **exploring** Latin America, collecting plants, watching birds and writing about the lands they visited.

When they **returned** to Europe, their baggage was **filled with** specimens they had collected. They had 2,000 new species of plants alone. This was astonishing, because only 6,000 species had been previously **recorded**. They then **published** an account of their travels, which ran to 34 volumes.

At the time, scientists devoted their energies to categorizing things in minute detail. But Humboldt's genius was in seeing how things were **interrelated**, particularly the link between geography, climate, plants and wildlife. Nature was a web of life, one enormous living **organism**. He was one of the first to notice the **connection** between deforestation, rainfall and **erosion** of the **soil**, and notice the global patterns of human **impact**.

Humboldt's deep scientific understanding brought him into contact with famous figures as varied as Simón Bolívar, Goethe and Thomas Jefferson in Europe's salons. His interdisciplinary approach made him the founding father of **environmentalism** and a **prophet** of man-made **climate change**. (264)

アレクサンダー・フォン・フンボルト
博物学者、ドイツ
プロイセン王国(現ドイツ)出身・1769年〜1859年・89歳没

　フンボルトは、プロイセンのエリートの家庭に生まれ、ベルリンの知識人に囲まれて育った。彼がちょうど9歳の時に父親が亡くなり、母親の強い勧めで、フンボルトは政府の**鉱山事務局**で定常業務に就く準備をした。しかし、母親も亡くなると、彼は**すぐに豊富な遺産**を気象測器の購入と、**天文学**、**植物学**、**地質学**、**動物学**の研究の着手に使った。そして、ギリシャ、シベリア、西インド諸島、フィリピンへ、広範囲にわたる旅を開始した。1799年、フンボルトとフランスの**植物学者**エーメ・ボンプランは、南アメリカ大陸へ向かった。彼らは5年間ラテンアメリカを**探検し**、植物を収集し、鳥を観察し、訪れた土地について書いた。

　ヨーロッパに**戻った**とき、彼らの荷物は収集した標本**でいっぱい**だった。植物だけで2,000の新種があった。それまでに**記録されていた**のは6,000種しかなかったため、これは驚くべきことだった。彼らはその後、旅行の記録を**出版し**、34巻に及んだ。

　当時、科学者たちは物事を微細に分類することに力を注いでいた。しかし、フンボルトの天賦の才は、いかに物事が**互いに関係し合っている**かを見出すこと、特に、地形と気候、植物と野生動物との間の関連を見出すことにあった。自然は、生命の網、すなわち、生きている1つの巨大な**有機体**だった。彼は、森林破壊、降雨、**土壌浸食**の**つながり**に気づき、人間が及ぼす**影響**の世界的なパターンに気がついた最初の1人だった。

　フンボルトは、科学への深い理解のおかげで、シモン・ボリバルやゲーテ、トーマス・ジェファーソンに至るまで多様な著名人とヨーロッパのサロンで出会った。フンボルトは、異なった学問分野にまたがるアプローチで、**環境保護**の父となり、人類起源の**気候変動**の**予言者**となった。

---

❶ Intellectual Berlin ベルリンの知識層。ベルリンの社会における知識人の集団を指す表現　under pressure from …から圧力を受けて　routine 所定の、日課の　ministry 省庁　generous 気前の良い、たくさんある　meteorological 気象の。名詞形はmeteorology(気象学)　instrument 機器　collect …を集める　❷ baggage (旅行の)手荷物。集合名詞で不可算　specimen 標本、試料　astonishing 驚くべき、驚異的な　previously 以前に　❸ devote (時間など)を充てる、ささげる　minute 微細な　detail 詳細。in detailで「詳細に」　geography 地形、地理　enormous 巨大な、膨大な　deforestation 森林破壊、乱伐　❹ Simón Bolívar シモン・ボリバル(1783年〜1830年)。ラテンアメリカ独立運動の指導者。ラテンアメリカ生まれのバスク人、クリオーリョ。後にフンボルトと植民地解放について語り合った　interdisciplinary 多分野にまたがる、学際的な　founding 創始の　man-made 人間がつくり出した、人類起源の

近世

51 Ludwig van Beethoven
Musician, Germany

Beethoven came from a family of musicians, but his musical genius took time to **flower**. He began taking lessons in **composition** at age nine and became assistant **organist** at age fourteen. Forced to take charge of his family's finances, he began to give lessons to the children of families of the aristocracy to earn money.

Fortunately his aristocratic **connections** enabled him to move to Vienna, where he took lessons from Franz Joseph Haydn. He impressed the Viennese nobility with his **virtuoso** performances on the piano and was seen as a **superb** improviser. Beginning in 1796, however, he noticed a **constant** ringing in his ears that made it difficult to hear and **appreciate** music. By 1802, there was little doubt that the **symptoms** were **serious** and growing worse. He fell into **despair** and contemplated taking his own life.

What saved him was his **desire** to produce music. As he descended into deafness, his composing grew more brilliant. His early piano compositions were significant, but not truly **innovative**. As deafness progressed, however, he began to produce powerful works with themes of **struggle** and **heroism**.

By 1817, he was **completely** deaf, and communicated with others through writing, but his compositions displayed greater intellectual depth. In his late period, he produced his greatest compositions. The Ninth Symphony and the late-period string **quartets** and piano sonatas are transcendent achievements in classical music. They are filled with **intimacy**, **emotion**, suffering and **impatience**, but they also affirm human life. Mozart and Bach came to be known for their **mastery** and **perfection**. Although Beethoven could not hear the music he composed, he defied his deafness to create music of **timeless** resonance. (273)

ルートヴィヒ・ヴァン・ベートーヴェン
音楽家、ドイツ
神聖ローマ帝国(現ドイツ)出身・1770年〜1827年・56歳没

　ベートーヴェンは音楽家の家庭の出身だが、彼の音楽の才能は**開花する**までに時間がかかった。9歳で**作曲**のレッスンを受け始め、14歳で**オルガン奏者**の助手になった。家計を担わなければならなくなり、稼ぐために、貴族の家庭の子どもたちにレッスンを提供するようになった。

　幸い、貴族とつながりを持ったおかげで、ベートーヴェンはウィーンへ移ることができ、そこで彼はフランツ・ヨーゼフ・ハイドンからレッスンを受けた。彼はウィーンの貴族たちを**見事な**ピアノ演奏で感動させ、**最高の即興演奏家**と見なされていた。しかし、彼は1796年から、**継続的な**耳鳴りに気が付き、音楽を聞き、**鑑賞する**のが難しくなった。1802年までには、**症状は深刻**であり、悪化していることがほぼ確実となった。彼は**絶望**に陥り、自殺を考えた。

　ベートーヴェンを救ったのは、音楽をつくりたいという**欲求**だった。聴力を失うにつれて、彼の作曲は輝きを増していった。初期のピアノ曲は素晴らしかったが、実に**革新的**というわけではなかった。しかし、耳が聞こえなくなるにつれて、**苦悶**と**勇壮さ**をテーマにした力強い作品を生み出すようになった。

　1817年までに、ベートーヴェンは**完全に**耳が聞こえなくなり、筆談で他者とコミュニケーションを取っていたが、彼の作品はさらに知的な深みを見せていた。晩年には、最も優れた作品の数々を生んでいる。第9交響曲と後期の弦楽四重奏やピアノソナタは、クラシック音楽における並外れた偉業だ。これらの曲は、**親密さ、感情、苦悩、焦燥感**に溢れているが、人生を肯定もしている。モーツァルトとバッハは、彼らの**技巧と完璧さ**で知られるようになった。ベートーヴェンは自身が作曲した音楽を聞くことができなかったが、失聴を物ともせずに**不朽の**響きを持った音楽を創出した。

---

❶ take charge of …の責任を引き受ける　aristocracy 貴族階級　❷ aristocratic 貴族の　enable ... to do …が〜できるようにする　Franz Joseph Haydn フランツ・ヨーゼフ・ハイドン(1732年〜1809年)。オーストリアの作曲家。ソナタ、弦楽四重奏曲、交響曲などの形式を確立した　nobility 貴族階級。形容詞形はnobleで「気高い」　improviser 即興する人。動詞improvise (…を即興でする)から派生した名詞　contemplate …を熟考する　take *one*'s (own) life 自殺する　❸ descend into (望ましくない状況)に陥る　deafness 耳が聞こえないこと　progress 進行する　❹ deaf 耳が聞こえない　string 弦楽器　transcendent 超越的な　affirm …を認める　defy …を寄せ付けない　resonance 共鳴、反響

52 Simón Bolívar
Liberator of South America

The son of a **wealthy** Venezuelan family, Simón Bolívar read about what the European writers described as the rights of man and the appeal of free republics. When he visited Rome, he looked at the ruins of the great Roman **civilization**. What he saw made him determined to prevent a similar **fate** from happening in South America. He made a promise to break the chains that tied Venezuela to Spain. In Argentina, José de San Martín made a similar **decision**. They both **came to** share a **belief** that the Spaniards would have to be pushed **completely** out of South America.

When he returned to South America, Bolívar began the **struggle** for Venezuelan **independence** in 1810. His next move was to lead revolts in what is now Colombia and Ecuador. By 1819, he had formed Gran Colombia, which united these **independent** South American states. Rather quickly, however, the union broke apart in **civil wars. Meanwhile**, San Martín was fighting to liberate Argentina and other nations.

Although attempts at unifying the countries **failed**, San Martín and Bolívar were successful in freeing large parts of South America from Spain. The lands they freed became the present-day nations of Uruguay, Paraguay, Colombia, Venezuela, Panama, Ecuador, Chile, Peru and Bolivia. These two liberators **proved** to the world that South America was no longer subservient to the Europeans. (222)

シモン・ボリバル
南米の解放者
ベネズエラ総督領出身・バスク人・1783年～1830年・47歳没

　裕福なベネズエラ人家庭の息子であるシモン・ボリバルは、ヨーロッパの著述家たちが**人間の権利**と**自由な共和国**の魅力として詳述したものを読んだ。彼がローマを訪れた際、偉大なローマ**文明**の**廃墟**を目にした。そこで目にしたものから、ボリバルは南アメリカが同じような**運命**をたどることを防ごうと決意した。ベネズエラをスペインとつないでいる鎖を打ち砕くことを誓った。アルゼンチンでは、ホセ・デ・サン＝マルティンが彼と似た**決意**を固めていた。2人は互いに、スペイン人を南アメリカから**完全**に追い出さなければならないという**信念**を共有する**ようになっていた**。

　ボリバルは南アメリカに戻り、1810年にベネズエラ**独立**のための**闘争**を開始した。次にとった動きは、現在のコロンビアとエクアドルでの反乱を主導することだった。1819年には、**独立した**南アメリカの国々を統合する大コロンビアを形成していた。しかし、この連合は、予想以上に早く**内戦**で分裂した。**一方**、サン＝マルティンは、アルゼンチンとその他の国々を解放するために戦っていた。

　国々を統合する試みは**失敗したものの**、サン＝マルティンとボリバルは**南アメリカの大部分をスペインから解放することに成功**した。彼らが解放した場所は、現在のウルグアイ、パラグアイ、コロンビア、ベネズエラ、パナマ、エクアドル、チリ、ペルー、ボリビアだ。この2人の解放者は、南アメリカはヨーロッパ人にもはや従属はしない、ということを世界に**証明した**。

タイトル liberator 解放者。liberate (解放する)＋-or (～する人)から成る名詞　❶ republic 共和国、共和制　ruins 廃墟、遺跡　determined 決心している。determined to doで「…することを決心している」　prevent ... from doing …が〜するのを防ぐ　José de San Martín ホセ・デ・サン＝マルティン(1778年～1850年)。アルゼンチン生まれのラテンアメリカ独立運動の指導者。アルゼンチン解放後、チリとペルーの独立を達成した　Spaniard スペイン人。国民全体を表す場合はthe Spanish　push ... out of ～ …を〜から追い出す　❷ revolt 反乱、暴動　Gran Colombia 大コロンビア、グランコロンビア(1819年～1831年)。ボリバルがラテンアメリカ統合構想の足掛かりとした南アメリカ北部の共和国。その範囲は現在のベネズエラ、コロンビア、エクアドル、パナマの全域、ガイアナ、ブラジル、ペルーの一部に相当する　rather むしろ、かなり、予想以上に　break apart バラバラになる、分裂する　liberate …を解放する、自由にする　❸ unify …を統一する、1つにまとめる　subservient 従属する、こびへつらう。subservient toで「…に従属する」

Chapter 4

Modern Period I
[1800]

近代 I
[1800年]

53 Abraham Lincoln
President of America

Born in a **log cabin** on the Kentucky frontier, Lincoln was almost completely self-educated. He worked as a storekeeper and a **boatman**. During one trip by boat down the Mississippi River, he **witnessed** the auctioning of **slaves** in New Orleans. The **inhumanity** of the selling of black people left a strong **impression** on him.

Lincoln became a successful **lawyer** in Springfield, the **state capital** of Illinois. He married the **well-to-do** Mary Todd and was elected to the U.S. House of Representatives in 1846. **Opposed to** the spread of **slavery**, he joined the **Republican Party** and **ran against** Stephen Douglas for the U.S. **Senate** in 1858, but he lost. His **brilliance** in the "Lincoln-Douglas Debates," however, brought him national **attention**. He became the Republican nominee for the presidency in 1860. He famously **declared** that the Union could not survive as "a house divided" and **was elected** President.

However, even before he was inaugurated in March 1861, seven southern states **seceded** from the Union to form **the Confederate States of America**. **The Civil War broke out** between the North and the South and it was a **bloody** one. After the particularly **brutal** battle at Antietam, Lincoln **issued** the Emancipation Proclamation. It **declared** that all slaves in the seceded Southern states would be free as of January 1, 1863. This **momentous declaration** made the **abolition** of slavery a goal of the war. It helped weaken the Confederacy's slave-supported society.

When the Civil War ended in 1865, black slaves were freed. They were given the right to vote and the right to hold office. Emancipation did not give complete **equality** to **former** slaves, but it was the base of the **Civil Rights Movement** that would come in 1954. (284)

エイブラハム・リンカーン
アメリカの大統領
アメリカのケンタッキー州出身・1809年〜1865年・56歳没

　リンカーンは、ケンタッキー州の辺境地帯の**丸太小屋**で生まれ、ほぼ完全に独学で勉強した。彼は店員や**船乗り**として働いた。ミシシッピ川をボートで下っていた旅行中に、ニューオーリンズで**奴隷**の競りを**目撃した**。黒人を売るという**非人道的な行為**は、彼に強い**印象**を残した。

　リンカーンはイリノイ州の**州都**スプリングフィールドで、成功した**弁護士**となった。**裕福な家庭で育った**メアリー・トッドと結婚し、1846年に下院議員に選出された。奴隷制の広がりに**反対**し、共和党に入党して、1858年にはアメリカ**上院**にスティーブン・ダグラス**の対立候補として立候補した**が敗れた。しかし、「リンカーン・ダグラス論争」でのリンカーンの**才気**は、彼に国民的な**関心**を集めた。1860年に大統領選挙の共和党指名候補となった。アメリカ合衆国は「分かれたる家」としては生き残ることができないという有名な**宣言をし**、大統領**に選ばれた**。

　しかしながら、リンカーンが1861年3月に大統領に就任する前から、南部7州は合衆国を**離脱し**、**アメリカ連合国**を形成してしまった。北部と南部間で**南北戦争が勃発し**、流血の戦いとなったのだ。アンティータムでの特に**残虐な**戦闘の後で、リンカーンは奴隷解放宣言を**発表した**。分離した南部の州の全ての奴隷は、1863年1月1日をもって自由になると**宣言したのだ**。この**重大な宣言**により、奴隷制の**廃止**がこの戦争の目的になった。このことは、奴隷に支えられた南部連合の社会の弱体化を促した。

　1865年に南北戦争が終わったとき、黒人奴隷は解放された。彼らには、選挙権と公職に就く権利が与えられた。奴隷解放は、**かつての**奴隷に完全な**平等**を与えることにはならなかったが、1954年に起こった**公民権運動**の基盤となった。

---

❶ frontier 辺境地帯、(西部開拓時代の)開拓地と未開拓地の境界地域　storekeeper 商店経営者、小売商人　auction …を競売にかける　❷ House of Representatives 下院、(日本の)衆議院。representativeは「代表者」　Stephen Douglas スティーブン・ダグラス(1813年〜1861年)。南部イリノイ州出身の政治家。民主党員　Lincoln-Douglas Debates リンカーン・ダグラス論争。1858年の上院議員選挙で、リンカーンとダグラスが交わした全7回の討論のこと。ダグラスは、奴隷制容認の可否を各州の政府に任せる「住民主権論」を主張、リンカーンは奴隷制を拡大させてはならないと論じた　nominee 指名された人　presidency 大統領職　a house divided 聖書の「分かれたる家は立つこと能わず」(マルコ伝3-25)を引用し、奴隷制問題で分裂したアメリカに警鐘を鳴らした　❸ inaugurate …を就任させる　battle at Antietam アンティータムでの戦い(1862年)。メリーランド州アンティータムクリークで行われた、死傷者22,000人以上を出した戦闘。この数は南北戦争のみならず、アメリカ史上最多の1日での死傷者数である　Emancipation Proclamation 奴隷解放宣言。emancipationは「(政治・社会的な束縛や圧迫からの)解放」、proclamationは「宣言、布告」　❹ vote 投票する　hold office (公職、官職に)在職する

54 Charles Darwin
Naturalist, Britain

Darwin was not the first, but he was the most important figure to promote the idea that humans are **material** beings who are part of the natural world. He published in 1859 the volume *On the Origin of **Species** by Means of Natural Selection*. In it, he **presented** the idea that each species of plant and animal had evolved over a long period of time from simpler forms of life.

In his **theory** of "evolution," many individuals of each species are born and only some survive. This results in a "struggle for **existence**." Darwin believed that some **organisms** are born with differences that make them better able to **adapt to** their environment. This process he called "natural selection." The **fittest** survive and pass on the variations to the next generation and eventually a new, separate species **emerges**. In *The Descent of Man* (1871), he argues that human beings evolved from animal species. His ideas became a major controversy, especially among believers in the Bible, because he said human beings were ordinary products of nature rather than "creations of God." His Christian critics felt that Darwin had not **acknowledged** God's role in creation. Gradually many scientists and other intellectuals came to **accept** his theory. And his ideas changed the thinking in **fields** from **biology** to **anthropology**. (215)

チャールズ・ダウィン
博物学者、イギリス
英国出身・1809年～1882年・73歳没

　ダーウィンは、人間は自然界の一部である**物質的な**存在だ、という考えを推進した初めての人物ではないが、最も重要な人物だ。1859年に『(自然淘汰の方法による)**種の起源**』を刊行した。この中で、彼は、動植物の種はいずれも、単純な形態の生命体から長い年月をかけて進化してきたという考えを**提示した**。

　ダーウィンの「**進化**」論では、それぞれの種で多くの個体が生まれ、一部だけが生き残る。この結果、「**生存競争**」が生じる。ダーウィンは、**生物**の中にはよりよく環境に**適応**できる差異を持って生まれるものもいると考えていた。この過程を彼は「自然淘汰」と呼んだ。**適者**が生存してその変異特性を次の世代に残し、やがて新しい別の種が**出現**する。『人間の由来』(1871年)で、ダーウィンは、人間が動物の種から進化してきたと主張した。彼の考えは、特に聖書の信奉者の間で大きな議論となった。なぜなら彼は人間とは「神の創造物」ではなく、ありふれた自然の産物なのだと述べたのである。キリスト教徒のダーウィン批判者は、ダーウィンが創造における神の役割を**認め**ていないと感じた。徐々に、多くの科学者や知識人たちがダーウィンの理論を**受け入れる**ようになった。彼の考えは、**生物学**から**人類学**に至る**分野**までの思潮に変容をもたらした。

❶ origin 起源、原点　means 手段、手法。単数形も複数形もmeansとなる　natural selection 自然淘汰、自然選択　evolve 進化する、発展する　❷ evolution 進化。evolveの名詞形　survive 生き残る、…より長く生きる　result in …という結果になる　pass on …を次に送る、伝える　variation 変化、変異。動詞vary (変わる、異なるものになる)の名詞形　The Descent of Man『人類の由来』。通称ではない原題は"The Descent of Man, and Selection in Relation to Sex"で、邦訳は『人間の進化と性淘汰』である　controversy 論争、議論。形容詞形はcontroversialで「物議をかもす」　ordinary 普通の、平凡な(⇔ extraordinary 類まれな)　gradually 徐々に、次第に

55 Harriet Beecher Stowe
Abolitionist, U.S.

Daughter of a **prominent** religious leader in New England, Harriet Beecher became **involved in** the movement to abolish **slavery**, from her youth. Her father spoke about the **evils** of slavery, and after she married Calvin Stowe, another **abolitionist**, they became part of the Underground Railroad in Cincinnati, Ohio. They **temporarily** housed several fugitive slaves in their home, just across the Ohio River from the slave state of Kentucky.

Among the stories she heard about **escaping** slaves was one that was particularly moving. It was a true story about a slave mother who crossed the Ohio River in mid-winter on blocks of ice carrying her baby. These stories stuck in Harriet's mind. After reading a famous slave narrative written by Josiah Henson, she began writing **sketches** of slave life for a national newspaper in 1851. The following year, these sketches were published in a single volume titled *Uncle Tom's Cabin*.

Stowe's **purpose** in writing the book was to educate **Northerners** about the reality of the experience of blacks in Southern states. Another purpose was to **encourage** people in the South to have more empathy for the people they kept as slaves. The novel touched on the masters, the slaves, the **traders** and other people in society. Because it was in the form of a novel and dramatic, it was easy for American readers to follow and to grasp. It **swayed** public opinion regarding the **cruelty** of slavery by making it more personal. It played an important role in abolishing slavery.

Uncle Tom's Cabin became a bestseller, selling 300,000 copies in less than a year. The emotional **portrayal** of slavery had an enormous impact in Northern states and in the U.K. It energized anti-slavery forces, i.e., abolitionists. (285)

ハリエット・ビーチャー・ストウ
奴隷制廃止論者、アメリカ
アメリカのコネチカット州出身・1811年〜1896年・85歳没

　ニューイングランドの**有名な**宗教的指導者の娘であるハリエット・ビーチャーは、若い頃から**奴隷制**廃止運動**に関わる**ようになった。彼女は、奴隷制の**悪**について父から聞かされており、やはり**奴隷制廃止論者**であったカルヴィン・ストウとの結婚後は、彼女たちはオハイオ州シンシナティで「地下鉄道」の一員となった。奴隷制を合法とするケンタッキー州から、オハイオ川を越えたその先にある自宅に、逃げてきた奴隷を数人、**一時的に**匿（かくま）った。

　逃亡する奴隷についてハリエットが聞いた話の1つに、特に心が動かされるものがあった。真冬のオハイオ川を、赤ちゃんを抱えながら氷の塊の上を渡ってきた奴隷の母親についての実話だった。このような話はハリエットの心に突き刺さった。ジョサイア・ヘンソンが書いた有名な奴隷の実話を読んだ後、彼女は1851年に国内の新聞に奴隷の生活の**小品**を書き始めた。その翌年、彼女が書いた小品は、『アンクル・トムの小屋』と題された1冊の本として出版された。

　この本を書いたストウの**目的**は、南部の州で黒人たちが経験している現実を、**北部の人々**に知らせることだった。もう1つの目的は、南部の人々に、奴隷として囚われている人々の気持ちをもっと理解するように**促す**ことだった。この小説は、社会の中の奴隷の主人たち、奴隷たち、**奴隷商人たち**、その他の人々を描いた。小説の形式で劇的に描かれていたため、アメリカの読者たちにとって物語についていきやすく、理解しやすいものだった。奴隷制の**残酷さ**をより個人的な問題にしたことで、世論を**揺さぶった**。奴隷制を廃止する上で重要な役割を果たしたのである。

　『アンクル・トムの小屋』は、ベストセラーとなり、1年もしないうちに30万部が売れた。奴隷制についての感情に訴える**描写**は、アメリカ北部の州とイギリスに絶大な影響を与えた。この作品は、奴隷制に反対する勢力、すなわち、奴隷制廃止論者たちを勇気づけた。

タイトル abolitionist 廃止論者。ここでは奴隷制度の廃止論者のこと　**[1]** New England ニューイングランド。コネチカット州、ニューハンプシャー州、バーモント州、マサチューセッツ州、メイン州、ロードアイランド州の北東部6州から成る、アメリカで最も古い地域。イギリスからピューリタンが最初に入植した　abolish …を廃止する　Underground Railroad 地下鉄道。奴隷が脱出するのを助けた非合法の秘密組織　fugitive 逃亡中の　slave state 奴隷州（⇔ free state 自由州）。奴隷制度を合法とした州のこと　**[2]** stick in …に刺さる、…を動けなくさせる　narrative（事実に基づく）物語　Josiah Henson ジョサイア・ヘンソン（1789〜1883年）。アンクル・トムのモデル。メリーランド州で生まれ、幼少期から奴隷としてタバコ農場で労働。カナダに逃れ1849年に"The Life of Josiah Henson"という自伝を書いた　**[3]** empathy 共感　touch on …に言及する、簡単に触れる　grasp …を把握する　**[4]** energize …を活気づける、活動を起こさせる　i.e. すなわち。id estの略。that isと読むことが多い

56 Charles Dickens
Novelist, Britain

From roughly 1850 onward, the rise of science encouraged Western writers and artists to create realistic — rather than romantic or idealistic — works that came to be known as "realism." Writers of this period wanted to write about **ordinary** characters from life, not **romantic** heroes in exotic settings. They avoided **emotional** language by using **precise** description and turned from poetry to novels. Some of these writers **combined** an interest in everyday life **with** a consideration of social issues. They expressed their views through their characters. Among these writers, French writer Gustave Flaubert perfected the realist novel in *Madame Bovary*, which describes small-town life in France.

The most successful and influential realist, however, was the English novelist Charles Dickens. He showed the **realities** of life for the poor in the early **Industrial Age**. These realities were part of Dickens' childhood: As a boy, he had been forced to work **briefly** in a blacking factory when his father went bankrupt. Although his family fortunes recovered, he never forgot his time as a **child laborer**. Once he became a writer, he determined to show the world how poor people lived. He wanted his readers to both laugh and cry over the characters he wrote about.

Novels like *Oliver Twist* and *David Copperfield* **vividly** depicted the **brutal** life of the poor people of London, as well as their humor and humanity. He made readers understand how harsh the lives of people at the **bottom** of society were. By doing this, he helped make people aware of the need for social **reform** in the slums of London and other cities. (264)

チャールズ・ディケンズ
小説家、イギリス
英国出身・1812年〜1870年・58歳没

　1850年頃から、科学の振興が、西洋の作家や芸術家に現実的な ― ロマン主義や理想主義のものではない ― 作品づくりを促し、「写実主義」として知られるようになった。この時期の作家たちは、風変わりな設定に登場する**現実離れした**英雄ではなく、モデルが実在する**平凡な**登場人物たちを書きたいと思った。**的確な描写**を用いて**感情的な**言葉づかいを避け、詩から小説に転向した。こうした作家たちの中には、日々の生活における関心を、社会問題の考察**と結びつける**者もいた。彼らは、登場人物を通じて、自分たちの見解を表現した。こうした作家の中に、フランス人作家のギュスターヴ・フローベールがいる。彼は、フランスの小さな町の暮らしを描いた『ボヴァリー夫人』で、写実小説を完成させた。

　しかし、最も成功し、影響力の大きかった写実主義の作家は、イングランドの小説家チャールズ・ディケンズだった。　彼は、**産業化時代初期の貧しい人々の暮らしの現実を描いた**。　その現実とは、ディケンズが子どもの頃に経験したことの一部だった。彼の少年時代に父が破産した際、靴墨工場で**一時的に**、働くことを余儀なくされたことがあった。ディケンズの家族の財産は回復したものの、**児童労働者**だった時期のことを忘れることはなかった。作家になると、貧しい人々がどのような暮らしをしているかを世界に知らせようと決意した。読者に、彼が書く登場人物のことで、笑い、泣いてもらいたいと思っていた。

　『オリバー・ツイスト』や『デイヴィッド・コパフィールド』といった小説は、ロンドンの貧しい人々の**ひどい**暮らしと、彼らのユーモアや人間性を**鮮明に**描いている。ディケンズは、社会の**底辺**にいる人々の暮らしがどれほど苛酷であるかを読者に理解させた。こうすることで、ロンドンや他の都市のスラム街における社会**改革**の必要性に人々が気づく一助となった。

---

❶ from ... onward …以降。…には日時、年代が入ることが多い　roughly およそ　romantic ロマン主義(romanticism)の。ロマン主義は、古典主義や啓蒙主義に反発して18世紀後半から19世紀にかけて起こった、個性、空想、形式の自由を強調した芸術の運動　idealistic 理想主義の、観念主義の　from life 実際の人物をモデルにして　exotic 異国情緒のある、風変わりな　avoid …を避ける　consideration 考察、考慮。動詞consider「…を考える」の名詞形　Gustave Flaubert ギュスターヴ・フローベール(1821年〜1880年)。フランスの小説家。当時の社会と人間をありのままに描く「写実主義」の最初の傑作『ボヴァリー夫人』を執筆した　perfect …を完璧なものにする　**❷** blacking 靴墨。現在は通常、shoe polishと言う　go bankrupt 倒産する、破産する　**❸** Oliver Twist 『オリバー・ツイスト』。孤児オリバーの遍歴を描いた長編小説。当時の救貧院の惨状を告発した　David Copperfield 『デイヴィッド・コパフィールド』。ディケンズの自伝的要素が強いとされる代表作。デイヴィッドの波乱に満ちた半生記　depict …を描写する　harsh 苛酷な、厳しい

Otto von Bismarck
Prime minister of Prussia

After the French Revolution, European rulers wanted to return to a conservative **order** and keep a balance of power among the nations. However, liberals began to **push** for changes, including more freedom, religious **toleration** and the right to peacefully **oppose** the government.

Even more powerful was the movement toward nationalism. In earlier centuries, people were **loyal** to a king, to a town, or to their region. But in the 19th century, they began to feel their chief loyalty was to a group of people like themselves. **Nationalists** believed that people with a common language, religion and symbols have a unique cultural identity. They called this community a "nation."

In 1815, the German Confederation **consisted of** 38 **independent** German states. The main two were Austria and Prussia. German **unification** failed in 1848-1849 and Germans looked to Prussian leadership to bring about unity. The Prussian king **appointed** Otto von Bismarck as **prime minister** to **strengthen** Prussia's military. As a **practitioner** of realpolitik — politics based on practical power rather than theory — Bismarck jumped to his task. He collected **taxes** and strengthened the army, ruling Prussia without **approval** from **parliament**.

Not content with just ruling Prussia, Bismarck used the powerful army of Prussia to **defeat** smaller German states and to dominate northern Germany. With "iron and blood," Bismarck united the separate states into one nation and solidified its borders. With its **industrial** resources and military strength, the new German state became the most powerful on the European **continent**. (244)

オットー・フォン・ビスマルク
プロイセンの首相
プロイセン王国(現ドイツ)出身・1815年〜1898年・83歳没

　フランス革命後、ヨーロッパの支配者らは、保守的な**秩序**を取り戻し、国家間の権力の均衡を保ちたいと考えていた。しかし、自由主義者(リベラル派)は、さらなる自由と、宗教的**寛容**、政府に平和的に**反対**する権利を含め、変革を**推進**し始めた。

　さらに強力だったのはナショナリズムに向かう動きだ。それまでの世紀では、人々は、王や町、地域に**忠誠を誓**っていたが、19世紀になると、主な忠誠心を自分と似た人々の集団に感じるようになった。ナショナリストたちは、言語と宗教と象徴が共通する人々は特有の文化的アイデンティティを有していると考えていた。彼らは、こうしたコミュニティを「国家」と呼んだ。

　1815年、ドイツ連邦は、38の**独立した**ドイツ系の政体**から成っていた**。主要な2国はオーストリアとプロイセンだった。1848年から1849年のドイツ統一は失敗し、ドイツの人々はプロイセンの主導が統一をもたらすことを期待していた。プロイセン王は、プロイセンの軍部を**強化する**ため、オットー・フォン・ビスマルクを**首相**に**任命した**。理論ではなく実際的な力に基づく政治である、現実政治の**実践者**として、ビスマルクは職務にとりかかった。彼は**税金**を徴収し、軍を強化し、**議会**の**承認**なしにプロイセンを支配した。

　プロイセンの支配だけでは飽きたらず、ビスマルクは強力なプロイセン軍を使って、プロイセンよりも小規模なドイツの国家を**倒し**、ドイツ北部を支配した。ビスマルクは「鉄血政策」で、バラバラだった諸国を1つの国家に**統合し**、その境界線を固めた。持ち前の**工業資源と軍事力**により、このドイツの新国家(帝国)は、ヨーロッパ**大陸**上で最も強大になった。

---

❶ conservative 保守的な、古い考え方(態度など)を変えない　liberal 自由(革新)主義者、リベラル。議会の中での左翼の主流で、産業資本家や裕福な上層の市民などが多かった　peacefully 平和的に、穏やかに　❷ Even more ... nationalism. 主語と補語が倒置となり、位置が入れ替わっている。主語はthe movement toward nationalism　common 共通の　unique 特有の、独特な　❸ German Confederation ドイツ連邦。フランス革命とナポレオン戦争後のヨーロッパの国際秩序の回復を図って開かれたウィーン会議の結果、1815年に成立。1866年の普墺戦争後に解体した　look to …を頼みにする　bring about …を引き起こす　Prussian king プロイセン国王。後のドイツ皇帝、ヴィルヘルム1世(Wilhelm I)のこと　realpolitik 現実政治(策)。主義や理想にこだわらずに、より現実の条件を重視する政治または政策。power politics (武力外交、権力政治)の婉曲表現としても用いられる　practical 実用的な　jump to …を急に始める、…に飛びつく　❹ content with …に満足している　iron and blood 鉄血政策。ドイツ統一を目指すプロイセンの軍備拡張政策の呼称。1862年にビスマルクが、軍備拡張に反対する自由主義者に「問題は演説や多数決ではなく、鉄(=武器)と血(=兵士)によってのみ解決される」と議会で反論したことに由来する　solidify …を固める、凝固させる

58 Henry David Thoreau
Philosopher, U.S.

Jean-Jacques Rousseau claimed that nature was basically benign. Henry Thoreau **went one step further**. He argued that "all good things are **wild** and free." By this, he meant that the laws created by man suppress rather than **protect** civil **liberties**.

Thoreau thought that **political parties** were essentially one-sided. Their policies frequently ran counter to citizen's **moral** beliefs. Therefore, he believed it was the individual's **duty** to protest against **unjust** laws. They were justified in **rejecting** laws that did not follow their beliefs about what was right or wrong.

In his essay *Civil Disobedience* (1849), he **proposed** that a citizen had a right to conscientious objection and nonviolent resistance. He **practiced** this by refusing to pay taxes that supported **slavery** in the United States and the U.S. war in Mexico.

In his own day, these ideas **differed** sharply **with** those of Karl Marx and the **revolutionaries** in Europe who called for **violent** action. But Thoreau's later influence extended to Mahatma Gandhi, who led a campaign of passive resistance and civil disobedience against the British in India. Another follower was Dr. Martin Luther King Jr., who used civil disobedience and noncooperation to end **racial discrimination** in the United States.

Thoreau also published in 1854 an account of his experiences living in a cabin at Walden Pond, near Concord, Massachusetts. Thoreau hoped to gain an understanding of society by personal introspection. His attempt at simple living and **self-sufficiency** had great appeal to young people in the 1960s, who were looking for **alternatives** to mainstream culture. (252)

ヘンリー・デイヴィッド・ソロー
哲学者、アメリカ
アメリカのマサチューセッツ州出身・1817年～1862年・44歳没

　ジャン＝ジャック・ルソーは、自然は基本的には温和であると主張した。ヘンリー・ソローは、**さらに一歩先に進んだ**。「あらゆる善きものは、**野生であり、自由である**」と主張した。これは、人間がつくった法が、市民の**自由を保護する**のではなく抑圧しているという意味だった。

　ソローは、**政党は本質的には偏っている**と思っていた。彼らの政策は、市民の**道徳的な**信条に逆行することがよくあった。ゆえに、彼は、**不当な法に抗議するのは個人の責務**であると考えていた。市民が、何が正しいのか、あるいは何が間違っているのかについて信じているものに添わない法律を**拒絶する**ことは正当な行為だとした。

　ソローは、エッセイ『**市民の反抗**』(1849年)で、**市民には良心的拒否権と非暴力による抵抗権がある**と**提唱した**。彼は、アメリカの**奴隷制**とメキシコにおけるアメリカの戦争を支援する税金の支払いを拒絶することで、これを**実践した**。

　当時、こうした考え方は、カール・マルクスなど、**暴力的な行動を必要なものとして訴えていたヨーロッパの革命論者たちの考え方とは、著しく異なっていた**。しかし、ソローの影響は後に、インドにおける対イギリスの受動的抵抗と市民的不服従運動を主導したマハトマ・ガンジーにまで及んだ。この後に続いたのは、アメリカでの**人種差別**を終わらせるために、市民の不服従と非協力を活用したマーティン・ルーサー・キング・ジュニア博士だった。

　ソローは1854年に、マサチューセッツ州コンコードの近くにあるウォールデン池のそばでの小屋暮らしの体験について書いたものも出版している。ソローは、個人の内省によって社会について理解することを望んだ。彼の簡素な生活と**自給自足**をしようという試みは、主流の文化に**代わるもの**を模索していた1960年代の若者を大いに魅了した。

---

❶ benign 温和な、無害な　suppress …を鎮圧する、抑圧する　❷ one-sided 片側に寄っている　frequently 頻繁に　run counter to …に逆行する、矛盾する　justify …を正当化する。be justified in *doing*は「…するのは正当だ」　❸ disobedience 従わないこと(⇔ obedience 従うこと)。動詞disobey (…に従わない)の名詞形　conscientious 良心の　objection 反対すること、異議　resistance 抵抗　refuse to *do* …を拒否する　❹ sharply 鋭く　Mahatma Gandhi マハトマ・ガンジー (1869年～1948年)。インドの政治家、思想家。非暴力主義の立場から無抵抗・非協力・不服従の全国的な反イギリス運動を展開し「インド独立の父」と呼ばれる。彼の誕生日である10月2日は国連により「国際非暴力デー」に定められている　passive resistance 受動的抵抗、消極的抵抗。暴力によらず、デモや不服従、非協力などによって政治権力に抗うこと　civil disobedience 市民的不服従。自らの良心が不正と見なす国家の行為に対し、非暴力的手段で公然と違反する行為、思想のこと。例に納税や兵役の拒否などがある　❺ introspection 内省、内観　look for …を探し求める

59 Karl Marx
Political philosopher, Germany

After studying law at Bonn University and the University of Berlin, Karl Marx became a journalist. As a result of his writings about **democracy**, he was censored by the royal family of Prussia and forced into exile in France and Belgium. During this time, he developed a unique theory **in collaboration with** Friedrich Engels.

They began their famous work, *The Communist Manifesto* (1848), with a criticism of economics and followed with *Das Kapital* (1867, *Capital: A Critique of Political Economy*). They claimed that **historical** change always comes about as a result of **conflict**. That economic conflict is between **social classes**, the dominant (upper) class and the subordinate (lower) class.

Until Marx, history had **emphasized** the role of **outstanding** individuals or the role played by ideas. Marx's unique **insight** came from looking at a long series of group conflicts: between masters and **slaves**, lords and serfs, and modern-day employers and employees. People were once valued for who they were. But capitalism transformed them into just **paid laborers**.

Marx and Engels wanted to change the world. They wanted to do this by turning the instruments of economic production (land, **resources**, tools, factories) into common **property**. Each member of society could work **according to** his **capacity**. **In return**, each could **consume** according to his needs. This was the only way to prevent the rich people (the capital-owning bourgeoisie) from living **at the expense of** the poor people (the working-class proletariat). In the perfect society, however, everyone would work together **in harmony** for the good of a greater **whole**.

Marx's own insights into property, class, exploitation and capitalism later inspired **revolutions** in Russia and China. But his **theories** did not lead to **permanent** change. (280)

138 資本主義経済の危険性を説いた『資本論』

カール・マルクス
政治哲学者、ドイツ
プロイセン王国(現ドイツ)出身・ユダヤ人・1818年～1883年・64歳没

　ボン大学とベルリン大学で法律を学んだ後、カール・マルクスはジャーナリストになった。**民主主義**について書いてきた結果、彼はプロイセン王室から検閲を受け、フランスとベルギーに亡命を余儀なくされた。この時期に、マルクスはフリードリヒ・エンゲルス**と連携し**て独特の理論を発展させた。

　彼らは経済学に対する批判とともに有名な著作『共産党宣言』(1848)を書き始め、続く『資本論 ― 政治経済学批判』(1867)を発表した。彼らは、歴史的な変化はつねに闘争の結果として生じていると主張した。この経済上の闘争が、**社会階級**間、つまり支配階級(上流階級)と被支配階級(下流階級)の間にある、と。

　マルクスが現れるまで、歴史は**優れた**個人の役割や思想が果たした役割を**強調して**きた。マルクス特有の**洞察**は、主人と**奴隷**、領主と農奴、近代における雇用主と労働者という、延々と続く集団間の闘争を観察することで得られた。人間は、かつてはありのままで価値があるとされてきた。しかし、資本主義は人間を単なる**賃金労働者**に変えてしまった。

　マルクスとエンゲルスは世界を変えたかった。経済生産の手段(土地、**資源**、道具、工場)を共有**財産**に変えることによって、それを成し遂げたいと考えていた。社会を構成する各人は、**能力に応じて**働くことができる。**代償として**、各人は必要に応じて**消費をする**ことができる。これが裕福な人々(資本を持つブルジョワジー)が貧しい人々(労働者階級のプロレタリアート)**を犠牲に**して生活することを防ぐ唯一の方法だった。この完璧な社会では、しかしながら、誰もがより大きな**全体**の善のため、**調和の中で**協力して働くだろう。

　財産、階級、搾取、資本主義に対するマルクス独自の洞察は、後に、ロシアと中国で**革命**を引き起こした。しかし、彼の**理論**は、**恒久的な**変化にはつながらなかった。

---

❶ censor …を検閲する　exile 国外追放、亡命　Friedrich Engels フリードリヒ・エンゲルス(1820年～1895年)。ドイツの社会科学者、哲学者。初期はヘーゲルの影響を強く受けていたが、産業資本主義化したイギリスの労働者階級を観察し、社会主義者になっていく。マルクスの死後は遺稿を整理した　❷ communist 共産主義の、共産主義者。「共産主義」はcommunism　manifesto 宣言(書)　capital 資本　critique 批判　political economy 政治経済学。社会構造や政治制度との関連において経済現象を分析する経済学　dominant 優勢な、支配的な　subordinate 従属の、被支配的な　❸ lord (中世・封建時代の)領主、君主　serf 農奴。領主から貸与された土地を耕作し、賦役や貢納などの義務を負う農民　capitalism 資本主義。封建制度に次いで現れ、産業革命によって確立した生産様式。生産手段を私有する資本家階級が労働者階級から労働力を商品として買い、商品生産過程での差額を利潤として獲得する経済体制　❹ trun ... into ～ …を～へと変える　instrument 道具、手段　prevent ... from doing …が～することを防ぐ　bourgeoisie 資本家階級　proletariat 無産階級。生産手段を所有せず、労働で得た賃金で生活する階級　❺ exploitation 搾取。動詞exploit「…を搾取する」の名詞形　inspire …の原因となる、…を引き起こす

60 Florence Nightingale
Nurse, Britain

Although she was raised in England, she was named after her **birthplace** in Italy. Florence Nightingale was well educated as a young woman, and she **realized** that marriage and a life in **society** was not her cup of tea. At the age of 16, she felt that God was **calling** her to take on a **mission** and become a nurse. After several years of trying to get her parents' permission, she began her education as an **expert** on **public health** and hospitals. When she was almost 30, she persuaded her parents to let her go to Germany to one of the few **institutions** that provided training for nurses.

When the Crimean War **broke out**, military hospitals for **wounded** British soldiers needed nurses. She was asked to lead a party of nurses to direct nursing at the British military hospitals in Turkey. She discovered that conditions were filthy, the hospitals were short of **supplies** and the doctors **were unwilling to** recognize the **authority** of a woman. She **transformed** the military hospitals, personally attending almost every patient. She comforted the men as she passed through the wards at night **looking after** patients, earning the nickname "Lady of the Lamp." At least **partially** because of her efforts, the mortality **rate** of wounded men **dropped** from 42 percent to 2 percent by the time she left.

Following the end of the war, Nightingale promoted the profession of nursing. The U.S. government **sought** her advice during the American Civil War (1861-1865). She **founded** the world's first school of nursing in 1863. Significantly, she wrote down major **principles** of nursing and sanitary practices that continue today to influence public health. Driven by a sense of mission and **zeal**, she transformed the nursing profession. (287)

近代看護制度を確立

フローレンス・ナイチンゲール
看護師、イギリス
トスカーナ大公国(現イタリア)生まれの英国人・1820年～1910年・90歳没

　彼女が育ったのはイングランドだが、イタリアの**出生地**にちなんで名付けられた。フローレンス・ナイチンゲールは若い頃から学識が高く、結婚と**社交界**での暮らしは自分には向いていないと**悟った**。16歳のとき、彼女に**使命**を引き受け看護師になるように神が**求めている**と感じた。両親から許可を得ようと数年間試みた後に、**公衆衛生**と病院の**専門家**になるため勉強を始めた。もうすぐ30歳になろうというときに、彼女は両親を説得し、ドイツにある看護師育成のための訓練を提供している数少ない**施設**の1つに通った。

　クリミア戦争が**勃発した**とき、イギリス軍の**負傷**兵のための軍病院は、看護師を必要としていた。ナイチンゲールは、トルコにあるイギリス軍病院で看護を取り仕切るため、看護師の一団のリーダーを務めるよう頼まれた。病院の環境は不衛生で、**物資**は不足し、医師らは女性の**権限**を認め**ようとしない**ことがわかった。彼女は、ほぼ全員の患者の面倒を一人一人見ることで軍病院を**変革した**。夜間に患者の**世話をし**ながら病室をまわって男性たちを慰め、「ランプの貴婦人」という愛称で呼ばれるようになった。ナイチンゲールが去る頃までに負傷兵らの致死**率**が42%から2%に**低下した**のは、少なくとも**部分的に**はナイチンゲールの努力によるものだ。

　終戦後、ナイチンゲールは看護という専門職の役割を推進した。アメリカ政府は、南北戦争中(1861年～1865年)にナイチンゲールの助言を**求めた**。1863年には世界初の看護学校を**創立した**。意義深い点として、ナイチンゲールは看護と衛生の実務について重要な**原則**を書き残しており、それは今日の公衆衛生にも影響を与え続けている。　使命感と**熱意**に突き動かされ、ナイチンゲールは看護職を一変させた。

タイトル Florence フィレンツェ。「花の都」の意。イタリア中部の観光都市で、かつてはイタリアルネサンスの中心地。英語名はフローレンス　❶ name ... after ～ …を～にちなんで名付ける　be not one's cup of tea …の好みではない、性分に合わない　take on (仕事、責任など)を引き受ける　permission 許可　persuade …を説得する。persuade+〈人〉+to do で「〈人〉が…するように説得する」　let ... do …が～するのを許す　❷ Crimean War クリミア戦争(1853年～1856年)。フランス・イギリス・トルコの連合軍が、クリミア半島でロシア帝国と戦った　soldier 兵士　filthy 不潔な　attend …を看護する、…に付き添う　comfort …を慰める、苦痛を和らげる　ward 病棟、(大部屋の)病室　earn …を得る　Lady of the Lamp ランプの貴婦人。ランプを持って夜回りを欠かさなかったことから付けられた　mortality 死亡(数)　❸ profession 専門的な職業。それまでは看護師の仕事は、病院で病人の世話をする単なる雑事と見られ、専門知識を必要としない職業だと考えられていた　write down …を書き留める、記録する　sanitary 衛生の、衛生的な

61

Heinrich Schliemann
Archaeologist, Germany

Schliemann spent his first four decades as an export **agent**, a banker and a **merchant**. Not until the late 1860s did he use his wealth to take up **archaeology**.

Homer's famous tale about the Trojan War mentions Troy, but no one knew where Troy was. Neither a **historian** nor an **archaeologist**, Schliemann threw his energies into trying to find the **actual** site. He was the first to use actual excavation to **test** a **hypothesis**. This use of the "experimental method," according to many, **qualifies** him **as** the true father of archaeology.

Schliemann began excavating a place called Hissarlik in 1869, **digging** a trench through the site, in order to see all of the levels **quickly**. He discovered seven or eight cities, one on top of the other. But levels high in the sequence were older than the period of the Trojan War. This meant the site probably was not Troy. Secondly, he claimed he found the **so-called** "**treasure** of Priam." The level where he said he found it was also **inconsistent with** the Trojan War. **Rumors** spread that he bought the so-called "treasure" on the **black market**, planted it on the site and then "discovered" it. He was famous but **controversial**.

Several excavations later, he returned to Hissarlik in 1882 with a professional archaeologist, Wilhelm Dörpfeld, who may have found the real Troy. In 1893, three years after Schliemann's death, Dörpfeld found **magnificent** walls at the site. They matched the **angles** mentioned by Homer.

Schliemann **stimulated** a powerful interest in archaeology. **Museums** around the world competed for antiquities of all periods, designed to appeal to the public, the artist and the scholar — in that order. (275)

ハインリヒ・シュリーマン
考古学者、ドイツ
プロイセン王国(現ドイツ)出身・1822年～1890年・68歳没

　シュリーマンは、輸出**代理業者**や銀行員、**商人**として、人生の最初の40年間を過ごした。**考古学**を始めるため私財を投じるようになったのは、1860年代の後半になってからだった。

　トロイア戦争についてのホメロスの有名な物語は、トロイに言及しているが、どこにトロイがあったのか、誰も知らなかった。**歴史学者**でも**考古学者**でもなく、シュリーマンが**実際の場所を見つけようとしてエネルギーを注いだ。彼は、仮説を検証するため実際に発掘をした最初の人物だ。この「実験的方法」を使ったことで、多くの人によると、シュリーマンは真の考古学の父と見なされるようになったという。**

　シュリーマンは、1869年にヒッサルリクと呼ばれる場所の採掘を始め、全ての堆積層を**迅速**に調べるため、現場に試掘溝を**掘った**。彼は、7～8都市を発見し、それらは順に重なっていた。だが、重なり合った都市の上のほうの層は、トロイア戦争の時代よりも古いものだった。これはつまり、この遺跡はおそらくトロイではないことを意味した。次に、彼は「プリアモスの**財宝**」と呼ばれるものを発見したと主張した。これを見つけた層もまた、トロイア戦争**とは合致しなかった**。シュリーマンがいわゆる「財宝」と呼ばれるものを**闇市場**で買って、遺跡にこっそりと仕込み、「発掘した」のだという**噂**が広がった。彼は有名だったが、**物議をかもしていた**。

　その後、数件の採掘をして、シュリーマンは、本物のトロイを発見したかもしれない専門の考古学者ヴィルヘルム・デルプフェルトとともに、1882年にヒッサルリクに戻ってきた。シュリーマンの死から3年後の1893年に、デルプフェルトはこの遺跡で**壮大**な壁を発見した。この壁は、ホメロスが述べていた**角度**と合致した。

　シュリーマンは、考古学への強い関心を**刺激した**。世界中の**博物館**があらゆる時期の古美術品を収蔵しようと競い、大衆、芸術家、学者に(この順序で)、魅力を感じさせるように設計された。

---

❶ decade 10年間　Not until ... did+S+V …になって初めて～した(= It is not until ... that S+V)
❷ Homer ホメロス。紀元前8世紀頃のギリシャの吟遊詩人。英語名ホーマー　Trojan War トロイア戦争。ホメロス作とされる叙事詩「イリアス」に語られるギリシャ対トロイアの戦争。おそらく史実に基づく神話的伝説の1つ　neither ... nor ～ …でも～でもない　excavation 発掘　experimental method 実験的方法。科学の基本で、仮説の真偽を実験によって検証する方法　❸ excavate …を発掘する　trench 溝　level 堆積層　one on top of the other 順に重ねて　sequence 連続　plant …をこっそりと置く、仕掛ける　❹ Wilhelm Dörpfeld ヴィルヘルム・デルプフェルト(1853年～1940年)。ドイツの建築家、考古学者　❺ compete for …を得るために競い合う　antiquity (古代の)遺物、遺跡、古美術品。この意味では通例複数形にする

62 Gregor Mendel
Botanist, Austria

Gregor Mendel was born in what is now the Czech Republic. His father was a **farmer** and his mother was from a family of **gardeners**. Their whole life **involved** plants, **orchards**, and forests. Despite this, Mendel entered an Augustinian monastery in 1843 and **adopted** the name Gregor.

The abbot of this monastery **was concerned with** improving **agriculture**, which supported the livelihood of the monastery and the local **villagers**. He had established an experimental garden and assigned a **monk** to study the **varieties** of different plants. Eventually Mendel took over this job. He was sent to the University of Vienna where he studied **statistics**, which proved important for his ideas about plant breeding. He also studied **evolution** and how **variations** appeared in cultured plants.

Returning to his monastery, Mendel **was elected** abbot in 1868. He promoted agriculture in the local community and introduced weather **forecasts**. His great contribution came in his experiments with **peas**. Over ten years of experiments in growing and **crossing** plants, gathering seeds, labeling them carefully, sorting and categorizing them, he dealt with some 30,000 plants. He used the fundamental practice of Western scientific research: designing and testing a hypothesis.

Starting with specific **characteristics** of peas — for example, **round** seed shape — he created hybrids from two different types of peas. Other researchers believed that the characteristics somehow **blended** in the next generation. Mendel found, however, that in the first generation of hybrids, all **shared** the characteristics of the parents. That is, one characteristic (for example, **roundness**) was dominant. However, in the next generation, he found that "recessive" characteristics (for example, angular seeds) appeared. His breakthrough was to show, with **precise** statistics, that **biology** operated by certain laws, not just by **random occurrence**. (284)

遺伝の法則を発見

グレゴール・メンデル
植物学者、オーストリア
オーストリア帝国出身・1822年〜1884年・61歳没

　グレゴール・メンデルは現在のチェコ共和国で生まれた。彼の父は**農家**で、母は**園芸家**の家庭の出身だった。彼らの暮らし全体が、植物や**果樹園、森に関わっていた**。それにもかかわらず、メンデルは、1843年に聖アウグスチノ修道会の修道院に入り、グレゴールという修道名を**名乗った**。

　この修道院の大修道院長は、修道院と地元の**村民**の暮らしを支える**農業の改良に関心があった**。試験用の庭園を創設し、異なる植物の**品種**を研究する**僧**を任命した。やがて、メンデルがこの仕事を引き継いだ。メンデルは、ウィーン大学に派遣され、**統計学**を学び、統計学は、植物の育種についての彼の考えに重要であることがわかった。彼は**進化**と、栽培された植物に**変異**がどのように見られるかについても研究した。

　修道院に戻ると、メンデルは1868年に大修道院長に**選出された**。彼は地域のコミュニティで農業を推進し、気象**予報**を導入した。彼の偉大な功績は、**エンドウマメ**の実験にある。植物を育てて**交配させ**、種を集め、注意深くラベルを貼り、仕分けをして、カテゴリーに分けるという10年以上にわたる研究で、メンデルは約3万種を取り扱った。彼は、仮説を立てて検証する、という西洋の科学研究の基礎的な慣行を用いた。

　エンドウマメの個別の**特徴**──例えば、**丸い**種の形など──から始めて、彼はエンドウマメの2つの異なる種類から交配種を生み出した。他の研究者たちは、そうした特徴は次の世代において何らかの方法により**混ざり合う**と考えていた。しかし、メンデルは、交配種の第1世代においては、全てが親の世代と同じ特徴を**共有している**ことを発見した。つまり、ある特徴（例えば**丸さ**）が優勢であるということだ。しかし、次の世代になると、「劣勢の」特徴（例えば、角ばった種）が現れるということを発見した。彼の画期的な発見は、**正確な統計**に基づき、**不規則な出現**だけではなく、一定の法則に従い**生態**が営まれていると示したことだった。

---

❶ Augustinian 聖アウグスティヌスの、アウグスティノ修道会。カトリック。13世紀半ばに成立。古代キリスト教の神学者アウレリウス・アウグスティヌス(354年〜430年)の会則により修道生活を送る　monastery 男性の修道院(⇔ convent 女性の修道院)。男女いずれも指す語はcloister　❷ abbot (男性の)大修道院長(⇔ abbess 女性の大修道院長)　experimental 実験の　assign …を割り当てる、任命する　take over …を引き継ぐ　breeding 繁殖、育種、品種改良　culture …を栽培する　❸ fundamental 基礎的な、根本的な　hypothesis 仮説。複数形はhypotheses　❹ specific 特定の、具体的な　hybrid 雑種、交配種　dominant 優性の、支配的な　recessive 劣性の　angular 角のある　breakthrough 飛躍的進歩、大発見

63 Louis Pasteur
Biologist, France

Scientists as early as Aristotle believed that **living organisms** could **emerge from** decaying matter. Some even believed that **living creatures** could come from inanimate objects. But until Louis Pasteur, no one could actually prove **exactly** where **life** came from.

We now know that living organisms called **microbes** are so small that the naked eye cannot see them. Only when **microscopes** were developed could people see these tiny **living things** and begin to understand how they reproduce.

Pasteur was the first to **show** that these living organisms are suspended in the air around us. Some of these microbes fall on food and cause it to **spoil**. These can **turn** wine **into** vinegar and turn milk into sour milk. Other microbes **cause** infectious disease. They **pass from** one person **to** another through the air or through some kind of **contact**.

Pasteur **dealt with** the first problem in milk by developing a **heat-treating process** that killed microbes. This process came to be known as "pasteurization." He was the first to **propose** that diseases were created by microbes, which were called **germs**. His leap forward in discovering this was **crucial** to the **development** of modern scientific medical practices. Pasteur himself developed several highly important vaccines to prevent **rabies** and anthrax. He also established a research **facility** for the study of **microbiology**, the Institut Pasteur.

His stance as a scientist is well expressed in his quote, "In the field of **experimentation**, chance favors only the prepared mind." (242)

ルイ・パスツール
生物学者、フランス
フランス王国出身・1822年〜1895年・72歳没

　アリストテレスの時代ほど昔の科学者たちは、**生物**は腐りつつあるもの**から出現し**うると信じていた。**生物**が生命の無い物体から生じると思っている人さえいた。しかし、ルイ・パスツールより前には、**生物**が**厳密には**どこからやってくるのか実際に証明できた者はいなかった。

　私たちは現在、**微生物**と呼ばれる生き物が裸眼では見えないほど小さいことを知っている。**顕微鏡**が開発されてようやく、人は、こうした小さな**生き物たち**を見ることができるようになり、どのようにして繁殖していくのかを理解し始めた。

　こうした微生物が私たちのまわりの空気中に漂っていることを**明らかにしたのは**、パスツールが初めてだった。食べ物に付着して**腐らせる**微生物もいる。こうした微生物は、ワインを酢に、牛乳を酸乳に**変える**ことができる。他には、感染症を**引き起こす**微生物もいる。これらは空気や何らかの**接触**を通じて、人から人**へと感染する**。

　パスツールは、微生物を殺す**熱処理過程**を開発して牛乳の第一の問題**に対処した**。この過程は、「パスチャライゼーション」として知られるようになった。彼は、病気が**細菌**と呼ばれる微生物によってもたらされていることを**提示した**最初の人物だった。この事実を発見した彼の躍進は、現代の科学的な医療の**発展**にとって**極めて重要**だった。パスツールは、**狂犬病**と炭疽症を予防する非常に重要なワクチンをいくつか自ら開発した。**微生物学を研究する研究施設**パスツール研究所も創設した。

　パスツールの科学者としてのスタンスは、「**実験の分野では、チャンスとは準備のできた心にだけ味方する**」という彼の言葉によく表れている。

❶ decay 腐敗する、崩壊する　inanimate 生命の無い、無生物の　prove …を証明する　❷ naked 裸の、何も装着していない　tiny 非常に小さい　reproduce 再生される、繁殖する　❸ suspend …を浮遊させる、吊るす　sour milk 酸乳、サワーミルク。乳酸菌で発酵した酸味のある液状または半流動状の乳製品のこと。日本の規格では乳酸菌飲料やヨーグルトに分類される　infectious 感染性の。名詞形はinfectionで「感染」　disease 病気　❹ pasteurization パスチャライゼーション、低温殺菌法。100℃以下の温度で食品を殺菌する熱処理方法のこと。パスツールの名をとって命名された　leap forward 飛躍、躍進　medical 医療の　vaccine ワクチン。発音は[vǽksiːn]と日本語とは異なるので注意　anthrax 炭疽症、炭疽病、炭疽菌。炭疽症は炭疽菌の感染によって起こる人獣共通の感染症　❺ express …を表現する、表す　quote 引用(文、句)　favor …のほうを好む、…に賛意を表する

Mark Twain / Samuel Clemens
Author, U.S.

At the age of 17, Samuel Clemens, known by his pen name Mark Twain, left the small town of Hannibal, Missouri, to seek his fortune. It was the summer of 1853, and **steamboats** had given him his only contact with the wider world. He traveled to St. Louis and took up various kinds of work before becoming a riverboat **pilot** on the Mississippi River. Later he traveled to the Wild West and eventually **settled in** New England. His personal odyssey allowed him to experience and write about all of the **regions** of America.

The **character** Huckleberry Finn first **appeared** in *The Adventures of Tom Sawyer*, which was published in 1876. It was based on Twain's own childhood and experiences as a pilot. He surpassed this and all of his other works with *The Adventures of Huckleberry Finn* in 1884. Ernest Hemingway called it "the best book we've ever had."

It was a deceptively simple story, **composed of satire** and **nostalgia**. The **heart** of the story is the journey of a country boy named Huck and his friend Jim, a runaway **slave**. Jim **runs away** because he has found out he is about to be sold and separated from his wife and children, who are also slaves. Huck goes with him to help him **reach** Ohio and freedom.

The story presented a new way for people to think about themselves and it **laid out** the **contradictions** at the heart of American life — **slavery** and **racism**. It is a satirical look at racism, religion and other social **attitudes**. Jim is **seen as** brave, **generous** and wise, while many of the white characters are seen as **selfish**, **foolish** and even **violent**. Eventually, Huck questions the hypocritical and **unjust** nature of American society as a whole. (292)

マーク・トウェイン／〈本名〉サミュエル・クレメンズ
作家、アメリカ
アメリカのミズーリ州出身・1835年〜1910年・74歳没

　マーク・トウェインというペンネームで知られるサミュエル・クレメンズは、成功を夢見て、17歳でミズーリ州ハンニバルの小さな町を離れた。1853年の夏、**蒸気船**が広い世界との唯一の接触点となった。ミシシッピ川で河川蒸気船の**水先案内人**になるまでに、セントルイスへ旅し、さまざまな種類の仕事をした。その後、アメリカ西部へ旅し、最終的にはニューイングランド**に落ち着いた**。個人での長い冒険のおかげで、彼はアメリカの全ての**地域**を経験し、書くことができた。

　ハックルベリー・フィンという**登場人物**は、1876年に刊行された『トム・ソーヤーの冒険』に初めて**現れた**。この物語は、トウェインの子ども時代と、水先案内人としての経験を基に書かれている。彼はこの作品とその他の全ての彼の作品を、1884年の『ハックルベリー・フィンの冒険』で上回っている。アーネスト・ヘミングウェイは、この作品を「これまでで最高の本」と呼んだ。

　『ハックルベリー・フィンの冒険』は、**風刺**と**郷愁で構成された**、一見すると単純な物語に思える。この物語の**中心**は、ハックという名の田舎暮らしの少年と、その友人のジムの旅だ。ジムは逃亡してきた**奴隷**だった。ジムは、自分が売り飛ばされそうになっていて、妻と子どもたちと離ればなれになるところだということを知ったため、**逃亡**する。ジムの妻と子どもたちもまた奴隷だった。ハックは、ジムと行動を共にし、ジムがオハイオ州に**到達**して自由を手にするのを助ける。

　この物語は、人々に自らについての新しい捉え方を提示し、アメリカ社会の核心にある**矛盾を明らかにした**—**奴隷制**と**人種差別**だ。『ハックルベリー・フィンの冒険』は、人種差別や宗教、その他の社会的**態度**に対して、風刺的な目を向けたものだった。ジムは勇敢で、**寛容かつ賢いと見なされている一方、白人の登場人物の多くは**自己中心的**で、愚かで暴力的とすら見なされている。最終的に、ハックは、アメリカ社会全体の偽善的で、**不公平**な性質に疑問を投げかけている。

タイトル author 著者 ❶ seek *one*'s fortune 立身出世を図る　riverboat 川を運行する船　Wild West (19世紀の開拓時代の)西部地方　odyssey 長期の冒険　allow 〈人〉to *do* 〈人〉が…できるようにする　❷ surpass …を超える、…に勝る　Ernest Hemingway アーネスト・ヘミングウェイ(1899年〜1961年)。「ロストジェネレーション」(第1次世界大戦の従軍経験から、既成の理想や価値観に絶望した世代)の代表的作家で、ハードボイルド文学の先駆者。代表作は『日はまた昇る』『老人と海』など。ノーベル賞受賞者　❸ deceptively 見た目には　runaway 逃亡した　be about to *do* まさに…しようとしている　❹ satirical 風刺を込めた　hypocritical 偽善の、偽善的な

Andrew Carnegie
Industrialist, U.S.

Son of a master weaver in Scotland, Andrew Carnegie saw his **pleasant** childhood broken apart with the arrival of the **power loom**. The Carnegie family was forced to move to find new work. They emigrated to Pittsburgh, Pennsylvania, and settled in the **slums** when he was 12 years old.

Smart and tough, he survived a **rough** adolescence, working for a time in a **textile mill** at low pay. **Fortune** smiled on him and he **located** a job as a **secretary** to a powerful figure in the Pennsylvania Railroad. By the age of 23, Carnegie had climbed the ladder to head that railroad's Pittsburgh division. He also began to invest very successfully in businesses from oil to iron bridges. Eventually he moved into **steel**, adding innovation and efficiency by importing the Bessemer forced-air steel process to America. This reduced the price of railroad tracks for railroads and **beams** for factories.

Carnegie was a believer in **mankind**'s progress, and saw himself as a friend of the working man. But he was also a **hard-driving capitalist**. In his steel **mills**, the working men toiled 12 hours a day, seven days a week. In 1901, Carnegie sold his **steel and iron** empire to J.P. Morgan, who formed U.S. Steel.

After withdrawing from industry, Carnegie **devoted himself to** public service. As a major **philanthropist**, he created 2,800 free public libraries around the world. This was an enormous **contribution to** education and the spread of information in small towns. Many of those libraries still **serve as** libraries or as civic centers, museums or offices. Carnegie stands out because of the scale of his **philanthropy**. He gave away $350 million (or $67 billion in today's money), nearly 90 percent of the fortune he had **accumulated**. (288)

一代で富を築いた「鉄鋼王」、慈善家の先駆

アンドリュー・カーネギー
実業家、アメリカ
英国のスコットランド出身・スコットランド系アメリカ人・1835年〜1919年・83歳没

　スコットランドの手織り職人の息子であるアンドリュー・カーネギーの**穏やかな**子ども時代は、**力織機**の到来で崩壊した。カーネギー一家は、新しい仕事を見つけるために移住しなければならなくなった。彼らはスコットランドを離れ、ペンシルバニア州ピッツバーグへ移り、12歳のときに**スラム街**に住むようになった。

　賢く、たくましかったカーネギーは、しばらくの間、低賃金で**織物工場**で働きながら、**苦しい青年期**を生き抜いた。運は彼に味方し、ペンシルバニア鉄道の有力者の**秘書**の仕事が**見つかった**。23歳までに、カーネギーはこの鉄道会社のピッツバーグ部門のトップまで階段を登っていた。彼はまた、石油事業から鉄橋事業にかけて、非常に成功裏に投資をし始めていた。やがて彼は、**鉄鋼**業に着手し、ベッセマー法という空気を送り込む鉄鋼の製造工程をアメリカに輸入することで、技術革新と効率化をもたらした。これにより、鉄道用の線路や工場用の**梁や桁**の価格が低下した。

　カーネギーは、**人類**の進化の信奉者で、自身を労働者の味方だと思っていた。しかし、彼は**人使いの荒い資本家**でもあった。彼の鉄鋼**工場**では、労働者は週7日、1日12時間働いた。1901年に、カーネギーは自身の**鉄鋼**帝国をJ.P.モルガンに売却し、モルガンはU.S.スチール（総合製鉄会社）を興した。

　産業界からの引退後、カーネギーは公共奉仕**に献身した**。主要な**慈善家として、**彼は世界中に2,800カ所の無料の公共図書館を建てた。これは、小さな町における情報伝達と教育への大きな**貢献**となった。こうした図書館の多くは、今でも図書館や市民センター、博物館や事務所**として役立っている**。カーネギーは、慈善活動のスケールの大きさで際立っている。彼は**蓄えた**財産の90%近くにあたる3億5,000万ドル（現在の価値で670億ドル[約7兆円]）を寄付したのである。

---

❶ weaver 織物をする人。weaveは「織る」という意味の動詞　emigrate 自国を離れて他所へ移住する。「(移住しに)出て行く」のはemigrate、「(移住して)入ってくる」のはimmigrate　❷ adolescence 青年期、思春期　ladder はしご　division 部署　invest 投資する　Bessemer ヘンリー・ベッセマー(Henry Bessemer:1813年〜1898年)。イギリスの発明家。鋼鉄を安価に大量生産するベッセマー法を開発して製鉄業に革新をもたらした　forced-air 強制空気、空気を送り込んだ。欧米の冷温にした空気をファンで家中に送る冷暖房のことをフォースド・エアシステムと呼ぶ　❸ toil 苦労して働く　J.P. Morgan ジョン・ピアポント・モルガン(John Pierpont Morgan:1837年〜1913年)のこと。アメリカ四大財閥の1つ「モルガン財閥」の創始者。南北戦争での北軍への軍需品調達や戦後の金融で巨利を得た。慈善事業にも多額の寄付を行った　❹ withdraw 引き下がる、退く　civic 市の、市民の　stand out 際立つ　give away …を(無料で)与える、贈る、寄付する

Friedrich Nietzsche
Philosopher, Germany

Throughout Western history, many Christians believed that human beings should not **devote** their energies **to** gaining fame, fortune or possessions. They should turn away from what seems important in this life and try to transcend it. Instead, they said, Christians should **focus on** gaining salvation, or "life after death."

Against this background, Friedrich Nietzsche launched an attack on the history of Western thought in his multi-volume *Thus Spoke Zarathustra* (1883-1885). First, he attacked the **conventional** idea of human nature. Second, he attacked the idea of God. Third, he attacked the ideas that we have about **morality** and **ethics**.

According to Nietzsche, Christianity teaches that the world we live in now is somehow less real than heaven. Christianity substitutes a future world of heaven that is **virtuous**. If we **deny** our present life, we can gain this wonderful "life after death." All of this, he says, is life-denying. Christianity simply makes us turn away from life itself. It makes us turn from life to death.

The key moment, Nietzsche claims, is when we understand that there is only one world. Then we **seriously** reconsider all of our values and what it means to be human. What he calls the "Superman" is a **fundamentally** life-**affirming** way of being. It is a way of being that has meaning not in the **world beyond** but right here on Earth.

His idea of human possibility was important to philosophers after World War II. His ideas about religion and **self-evaluation** appear again in the **existential** philosophers like Jean-Paul Sartre. Nietzsche's **criticism** of Western philosophy had a huge impact on European and world culture and still influences artists and writers in the 21st century. (277)

フリードリヒ・ニーチェ
哲学者、ドイツ
プロイセン王国(現ドイツ)出身・1844年～1900年・55歳没

　西洋の歴史を通じて、多くのキリスト教徒が、人間は自分のエネルギーを名声と財産、所有物を得るため**に注ぎ込む**べきではないと信じてきた。今回の人生で重要だと思われるものから目を背け、脱却すべきだと思っていた。代わりに、キリスト教徒は救済すなわち「死後の人生」を得ること**に集中す**べきだと言っていた。

　この背景**に反し**、フリードリヒ・ニーチェは、複数巻にわたる『ツァラトゥストラはかく語りき』(1883年～1885年)で西洋思想史に対する批判を始めた。彼はまず、人間の性質についての**従来の考え方**を批判した。次に、神についての考えを批判した。3番目に、**道徳**と**倫理**について人間が抱いている考えを批判した。

　ニーチェによれば、キリスト教は、私たちが今生きている世界を、天国よりもどことなく現実味に欠けるものと教えている。キリスト教は、**高潔な**天国という未来の世界を(現実の)代わりに用いている。今の人生を**否定すれば**、私たちは素晴らしい「死後の人生」を得ることができる。このことはみな、人生を否定しているとニーチェは言う。キリスト教は、私たちに人生そのものから目を背けさせているだけだ。キリスト教は、私たちの生を死に変えている。

　重大な瞬間とは、私たちが世界は1つしかないと理解するときだとニーチェは主張する。そうすれば、人は再び**真剣に**自分の価値観の全てについて考え、人間であることが何を意味するのかを考え直す。　ニーチェが「超人」と呼ぶものは、**根本的に人生を肯定した在り方である。それは、あの世ではなく、まさに今この地球上での世界で意味を持つ在り方だ。**

　人間の可能性というニーチェの考えは、第2次世界大戦以後の哲学者にとって重要だった。彼の宗教と**自己評価**に関する考えは、ジャン＝ポール・サルトルのような**実存主義の**哲学者たちにも再び見られる。ニーチェの西洋哲学**批判**は、ヨーロッパと世界の文化に大きな影響を持ち、現在もなお21世紀の芸術家や作家に影響を与えている。

---

❶ gain …を手に入れる　fortune 富, 財産　possession 所有物, 所有権。動詞possess（…を所有する）の名詞形　turn away from …から目を背ける, 目を離す　transcend …を超越する, 脱却する　salvation （罪と罰からの）魂の救済　❷ launch an attack on …への攻撃(批判)を始める　Thus Spoke Zarathustra 『ツァラトゥストラはかく語りき』。ツァラトゥストラはゾロアスター教の開祖とされる「ザラスシュトラ」のドイツ語読み。「神は死んだ。神に頼らず、自ら生きる意味を見出し、今を生きよ」(要約)という教えを語らせた　❸ substitute …を代わりにする。substitute ... for ～ (…を～の代わりにする)という形で用いられることが多い　turn from ... to ～ …から～へ変わる　❹ reconsider …を再考する　Superman 超人。Übermanとも書く。生を肯定し, 孤高の中で人間の矮小さを超え続ける在り方のこと　❺ Jean-Paul Sartre ジャン＝ポール・サルトル(1905年～1980年)。フランスの哲学者, 文学者。人間は現実存在(実存)が先にあり, 本質を選び取っていかねばならないとした「無神論的実存主義」を提唱。ノーベル賞の受賞を拒否し, 反戦・平和運動に参加した

67 Thomas Edison
Inventor, U.S.

For developing **electric lights**, the West honors two **innovators**: Joseph Swann of Great Britain and Thomas Edison of the United States. It was Edison who in 1879 first patented commercially **practical** incandescent lights. The patent was held by Edison Electric Light Company, which he had formed in the previous year.

On **New Year's Eve** 1879, the first Edison **bulbs** were used to light an entire street near Edison's **laboratory** in New Jersey. Special trains brought **crowds** and reporters to witness a whole neighborhood lighted with power from Edison's own **power plant**. The demonstration showed that electricity was an **effective**, **convenient** way to light up the night.

Until then, candles, oil lamps and gas lights had provided light in the West. These earlier types of light, however, were both expensive and dangerous. If a candle **fell over** or a gaslight **exploded**, a fire could easily start. **Consequently**, in the countryside, outside work started at **dawn** and ended at **dusk**. Work in factories and offices could only be done during daylight hours. The streets were dangerous at night, so people quickly went home before dark.

A **decade** after this demonstration, however, Edison's **lightbulbs** illuminated homes, streets and cities. People were free to live, study and work on a new schedule, one that was man-made. It was independent of the **rhythm** of the sun and seasons and the **transformation** had a **tremendous** impact.

Factories could operate 24 hours a day. Commuters could travel to their homes by trains and **streetcars** at night along well-lit streets. Usable light made evening reading possible, **therefore** promoting magazine and newspaper publishing. People could even enjoy a night at the movies — another Edison **invention**. He is famous for his **wise quote**: "Genius is one percent **inspiration** and ninety-nine percent perspiration." (292)

トーマス・エジソン
発明家、アメリカ
アメリカのオハイオ州出身・1847年〜1931年・84歳没

　電灯の開発については、西洋では2人の**革新者**が高く評価されている：イギリスのジョゼフ・スワンとアメリカのトーマス・エジソンだ。商用として**実用的な**白熱灯の特許を1879年に先んじて取得したのはエジソンだった。この特許は前年に設立されたエジソン・エレクトリック・ライト・カンパニーにより保持された。

　1879年の**新年前夜**に、初のエジソン**電球**が、ニュージャージー州にあるエジソンの**研究所**の近くの通り全体を照らすために使われた。エジソン独自の**発電所**からの電気で、近所全体に明かりがつくのを一目見ようという**群衆**と報道陣を特別列車が運んだ。このデモンストレーションは、電気が夜を明るく照らす**効率的**で**便利な**方法だということを示した。

　それまで、西洋では、ろうそく、オイルランプ、ガス灯が、明かりを提供していた。これらの初期の明かりは、しかし、費用がかさみ、危険でもあった。もし、ろうそくが**倒れた**り、ガス灯が**爆発した**りしたら、簡単に火事が起こってしまう。**その結果**、田舎では、屋外での仕事は**夜明け**とともに始まり、**夕暮れ**とともに終わった。工場やオフィスでの仕事も、日が出ている間にしかできなかった。夜間の通りは危険なので、人々は暗くなる前にすぐに家に帰った。

　しかし、このデモンストレーションから**10年後**に、エジソンの**電球**が家の中と通り、そして都市を照らすようになった。人々は、人間のつくる新しいスケジュールで自由に生活し、学び、仕事をすることができるようになった。これは太陽と季節の**リズム**からの**独立**であり、この**変化**はとてつもない影響をもたらした。

　工場は1日24時間稼働できるようになった。通勤や通学をする人々は、夜間でも明るく照らされた通り沿いを、電車や**路面電車**で家まで移動できるようになった。便利な照明のおかげで、夜に読書をすることが可能になり、**そのため**、雑誌や新聞の出版が盛んになった。人々は、夜に映画を見て楽しむことさえできるようになった — 映画はエジソンのまた別の**発明**だ。彼は、この**格言**で有名だ：「天才とは、1%の**ひらめき**と、99%の努力である」。

❶ Joseph Swann ジョゼフ・スワン(1828年〜1914年)。1878年に炭素フィラメントによる白熱電球を発明　patent …の特許を取る　incandescent 白熱の　Edison Electric Light Company 現在のゼネラル・エレクトリック(GE)の前身　❷ witness …を目撃する　electricity 電気　❸ expensive 高価な　❹ illuminate …を光で照らす　independent of …から独立した　❺ well-lit 明るい。lit は light (照らす) の過去分詞形　usable 有効な、利用可能な　promote …を促進する、振興する　perspiration 努力、発汗。inspiration (ひらめき、霊感) と韻を踏んでいる

68 Sigmund Freud
Psychologist, Austria

This doctor from Vienna proposed new **theories** concerning what the human mind was like. Other scientists were reshaping ideas about the outer world. Freud and others were reshaping ideas about the inner workings of the mind.

Freud held that human **behavior** was strongly influenced by **past experience**. He also believed that people were **unaware of** these memories and internal forces. **Repression** of early experiences began in childhood, he said, so he devised a **method** called psychoanalysis to let the therapist and **patient** dig deeply into the patient's memory. Together they tried to retrace the **repressed** thoughts back to their **origins** in childhood. If the patient could become conscious of these contents, he or she could be healed.

Freud proposed three terms for three parts of the mind. The *id*, he said, was the **biological** urge that seeks immediate **pleasure**. It is where **desire** and aggression come from. The *ego* is where reason tries to restrain the urges that would be **unacceptable** to other people. The *superego* is the **conscience**. It is where the values of the family and society are **at work** enabling the individual to tell what is right and wrong.

These new ideas spurred a new way of **looking at** why humans act the way they do. Westerners began to think about unconscious **drives** and the effects of past experiences for the first time. Freud's theories, of course, formed the **basis** of what we call psychoanalysis. But his influence extended into many other fields as well. (248)

ジークムント・フロイト
精神分析医、オーストリア
オーストリア帝国出身・ユダヤ人・1856年〜1939年・83歳没

　このウィーン出身の医師は、人間の精神がどのようなものであるかについて新しい**理論**を提示した。他の科学者たちは、人間の外部の世界に関する概念を再形成していた。フロイトたちは、精神の内面的な働きについての概念を再形成していたのだ。

　フロイトは、人間の**行動**は、**過去の経験**から強く影響を受けていると考えていた。彼は、人々がこうした記憶や意識内の力**に気がついていない**とも思っていた。彼によれば、人生の初期における**抑圧**の経験は幼少期に始まるため、セラピストと**患者**が患者の記憶の奥深くを探れるように、彼は**精神分析療法**と呼ばれる**手法**を考案した。セラピストと患者はともに、**抑圧された**思考を、幼少期にある**原因にさかのぼろう**とする。もし、患者がこれらの内容を自覚することができれば、治癒ができたことになる。

　フロイトは、精神の3つの部分について3つの用語を提唱した。「イド（エス）」は、直ちに得られる**快楽**を求める**本能的**衝動だと彼は言う。これは、**欲望**と攻撃性の生まれる場所だ。「エゴ（自我）」は、理性が、他者に**受け入れられない**であろうこうした衝動を抑えようとする場所だ。「スーパーエゴ（超自我）」は、**良心**である。これは、家族の価値観や社会の価値観が**作用し**、何が正しくて何が間違っているのかを、個々人が判断できるようにしている場所だ。

　これらの新しい概念は、人間がなぜ、そのような行動をとるのかということ**について考える**新しい手法の発達を促した。西洋人は初めて、無意識の**衝動**と、過去の経験の影響について考えるようになった。もちろん、フロイトの理論はいわゆる精神分析学の**基礎**を築いた。しかし彼の影響は、他の数多くの分野にも同様に及んでいる。

タイトル psychologist 心理学者、精神分析医　❶ reshape …をつくり直す、再形成する。re-（再び）+shape（…を形づくる）　outer 外の　inner 内の、内面的な　❷ internal 内部の、内在する（⇔ external 外部の）　devise（手法や装置など）を考案する。名詞形はdeviceで「装置」　psychoanalysis 精神分析学、精神分析療法。psycho-（精神の、心理の）+analysis（分析）　therapist 治療する人。「治療」はtherapy　dig into …を探る、丁寧に調べる　retrace …をたどって調べる、回顧する　become conscious of …を自覚する、…に目覚める　heal …を癒す　❸ term 専門用語　urge 強い衝動、駆り立てる行為　immediate すぐの　aggression 攻撃(性)　restrain …を抑制する　tell …を見分ける　❹ spur …に拍車をかける　unconscious 無意識の。unconscious ofで「…に気づいていない」　extend into …に拡大する　as well 同様に、なお

Rudolf Diesel
Engineer, Germany

Born in Paris to parents from Bavaria, Diesel was educated at Munich Polytechnic. In a lecture by **Professor** Carl von Linde on thermodynamics, he heard that steam engines used only about 10 percent of their **fuel** to perform useful work. This **shortcoming** stuck in his mind.

After **graduating from** Augsburg Technical School — the youngest student ever, with the highest marks ever — Diesel went to work in Switzerland. His first job was to sell ice machines that Linde had **developed**. Fascinated by engines, he immediately **invented** one that produced clear ice.

He tinkered with engines further. His real breakthrough was in 1893, when he **patented** an internal combustion power engine. Today, we call them diesel engines.

The earlier **internal combustion engine** draws in a mixture of air and gasoline. In the cylinder, it is ignited by a spark plug. In Diesel's new engine, only air is drawn into the cylinder. With no fuel inside, the air can be compressed about twice as much. That drives the **temperature** much higher. At the perfect moment, fuel is injected and it **spontaneously** ignites. There were two problems that **prevented** wide adoption of the diesel engine. One was that high temperatures and pressures were hard on available materials. The second was that the engines were heavy.

Greatly **impressed** by the diesel engine was a Japanese **engineer** named Magokichi Yamaoka. After long-term experimentation with Diesel's **superb** idea, Yamaoka made small-scale diesel engines into a major success story, especially in small-plot farming areas.

Today in some parts of the world, diesel engines have more than 50 percent of the **market** in **agriculture**, **mining** and oil fields. (268)

ルドルフ・ディーゼル
技術者、ドイツ
フランス帝国のパリ生まれ・ドイツ人・1858年～1913年・55歳没

　ディーゼルは、バイエルン出身の両親の下にパリで生まれ、ミュンヘン工科大学で教育を受けた。カール・フォン・リンデ**教授**による熱力学についての講義で、ディーゼルは、蒸気機関が、有用な仕事を行う際に**燃料**の約10％しか使っていない（90％は無駄になっている）と聞く。この**欠陥**は彼の頭から離れなかった。

　アウグスブルク工業学校**を卒業した後**―過去最高得点で最年少の生徒だった―、ディーゼルはスイスに働きに出た。彼の初めての仕事は、リンデが**開発した**製氷機を販売することだった。エンジンに魅了され、ディーゼルはすぐに、透明な氷を作るエンジンを**発明した**。

　ディーゼルは、さらにエンジンの応用研究を進めた。彼の実に画期的な発明は、1893年のことだった。この年、彼は **内燃機関** の**特許を取得した**。現在、これらはディーゼルエンジンと呼ばれている。

　初期の**内燃機関**は、空気とガソリンが混ざったものを吸い込んでいた（吸気）。シリンダー（気筒）の内部で、その燃料はスパーク（点火）プラグという装置によって点火されていた。ディーゼルの新しいエンジンでは、空気だけがシリンダーに吸い込まれる。内部に燃料がないため、空気が約2倍に圧縮できる。これで**温度**がはるかに高温になる。完全に条件が揃うと、燃料が注入され**自然に発火する**。（だが、）ディーゼルエンジンの普及を**阻んだ**2つの問題があった。1つは、高温と高圧が**当時入手できた素材**に負担をかけたこと。もう1つは、このエンジンが重かったことだ。

　ディーゼルエンジンに非常に**感銘を受けた**人物に、山岡孫吉という名の日本人**技術者**がいた。ディーゼルの**優れた**アイディアに基づき、長期間にわたる実験を重ねた結果、山岡は特に小区画農地における活用において、小型ディーゼルエンジンを大きく成功させた。

　現在、世界には**農業**、**鉱業**、石油産業において50％以上の**市場**をディーゼルエンジンが占めている地域もある。

　❶ polytechnic 技術系専門学校　Carl von Linde カール・フォン・リンデ（1842年～1934年）。ドイツの技術者。リンデ式冷凍機・空気液化装置などを発明　thermodynamics 熱力学。物理学の1分野で、熱機関という燃焼をエネルギー源としたエンジンの効率性の向上、限界を知るために発達した。thermo-は「熱」、dynamicsは「動力学」の意　engine エンジン、（内燃）機関、原動機。様々なエネルギーを機械的な力または運動に変換する機械または装置。cf. 次項「ヘンリー・フォード」　stick in one's mind …の心に刻み込まれる　❷ fascinate …を魅了する　❸ tinker with …の応用研究をする、…をいじり回す　combustion 燃焼　❹ ignite …に着火する。名詞形はignition（着火装置）　compress …を圧縮する　inject …を注入する　adoption 採用　pressure 圧力
　❺ Magokichi Yamaoka 山岡孫吉（1888年～1962年）。滋賀県生まれの発明家で実業家。山岡発動機工作所（現ヤンマー株式会社）を創業。1933年に世界初のディーゼルエンジンの小型化に成功する

Henry Ford
Industrialist, U.S.

Electricity was one contributor to the Second Industrial Revolution. The second major contributor was the **internal combustion engine**.

The internal combustion engine, powered by oil and gasoline, provided a new means of powering various kinds of transportation. The engine powered **ocean liners**, **airliners** and the **automobile**.

The early automobiles were made by a crew of **craftsmen** working by hand. Each member of the crew made several pieces and **assembled** them. **As a result**, production was slow and the cars were expensive. Between 1893 and 1901, only several hundred were sold. In 1913, however, Henry Ford pioneered a new method of manufacturing called the assembly line. **Instead of** depending on expert craftsmen doing **multiple** parts of the assembly, easily **trained** workers did just one task each. The assembly line moved at a regular pace and each part was attached by a large group of workers.

Ford's true **revolution** was the **mass production** of the Model T. By **reducing** production costs, Ford lowered prices. By 1916, his factories produced some 735,000 cars. **Surprisingly**, Ford raised **wages**, making the Ford Motor Company a popular place to work.

More people could afford the cheaper cars, so they no longer had to depend on trains and **streetcars** to get to work. This transformed city life. People could live in **suburbs** and commute to work by car. This meant new roads had to be built. It also meant that **traffic** and air **pollution** increased. The impact of the **mass-produced** automobile became a major **theme** that has continued to our day. (254)

ヘンリー・フォード
実業家、アメリカ
アメリカのミシガン州出身・1863年〜1947年・83歳没

　電力は第2次産業革命に寄与したものの1つだ。もう1つ大きく寄与したものは、**内燃機関**だった。

　石油やガソリンで動く内燃機関（エンジン）は、さまざまな輸送手段に動力を与える新たな方法を提供した。エンジンは**遠洋定期船**、**旅客航空機**、**自動車**などの動力となった。

　初期の自動車は手作業の**職人**のグループによって生み出された。グループの一人一人が複数の部品をつくり、それらの部品を**組み立てた**。その結果、生産には時間がかかり、自動車は高価だった。1893年から1901年の間に、わずか数百台しか販売されなかった。しかし、1913年、ヘンリー・フォードが **組立ライン** と呼ばれる新しい製造手法を考案した。**複数の部品の組み立てを専門の職人に頼るのではなく、簡単な訓練を受けた労働者が、それぞれたった1つの作業を行う。組立ラインは一定のペースで動き、各部品は大規模な労働者の集団によって取り付けられていく。**

　フォードがもたらした真の革命は、T型フォードの**大量生産**だった。製造コストを**削減**することで、フォードは価格を低下させた。1916年までに、彼の工場は約73万5,000台の自動車を生産している。**驚くべきことに**、フォードは**賃金**を引き上げ、フォード・モーター社を人気のある職場にした。

　安くなった自動車を購入できる人々が増えたので、仕事へ行くのに、もう電車や**路面電車**に頼る必要がなくなった。 このことは、都市生活を変容させた。人々は、**郊外**に住み、車で通勤できるようになった。これは、新たに道路を建設する必要があるということだった。また、**交通量**と大気**汚染**が増えるということでもあった。**大量生産された**自動車の影響は、現在も続く重要な**論題**となった。

---

❶ contributor to …への貢献者。「…に貢献する」はcontribute to …　Second Industrial Revolution 第2次産業革命。イギリスで始まった産業革命の第2段階を表し、ドイツ、フランス、アメリカで技術革新が拡大した時期のこと。年代は1865年〜1900年頃と定義される場合が多い　❷ power …に動力を供給する　transportation 輸送、輸送機関　❸ crew（仕事を一緒にする）グループ、班　pioneer（他に先駆けて）…を開発する。自動詞で「先駆者となる」という意味もある　manufacture …を製造する　assembly 組み立て。動詞形はassembleで「…を組み立てる」　attach …を取り付ける
❺ no longer もはや…ない　commute 通勤する、通学する。「通勤（通学）する人」はcommuter

71 Max Weber
Sociologist, Germany

A professor at the University of Freiburg, Weber became interested in the role of **religion** in modern society. His best-known work on religion and **sociology** showed fundamentals of Western thought that interpreted the past and predicted the future.

The Protestant Ethic and the Spirit of Capitalism (1904-1905) began with a provocative statement. The leaders of business, the higher grades of skilled labor and the trained **personnel** of modern enterprises are, Weber wrote, **primarily** Protestant. The question he raised was, why are they mostly Protestant **instead of** Catholic?

Weber believed the reason was that **neither** the **ancient** religions **nor** Catholicism promoted devotion to economic **accomplishment** in this world. The Catholic church focused on **salvation** in the next life, life after death. The Catholic **ideal** was to **purify** one's own **soul** by withdrawing from the world. This was what Catholic **monks** did when they left society and went to live in **monasteries**.

But after the Protestant Reformation, a new idea **emerged**. The highest **moral** obligation of the individual was to help one's fellow men — now, in this world. This was the best way to fulfill one's **duty** to God. This "Protestant **ethic**" promoted hard work, saving and the use of **capital** that contributed to the spread of well-being. **Capitalism** began, Weber said, with a religious intent. (216)

マックス・ヴェーバー
社会学者、ドイツ
プロイセン王国(現ドイツ)出身・1864年〜1920年・56歳没

　フライブルク大学の教授だったヴェーバーは、現代社会における**宗教**の役割に興味を持つようになった。宗教と**社会学**についての彼の最もよく知られた研究は、過去を**解釈し**、未来を**予想する**西洋の思想の原理を示した。

　『プロテスタンティズムの倫理と資本主義の精神』(1904年〜1905年)は、挑発的な**発言**で始まっている。実業界のリーダー、能力の高い上級の労働者、現代の企業の訓練された**人材**は、**主に**プロテスタントであると、ヴェーバーは書いた。彼が提起した疑問は、なぜほとんどが、カトリック**ではなく**、プロテスタントなのかということだった。

　ヴェーバーは、その理由は、**古代**の宗教もカトリックも、この世での経済的な**成果**に専心することを推奨し**ない**からだと考えていた。カトリック教会は、死後の人生である次の世界での**救済**に焦点を当てている。カトリックの**理想**は、世俗を離れて、**魂**を**浄化する**ことだった。これは、カトリックの**僧侶**が社会を離れ、**修道院**に移り住み、実践していたことだ。

　しかし、宗教改革後、新しい概念が**出現した**。個人の最も高潔な**道徳上**の義務は、今、この世で、同胞を助けることだった。これが、神に対する個人の**義務**を果たす最善の方法とされた。この「プロテスタントの**倫理**」は、勤勉と貯蓄、それから福祉の普及に寄与する「**資本**」の活用を推奨した。**資本主義**は、宗教的な意志とともに始まったのだ、とヴェーバーは述べた。

タイトル sociologist 社会学者。「社会学」はsociology　❶ fundamental 原理、基本　interpret …を解釈する。「通訳する」という意味もある　predict を予測する、予言する。pre-(前もって)+dict(言う)で「予言する」　❷ provocative 挑発的な、刺激するような。動詞provoke(挑発する)の形容詞形　statement 声明(文)。動詞state(述べる)の名詞形　❸ devotion to …への献身、専心。元になっている動詞のdevoteは「…を捧げる、専念させる」。devote oneself to … の形で「…に献身(専念)する」という意味になる　withdraw from the world 世俗を離れる、引きこもる　❹ Protestant Reformation 宗教改革。Protestantはprotestする人(抗議する人)という意味。1517年、ドイツのマルティン・ルターが「95カ条の論題」で免罪符に抗議したことに端を発する16世紀のヨーロッパのキリスト教改革運動。プロテスタント諸教会を生み出した　obligation 義理、恩義、(慣習や契約などで生じる)義務。派生元のobligateは、動詞で「…に義務を負わせる」、形容詞で「義務を負わされた、強制された」という意味　fellow 同輩、仲間　fulfill …を果たす、実現させる　well-being 福祉、福利、健康で安心なこと　intent 意志、意図、趣旨

72

The Wright Brothers (Wilbur and Orville)
Inventors, U.S.

Brothers Wilbur and Orville founded a bicycle business in Dayton, Ohio, in 1892. Bicycle shops were **common** throughout the country, but they made more than bicycles. It all started with a fragile gift.

In 1878, their father gave them a flying toy with a paper body over a **bamboo** frame which was powered by **rubber** bands. The young boys ended up breaking the toy, but they remembered the way it flew across their living room. By the middle of the 1890s, they were reading everything they could find on the science of flight.

They built their first small flying machine — a pilotless kite — out of wood, wire and cloth in 1899 and began experimenting with gliders. Wilbur **eventually** became convinced that he could build an **aircraft** that could carry the **weight** of a man. While their bicycle business **earned** them a steady living, they spent their free time in a **workroom** behind their bike shop, working toward a **full-size** flying machine.

The brothers, on their own, **invented** technologies one by one. They built their own wind tunnels to measure how to lift a flying machine into the sky. They discovered that a long, narrow wing was the best shape for flight. They built a **control** to move the **nose of the aircraft** up and down. They experimented with **propellers** carved out of wood. They built their own lightweight gas engine.

They realized their vision of a **powered flight** in 1903 at a **remote** area near the village of Kitty Hawk, North Carolina. Orville **piloted** the aircraft for 12 seconds and flew 120 feet (36.6 meters). That short flight changed the world, giving human beings access to places that they had never dreamed of traveling to. (285)

ライト兄弟（ウィルバーとオーヴィル）
発明家、アメリカ

ウィルバー：アメリカのインディアナ州出身・1867年～1912年・45歳没
オーヴィル：アメリカのオハイオ州出身・1871年～1948年・76歳没

　ウィルバーとオーヴィルという兄弟は、1892年にオハイオ州デイトンで自転車店を始めた。自転車店はアメリカ中に**よく**あったが、彼らは自転車以上のものもつくった。事の起こりは、壊れやすいプレゼントだった。

　1878年にライト兄弟の父は、**竹**のフレームに紙製の本体でできた、**ゴムひも**の力で空を飛ぶおもちゃを2人に与えた。幼い少年2人は、このおもちゃを結局壊してしまったが、このおもちゃがリビングルームを横切って飛んだ様子を覚えていた。1890年代半ばまでに、彼らは飛行の科学について見つけられたあらゆる本を読んでいた。

　ライト兄弟は1899年に、小さな空飛ぶ機械の第1号をつくった。それは、木とワイヤーと布でできた無人の**凧**だった。それから、グライダーの実験を始めた。ウィルバーは**やがて**、人間1人分の**重さ**を運ぶ**飛行機**をつくることができると確信する。自転車店で安定した生活を**得る**かたわら、彼らの自転車店の裏の**作業部屋**で空き時間に、**フルサイズ（実物大）**の飛行機の開発に取り組んでいた。

　この兄弟は、自力で技術を1つずつ**発明した**。空飛ぶ機械をどのようにして空に舞い上がらせるかを測定するために、独自の風洞をつくった。彼らは、細長い翼が飛行に最適な形だということを発見した。**機首**を上下に動かす**操縦装置**をつくった。木材から削り出した**プロペラ**でも実験した。また、独自に軽量ガスエンジンをもつくり上げた。

　ライト兄弟は1903年、ノースカロライナ州キティ・ホーク村近郊の**人里離れた**場所で、**動力（エンジン）飛行**という構想を実現した。オーヴィルが飛行機を**操縦し**、12秒間、120フィート（36.6メートル）を飛んだ。この短い飛行は世界を変え、人類は、旅するなどとは夢にも思わなかったような場所へ赴けるようになったのだ。

❶ fragile 壊れやすい、脆弱な　❷ end up doing 最後には…することになる　❸ kite 凧　experiment 実験する、試してみる　glider グライダー。動力を持たずに滑空する航空機。元になっている動詞のglideは「滑らかに動く、（飛行機が）滑空する」　convince …を確信させる、納得させる。become convinced that+節で「…だと確信するようになる」　steady 安定した　❹ wind tunnel 風洞。人工的に空気の流れをつくるためのトンネル型の実験装置。航空機などが気流から受ける影響の実験などに用いられる　lift ... into the sky …を空に舞い上がらせる　carve out of …から削って彫る、刻んで造る

73 Marie Curie / Maria Skłodowska
Scientist, France

Westerners **followed** the ideas of Isaac Newton well into the 1800s. They believed that the universe was a sort of giant machine. They believed that everything was made of solid material bodies called **atoms** which existed in time and space.

At the end of the 19th century, however, these views were challenged by various scientists. Among them was the French scientist Marie Curie. Together with her husband Pierre, she jump-started the study of **radioactivity**. In fact, she coined the term. Her research brought her a Nobel Prize in **physics** and another in **chemistry**, making her the first person to win two Nobels.

Born in Warsaw, she had a talent for science, but **Polish** universities banned women from attending. After working as a governess for six years, she **saved** enough money to move to Paris and study at the Sorbonne. She survived on bread and tea — and the inspiration of a collaboration **of equals** with Pierre Curie, a physics professor whom she married in 1895. In 1906, Pierre was killed by a **horse-drawn carriage**, and she was left to raise their two daughters alone. She refused a **widow**'s pension and instead **took over** Pierre's position at the Sorbonne. As a result, she became the first female professor in the school's 650-year history.

Curie's dedication paid off. She isolated two **elements** — polonium and radium — which **gave off** energy, or **radiation**. It appeared to come from within the atom itself. That meant that atoms were not just hard material bodies. Instead, they were small, **active** particles. This **astounding** discovery changed the way scientists around the world thought about what atoms were and how they acted. (272)

マリー・キュリー／マリア・スクウォドフスカ
科学者、フランス
ポーランド立憲王国出身・帰化フランス人・1867年～1934年・66歳没

　西洋の人々は、1800年代に入ってもなお、アイザック・ニュートンの考え方に**従っていた**。世界は巨大な機械のようなものだと考えていた（機械論）。すべてのものは、時空に存在する**原子**と呼ばれる固形物体から成り立っていると考えられていた（原子論）。

　しかし、19世紀末になると、この見解にさまざまな科学者が疑問を呈した。その中の1人が、フランスの科学者マリー・キュリーだった。夫のピエールと共同で、**放射能**についての研究活動を活性化させた。実のところ、彼女が放射能という言葉を考案したのだ。彼女は自身の研究によって**物理学**と**化学**でノーベル賞を受賞し、2つのノーベル賞を獲得した初の受賞者となった。

　マリーはワルシャワで生まれ、科学の才能があったが、**ポーランドの大学は女性が通う**ことを禁止していた。6年間家庭教師として働き、彼女はパリへ移ってソルボンヌ（パリ大学）で学ぶのに十分な資金を**貯めた**。彼女はパンと紅茶、そして、1895年に彼女が結婚した物理学教授のピエール・キュリーとの、**対等**な共同研究によるひらめきを糧に生きていた。ピエールは1906年に**馬車**にひかれて亡くなってしまい、マリーは1人残され、2人の娘を育てることになった。**未亡人**年金の受け取りを拒み、代わりにソルボンヌでのピエールの職位**を引き継いだ**。その結果、彼女はこの大学の650年間の歴史で初めての女性教授となった。

　キュリーの熱心な努力は報われた。**放射線**というエネルギーを**発する**2つの元素 ― ポロニウムとラジウム ― を分離した。放射線は、原子そのものの内部から出ているように思われた。このことは、原子が単なる固形物体ではないということを意味した。そうではなく、**原子は小さく、活発な素粒子のまとまりだった**（素粒子物理学）。この**驚くべき**発見は、原子とは何か、またどのように動いているかについて、世界中の科学者の考え方を変えた。

❶ universe 宇宙、世界　a sort of …の一種、…のようなもの　solid 固体の、固形の　exist 存在する　❷ challenge …（の正当性）を疑う、…に異議を申し立てる　jump-start …を活発にする、活性化させる　coin (新しい言葉や表現)をつくる。元々は「(コイン)を鋳造する」という意味　❸ ban ... from doing …が～することを禁止する　attend (学校などに)通う　governess (特に住み込みの)女性家庭教師。現在では「家庭教師」はtutorやhome teacherなどを用いる　survive on …で生き延びる　collaboration 共同研究、協業　refuse …を(受け入れるのを)拒む　position 職、(職業上の)地位　❹ dedication 献身、熱心さ　pay off (努力などが)効果を生む、利益をもたらす　isolate …を分離する、取り出す　particle (微)粒子

74 Albert Schweitzer
Physician, Germany

Albert Schweitzer certainly qualifies for recognition as a **philosopher**, **theologian**, musician, doctor and **missionary**.

He began learning to play the organ at home, before studying at the Sorbonne in Paris and at the University of Tubingen, writing his **Ph.D.** thesis on the **religious philosophy** of Immanuel Kant. Following his studies, he became a pastor at a church in Strasbourg.

At the age of 30, his life took a completely new turn. Answering an invitation to serve as a **medical missionary**, he turned to the study of medicine. After completing his three-year course for a doctorate in medicine, he left for Gabon in West Africa, where he **established** a small hospital at Lambaréné. In the first nine months there, he and his wife **examined** some 2,000 **patients**, some of whom had traveled hundreds of kilometers to reach the new hospital. During World War I, he was interned in France, and **afterward** traveled across Europe, making the work of the hospital **better known**, before he **returned to** his work there.

In addition, he was an **organist**, a musical scholar and a **specialist** in interpreting the works of J.S. Bach. He also wrote two important books, one about the historical Jesus and another about St. Paul **the Apostle** and the **role** of Paul in how Jesus is **described** in the Bible. For his writings, Schweitzer won the Goethe Prize.

Schweitzer was much more widely known, however, for his **philosophy** of "reverence for life." This **affirmation** of life was something he preached as well as practiced at the Lambaréné hospital. In 1952, he received the Nobel Peace Prize for his **activities** in Africa and for the **example** of his whole life. (277)

アルベルト・シュヴァイツァー
医師、ドイツ
ドイツ帝国（現ドイツ）出身・1875年〜1965年・90歳没

　アルベルト・シュヴァイツァーは**哲学者**、**神学者**、音楽家、医師、**宣教師**として確かに認められている。

　彼は自宅でオルガンを習い始め、その後、パリのソルボンヌ（パリ大学）とテュービンゲン大学で勉強し、イマヌエル・カントの**宗教哲学**に関する**博士論文**を書いた。研究の後、ストラスブールの教会で牧師になった。

　30歳で、彼の人生は全く新しい局面に入った。**医療使節団**で働かないかという誘いを受けて、彼は医学に転向する。医学の博士号を取得する3年間の課程を修了した後、彼は西アフリカのガボンへ旅立ち、ガボンのランバレネに小さな病院を**設立した**。そこでの最初の9カ月間、彼とその妻は約2,000人の**患者**を**診察した**。患者の中には、この新しい病院に到着するまでに何百キロも移動してきた人もいた。第1次世界大戦中に彼はフランスで抑留され、**その後**ヨーロッパ中を訪問し、ランバレネでの仕事に**戻る**前に、病院での仕事を**著名な**ものにした。

　それに加えて、彼は、**オルガン奏者**であり、音楽学者であり、J.S. バッハの作品解釈の**専門家**でもあった。2つの重要な本も書いている。1つは、歴史上のイエスに関するもので、もう1つは、**使徒**聖パウロについてと、イエスの聖書での**描かれ方**におけるパウロの**役割**に関するものだ。これら著作で、ゲーテ賞（ドイツの文化賞）も獲得している。

　シュヴァイツァーは、しかし、「**生命への畏敬**」という 彼の **哲学** でずっと広く知られている。この生命の**肯定**は、彼が説いたことであり、ランバレネ病院で実践したことでもあった。1952年、彼はアフリカでの**活動**と、彼の一生をかけた**模範的行動**に対して、ノーベル平和賞を受賞した。

タイトル physician 医師、内科医　❶ qualify for …の資格がある、…にふさわしい　recognition 認識。動詞recognize（…を認識する）の名詞形　❷ Tubingen テュービンゲン。ドイツ南部の都市　thesis 論文　pastor（プロテスタント教会の）牧師　Strasbourg ストラスブール。フランス北東部の都市　❸ completely 完全に　invitation 招き　medicine 医学　complete …を完了する　Gabon ガボン。アフリカ西部の国　Lambaréné ランバレネ。ガボン中西部の都市　reach …に到達する　intern …を拘束する。ガボンがフランス領であったため、シュヴァイツァーはフランス軍の捕虜となり、ヨーロッパに送還されて、フランスで1年間の収容所生活を送ることになった　❹ interpret …を解釈する　❺ reverence 敬意、畏敬の念　preach（牧師などが）説教する、伝道する

75 Albert Einstein
Physicist, Germany

Scientists like Marie Curie had already questioned Isaac Newton's **mechanical conception** of the universe. Albert Einstein was one of the first to provide an **entirely** new view of the universe. Einstein published his **special theory of relativity** in 1905. It stated that space and time are not absolute. They are relative to the **observer**.

This means that neither space nor time is independent of human experience. Earlier thinkers believed that if material objects disappeared, time and space would remain in the universe. Einstein believed that time and space would disappear with the material objects. Further, he concluded that **matter** is actually a form of energy. This suggested that the **atom** contained enormous energy.

Working in Berne, Switzerland, in an office where he analyzed **patents**, he used his **spare time** to deal with complex mathematical and scientific problems. In 1905, he published **a series of** papers dealing with movement and behavior of light, water and **molecules**. His special theory of relativity was the most important. It changed the way people understood the laws that **govern** the universe. In the famous equation $E=mc^2$, energy (E) and **mass** (m) are equivalent and bound together in their relationship by the speed of light (c).

He attributed his success in his 1905 work to the fact that he never lost his childlike sense of wonder. He became the most well-known **physicist** in the world, even though most people never really understood his world. As Charlie Chaplin told Einstein, "The people **applaud** me because everyone understands me; they applaud you because no one understands you." (264)

アルベルト・アインシュタイン
物理学者、ドイツ
ドイツ帝国出身・ユダヤ人・1879年～1955年・76歳没

　マリー・キュリーなどの科学者らは以前から、アイザック・ニュートンによる宇宙に関する**機械論的な構想**を疑問視していた。アルベルト・アインシュタインは、宇宙について**完全に新しい見方を示した最初の人物**の１人だった。アインシュタインは、1905年に**特殊相対性理論**を発表した。この理論は、空間と時間は絶対的なものではないことを提示した。それらは、**観察者**と相対的な関係にあるのだと。

　このことは、空間も時間も、人間の存在から独立したものではないことを意味する。それ以前の思想家たちは、仮に有形の物質が消え去っても、時間と空間は宇宙に存在し続けると考えていた。アインシュタインの考えによると、時間と空間は、有形の物質とともに消え去るのだという。さらに、**物質**は実際のところ、エネルギーの一形態であると彼は結論付けた。このことは、**原子**には巨大なエネルギーが含まれていることを示唆した。

　スイスのベルンで働き、事務所で**特許**を分析していた頃、彼は**空き時間**を使って、複雑な数学や科学の問題に取り組んだ。1905年に、彼は光、水、**分子**の動きやふるまいを扱った一連の論文を発表した。彼の特殊相対性理論は、最も重要なものだった。これは、宇宙を**支配している**法則についての人々の理解の仕方を変えた。「$E=mc^2$」という有名な方程式において、エネルギー（E）と質量（m）は等価であり、光の速度（c）によって、それらの関係が結び付けられる。

　彼は1905年の業績で成功を収められたのは、子どものように不思議なことに驚嘆する感性を決して失わなかったという事実によると考えていた。ほとんどの人は彼の世界を実際には理解していなかったが、彼は世界で最もよく知られた**物理学者**となった。チャーリー・チャップリンも、アインシュタインにこう語っている。「人々が私を**称賛する**のは、誰でも私のことを理解できるからだ。彼らがあなたを称賛するのは、誰もあなたを理解できないからだ」

❶ question …に疑問を持つ　absolute 絶対的な　relative to …と相対的な　❷ independent of …から独立した　material 有形の、物質的な　a form of …の一形態　❸ deal with …に取り組む　mathematical 数学の　equation 方程式、等しくすること、という意味もある　be bound together 結び付けられる　equivalent 等価の、同等の　❹ attribute ... to ～ …を～に帰する、…を～によるものとする　childlike 子どもらしい、子どものように純真な　sense of wonder 物事の不思議さに驚く感性　Charlie Chaplin チャーリー・チャップリン(1889年～1977年)。イギリス出身の映画俳優、映画監督、コメディアン、脚本家、映画プロデューサー。映画の黎明期に数々の傑作コメディ映画をつくり上げ、「喜劇王」と呼ばれた

Helen Keller
Activist and lecturer, U.S.

When she was less than two years old, Helen Keller was struck with a fever that left her unconscious. The doctor thought she would die, but the fever **broke** and she survived. However, she was left both blind and deaf. She was cut off from the people around her because she could not see them or hear them. **Out of frustration**, she later wrote in her **autobiography**, "I kicked and **screamed** until I was exhausted."

When she was seven, her parents hired 20-year-old Anne Sullivan to tutor Keller. Sullivan herself was visually impaired and had attended a school for the blind. Sullivan **patiently** tried to communicate with Keller and repeatedly failed. Keller was frustrated because she did not understand that every **object** had a name. Weeks went by before the breakthrough. One day Keller suddenly realized that the **motions** her teacher was making on the palm of her hand, while cool water **poured over** her other hand, symbolized "water." Once Keller realized that Sullivan's hand motions were "words," she wanted to learn the names for everything.

Keller learned to "hear" by reading lips with her hands. She later learned to "read" **sign language** with her hands. She also became proficient at reading **Braille**.

Sullivan was her companion and protector until Sullivan died in 1936. Keller lived 32 more years and she became an **activist**.

She worked tirelessly for **racial** and sexual equality and for **labor rights**. And she worked to help other people with **disabilities**. She also learned how to speak and to deliver speeches. She traveled to over 40 countries with Sullivan as her companion, and visited Japan on several occasions. Her example in **overcoming** enormous **obstacles** proved inspirational for generations of people, not just to those with disabilities. (290)

ヘレン・ケラー
活動家であり講演家、アメリカ
アメリカのアラバマ州出身・1880年～1968年・87歳没

　2歳になる前、ヘレン・ケラーは熱病に襲われ、意識不明になった。医師は彼女が命を落とすものと考えたが、熱は**下がり**、彼女は生き延びた。しかし、彼女は目が見えなくなり、耳も聞こえなくなった。周りの人々を見ることも、話を聞くこともできないため、彼女は断絶された。**欲求不満から**、「私は疲れ果てるまで蹴ったり**叫んだりした**」と後に彼女は**自伝**に書いている。

　7歳になると、ケラーの両親は家庭教師として20歳のアン・サリヴァンを雇った。サリヴァン自身、視力に問題を抱え、視覚特別支援学校に通ったことがあった。サリヴァンは**我慢強く**ケラーとコミュニケーションをとろうとしたが、何度も失敗した。ケラーは全ての**物**に名前があることを理解していなかったため、苛立っていた。数週間が経過し、突破口が見つかった。ある日、冷たい水がケラーの片手**に注がれて**いる間に、先生がケラーのもう片方の手のひらの上で行っている**動き**が「水」を象徴しているのだと、彼女は突然理解した。サリヴァンの手の動きが「言葉」であることをひとたび理解すると、ケラーはあらゆる物の名前を学びたがった。

　ケラーは、手を使って唇（の動き）を読むことで「聞く」ことを学んだ。その後、手で**手話**を「**読む**」ことも学んだ。また、**点字**を読むことにも熟達した。

　サリヴァンは、1936年に亡くなるまで、ケラーに付き添い、彼女を守った。ケラーはその後32年間生きて、**活動家**となった。

　ケラーは**人種**や男女の平等、**労働者の権利**のために辛抱強く取り組んだ。そして、**障がい**を持つ他の人々を助けるための活動もした。また、話し方やスピーチの仕方についても学んだ。彼女は、サリヴァンと共に40カ国以上を旅し、日本にも何度か訪れた。大きな**障害を克服した**彼女の実例は、障がいを持つ人々だけでなく、何世代にもわたる多くの人々を鼓舞することとなった。

---

❶ be struck with …に襲われる、…に倒れる　fever 熱、熱病　leave *someone* … (人)を…の状態にする　blind 目の見えない　deaf 耳の聞こえない　be cut off from …から切り離される、疎外される　hear …の話を聞く　exhausted 疲れ果てた　❷ tutor …の家庭教師をする　visually impaired 目が不自由な。blindの婉曲的な表現。visually challengedとも言う　frustrated 苛立った、不満を抱いた　go by 過ぎる(= pass)　breakthrough 突破口、大きな前進　symbolize …を象徴する、記号で表す　❸ become proficient at …するのがうまくなる、上達する　❹ companion 仲間、友　❺ tirelessly 疲れを知らずに、辛抱強く　deliver speech スピーチ(演説)を行う　on … occasions …度、回。例えば、on five occasions (5回)のように使われる　example in …における例、実例　prove …であるとわかる、証明される　inspirational 感銘を与える、インスピレーションを与える　generations of 何世代にもわたる…

Pablo Picasso
Artist, Spain

At age 14, Picasso had his own studio and was **exhibiting** in public and receiving critical praise. Before he was out of his teens, he was in Paris, mingling with the avant-garde of Europe.

Influenced by Cézanne and African **masks**, he produced one of the first **masterpieces** of modernism, *Les Demoiselles d'Avignon*. It is an angular, wildly **distorted** portrayal of five women in a **brothel**. It is the most famous of works by Picasso and other artists who **abandoned** traditional perspective. They looked at their subjects from multiple perspectives, as if they were looking from different angles at the same time. It was a **revolutionary** way of seeing. Picasso said, "I paint objects as I think them, not as I see them."

Picasso's most famous painting is completely different. The world remembers the Spanish Civil War in part because of his painting titled *Guernica*. This huge canvas filled with **twisted** bodies, **screaming** heads and terrified animals commemorates the bombing of the town by that name in the Basque region of Spain. It is perhaps the most powerful political image in modern art. It both commemorates the people who died in the bombing and warns of the horrors that war brings.

The most powerful **element** in his art was sex. He was obsessed with the female **nude** as a **subject**. Some were **erotic**; some were hostile. In most cases, he recomposed the female body in new shapes. His personal life was filled with wives and **mistresses** as well, often overlapping each other. Whatever one may think about his painting or his lifestyle, no artist in the West has ever been as much of a public figure as Picasso. (277)

パブロ・ピカソ
芸術家、スペイン
スペイン出身・1881年〜1973年・91歳没

　ピカソは14歳のときに自分のスタジオを持ち、公共の場で**展覧会を開き**、批評家の称賛を得ていた。10代のうちはパリで、ヨーロッパのアバンギャルド芸術家集団と関わりを持っていた。

　セザンヌやアフリカの**仮面**に影響を受け、彼はモダニズムの最初の**傑作**である「アビニヨンの娘たち」を制作した。**売春宿**の5人の女性を角張って大きく歪んだ形で描写したものだ。これは、従来の遠近法を**捨て去った**ピカソをはじめとする芸術家たちの作品の中で最も有名である。彼らは、同時に違った角度から見るかのように、題材を多角的な視点から観察した。これは、**革新的な**見方であった。「私は物体を自分の目に見えているようにではなく、自分が考えているように描く」とピカソは述べている。

　ピカソの最も有名な絵は、これと全く異なるものだ。世界がスペイン内戦を記憶しているのは、「ゲルニカ」と題された彼の絵のおかげでもある。**ねじれた**人体、**叫び声を上げる**複数の頭部、恐怖におののく動物たちであふれた巨大な油絵は、スペインのバスク地域の都市ゲルニカという絵のタイトルにより同都市への爆撃を追悼している。これはおそらく、現代美術において最も強力な政治的イメージである。爆撃で亡くなった人々を追悼するとともに、戦争がもたらす恐怖を警告している。

　彼の芸術における最も強力な**要素**は性だった。彼は女性の**裸体**を題材にすることに夢中になっていた。**エロティックな**ものもあれば、敵対的なものもあった。ほとんどの場合、彼は女性の身体を新しい形につくり変えた。彼の個人的な生活は複数の妻とさらに**愛人たち**で満たされており、しばしば同時に関係を持っていた。彼の絵やライフスタイルをどう考えるかはさておき、西洋の芸術家でピカソほど著名な人物はかつていなかった。

---

❶ critical 批評家の、批判的な　out of one's teens 10代を卒業して　mingle with …と関わる、交わる、付き合う　avant(e)-garde アヴァンギャルド。軍隊用語の「前衛」を意味するフランス語で、革新的、前衛的な芸術、あるいはそのような芸術を制作する芸術家のこと　❷ Cézanne ポール・セザンヌ(1839〜1906年)。フランスの画家。後期印象派の巨匠でありキュビズムの先駆者。20世紀の美術に大きな影響を与え、「近代絵画の父」と呼ばれる　modernism モダニズム。19世紀末から20世紀前半にかけて伝統やリアリズムを排した芸術分野の主義、傾向。印象派、キュビズム、ダダイズム、シュルレアリスムなどの前衛的芸術運動を含む　angular 角のある　portrayal 描写したもの、肖像　perspective 遠近法。絵画などで、遠景・近景を目で見たものと同じような距離感で描写する方法。透視図法とも呼ばれる　multiple 複数の　❸ in part because 1つには…という理由で　canvas (キャンバスに描いた)油絵、キャンバス、画布　commemorate ... by 〜　〜で…を追悼する、しのぶ　warn of …を警告する　❹ be obsessed with …にとりつかれる、夢中になる　hostile 敵意を抱いた、敵対した　recompose …を組み立て直す　overlap …に重なる。この場合、複数の妻や愛人が同時期にいたという意味　public figure 有名人、著名人

78 Franklin Delano Roosevelt
President of America

Franklin Delano Roosevelt (FDR) became president of the United States at a time of crisis. The country was in the worst economic depression in its history. Some 25 percent of workers were unemployed. The **banking system** was falling apart. The economy seemed to be going from bad to worse.

A week after his inauguration, in March 1933, Roosevelt **initiated** a new way of communicating with citizens. In 31 informal "Fireside Chat" radio speeches, he spoke directly to **millions of** Americans. His first "chat" began "My friends, I want to talk for a few minutes with the people of the United States about **banking**." He then launched into an explanation of how his **banking policies** would help.

Although he was from a **privileged family**, he had been brought up to believe that the weak should **be protected against** the rich and powerful. This deep sense of social responsibility carried over into his **presidency**. FDR's **New Deal policies** began immediately. **Unprecedented** levels of **government intervention** affected agriculture, trade and industry. His **administration** took unheard of levels of responsibility for the **welfare** of the people. Despite strong **opposition**, he introduced the **social security system**, gave workers rights to form **trade unions** and **regulated** work hours and wages.

Roosevelt's "**big government**" policies used tax money to support the poor, **the uneducated**, the ill, minorities and the unemployed. One **element** of his policies was to increase the number of jobs within the **federal government**. About 600,000 people worked for the government when he took office in 1933. When he died in 1945, that number had reached more than 3 million. To a great degree he was successful in **reviving** America. (275)

フランクリン・デラノ・ルーズベルト
アメリカの大統領
アメリカのニューヨーク州出身・1882年〜1945年・63歳没

　フランクリン・デラノ・ルーズベルト（FDR）は、危機のさなかにアメリカの大統領になった。アメリカは同国史上、最悪の経済不況下にあった。約25％の労働者が失業していた。**金融システム**は破綻しかけていた。経済は悪化の一途をたどっているようだった。

　1933年3月に就任した1週間後、ルーズベルトは市民とコミュニケーションをとるための新しい方法を**開始した**。31回にわたる非公式の「炉辺談話」というラジオのスピーチで、彼は何百万人ものアメリカ人に直接語りかけた。最初の「談話」はこう始まった。「友よ、アメリカの皆さんと数分間、**銀行経営**について話がしたい」。それから、彼の**金融政策**がいかに役立つかについての説明を始めた。

　彼は**特権階級**の出身だが、弱者は金持ちや権力を持つ者（の横暴）**から守られるべき**だと考えるように育った。社会的責任についての強い意識は、**大統領の任務**にも持ち込まれた。ルーズベルトの**ニューディール政策**は、ただちに開始された。**かつてない水準の政府介入**が、農業、貿易、工業に影響を与えた。彼の**政権**は国民の**福祉**に対して前代未聞の度合いの責任を担った。強烈な**反対**があったにもかかわらず、彼は**社会保障制度**を導入し、労働者に**労働組合**を結成する権利を与え、労働時間や賃金を**規制した**。

　ルーズベルトによる「**大きな政府**」の政策は、税収を貧しい人々、**教育を受けていない人々**、病気の人々、マイノリティーの人々、失業者の支援に活用した。彼の政策の1つの**要素**に、**連邦政府**内での仕事を増やすことがあった。1933年に彼が就任したとき、約60万人が政府の仕事をしていた。1945年に彼が亡くなったとき、この数は300万人以上に達していた。アメリカを**復活させる**ことにおいて、彼は大きな成功を収めたのである。

❶ at a time of …の折に、…の際に　in a depression 不況の状態で　unemployed（形容詞）失業している　fall apart 崩壊する、破綻する　go from bad to worse ますます悪くなる、悪化の一途をたどる　❷ inauguration 就任、就任式　Fireside Chat「炉辺談話」。ルーズベルト大統領が、1933年から1944年にかけてラジオで国民に語りかけた番組のこと　chat 談話、おしゃべり　launch into …を始める　❸ be brought up to do …するように育てられる　the weak 弱者。the ＋「性質を表す形容詞」で、その性質を持った人々全体を指す。その直後のthe rich（お金持ち）とthe powerful（権力者）も同様　carry over into …に持ち込まれる、持ち越される　unheard of（形容詞）前例のない、前代未聞の　❹ take office 就任する、政権に就く　to a great degree かなりの程度まで

John Maynard Keynes
Economist, Britain

Perhaps no other economist influenced the 20th century more than John Maynard Keynes. His first moment in the spotlight came after the Paris Peace Conference of 1919. He listened as the leaders of America, Britain and France imposed heavy demands on Germany, the defeated country. When he returned to Cambridge University to teach, he published *The Economic Consequences of the Peace*. Although it was a major success, the theories were not widely adopted.

Keynes' largest **influence** came from *The General Theory of Employment, Interest and Money*, published in the depths of the **Great Depression**. Most economists believed that **depressions** should be left to resolve themselves and that governments should not interfere. Keynes' basic idea was simple. He believed that **in order to** keep people fully employed, governments have to run deficits when the economy **is slowing down**. The reason is because **private enterprise** will not **invest** enough. As their markets become saturated with goods, companies lower their investments and create a dangerous cycle: lower investment, fewer jobs, less **consumption** and less reason for businesses to invest.

His **solution** was for governments to take an **active** role in **stimulating** the economy by creating jobs, even if it had to borrow money to do it.

Keynes' **strategy** was **reluctantly** adopted by Roosevelt as the Depression deepened, in **public works projects**, **farm subsidies** and other government stimuli. FDR **implemented** Keynes' ideas further as the U.S. entered World War II, and the American economy surged. **Production** doubled between 1939 and 1944 and unemployment dropped from 17 percent to about 1 percent. The pros and cons of his "**demand-side**" economic theory are still debated by economists. (271)

ジョン・メイナード・ケインズ
経済学者、イギリス
英国出身・1883年～1946年・62歳没

おそらく、ジョン・メイナード・ケインズ以上に20世紀に影響を与えた経済学者は他にいないだろう。彼が最初に注目を浴びた瞬間は、1919年のパリ講和会議後に訪れた。彼は、敗戦国であるドイツに対し、アメリカ、イギリス、フランスの指導者たちが厳しい要求を押し付けるのを聞いた。ケインズは講義を行うためにケンブリッジ大学に戻り、『平和の経済的帰結』を発表した。それは大きな成果だったが、この理論が広く受け入れられることはなかった。

ケインズが与えた最大の**影響**は、**世界大恐慌**のどん底で発表された『雇用・利子および貨幣の一般理論』によるものだった。ほとんどの経済学者は、**不況**は自然に解決するまで放置しておくべきで、政府が介入すべきではないと考えていた。ケインズの基本的な考え方はシンプルだった。人々が完全雇用される**ためには**、経済が**減速している**ときに政府は財政赤字を出さなければならないというものだ。その理由は、**民間企業が十分な投資を行わなくなる**と考えられるからだ。市場が商品で飽和状態になると、企業は投資を減らし、危険なサイクルをつくり出す。つまり、投資の減少、雇用の低下、**消費の冷え込み**、そして、企業が投資する理由がさらに少なくなる、というものだ。

彼の解決策は、たとえそのために資金を借り入れる必要があったとしても、雇用創出により経済を刺激することにおいて政府が積極的な役割を果たす、というものだった。

世界大恐慌が深刻化するなか、**公共事業**、**農業補助金**などの政府による景気刺激策において、ケインズの**戦略**はルーズベルト大統領によって**しぶしぶ採用された（ニューディール政策）**。アメリカが第2次世界大戦に突入すると、ルーズベルトはケインズの考えをさらに**実行に移していき**、そしてアメリカ経済は活性化した。1939年から1944年の間に、**製造量**は2倍に増え、失業率は17％から約1％に低下した。彼の「**需要重視の**」経済理論の賛否は、未だに経済学者たちによって議論されている。

---

❶ in the spotlight 脚光を浴びて、注目の的になって　Paris Peace Conference パリ講和会議。パリで開かれた第1次世界大戦の戦後処理のための国際会議。ヴェルサイユ会議ともいう　impose demands on …に要求を課す　defeated 敗北した、打倒された　consequence 結果、帰結　adopt …を受け入れる、採用する　❷ in the depths of …のどん底で　resolve oneself 自ら解決する、（放っておいても）自然に解決する　interfere 介入する　run deficits 赤字を出す　become saturated with …で飽和する　❹ government stimulus 政府の景気刺激策（stimulusの複数形はstimuli）　surge 急上昇　drop from ... to ～ …から～に低下する　pros and cons 賛否両論

80

Coco Chanel
Fashion designer, France

Her mother died when she was a child, and then her father ran off and left her. She was taken in by a Catholic orphanage, which eventually helped her find a job as a **seamstress**. That did not last long, because she quickly left to **try her luck** as a **cabaret singer**. She failed, but she was charming and she became the **mistress** of successive wealthy men. With their support, she moved to Paris and went into business. Her first shop was a **millinery**, which she opened in 1910. Eventually, she moved to Rue Cambon, where the **House of Chanel** remains today.

Gabrielle "Coco" Chanel created a new type of fashion that **mixed** male and female clothes. What she created gave the **wearer** a sense of hidden luxury, unlike the ostentation of other designers. She changed the way women looked and how they dressed; she made clothes that were **loose** and more **comfortable**. Her simple jersey knits liberated women from the more confining fashion styles of the past. She did not think of herself as a **feminist**, yet her styles undoubtedly allowed women to move more freely.

Her early **fame** came from her **art-deco** bottle **perfume**: Chanel No. 5. It was the first perfume named for a designer. In the 1920s and 1930s, she became known for her "little black dress" and, beginning in the 1950s, "the Chanel suit."

When France declared war on Germany in 1939, she closed her shop, but remained in Paris. She **had an affair with** a Nazi officer, and when the war ended she was exiled to Switzerland. But in 1954, she launched a successful comeback and continued living in the **elegant** Ritz Hotel until her death in 1971. (284)

ココ・シャネル
ファッションデザイナー、フランス
フランス出身・1883年～1971年・87歳没

　彼女は子どもの頃に母親を亡くし、その後、父親は彼女を置いて蒸発した。彼女はカトリックの**児童養護施設に受け入れられ**、この施設はやがて、彼女が**裁縫師**としての仕事を見つけることを助けた。その仕事は長くは続かなかった。彼女はすぐに辞め、**キャバレー歌手**として**運試しをした**からだ。失敗に終わったが、彼女は魅力的で、切れ目なく資産家たちの**愛人**となった。彼らの支援を受け、彼女はパリに移り住み、事業を開始した。彼女の最初の店は**帽子店**で、1910年に開店した。やがて、彼女はカンボン通りに移り、ここには今日も「ハウス・オブ・シャネル」が存在する。

　ガブリエル・「ココ」・シャネルは、男性と女性の衣服を**組み合わせた**新しいタイプのファッションを生み出した。彼女が制作したものは、他のデザイナーたちのけばけばしさとは異なる、隠れた高級感を**着る者**に与えた。彼女は、女性の外見や装い方を変えた。**ゆったりとして、より快適な服をつくったのである**。彼女のシンプルなジャージ・ニットは、より窮屈だった過去のファッションスタイルから女性を解放した。彼女は自分のことを**フェミニスト**だとは考えていなかったが、彼女のスタイルが女性をより自由に動けるようにしたことは間違いない。

　彼女の初期の**名声**は、**アール・デコ**の瓶に入った**香水**「シャネル No. 5」によるものだった。これは、デザイナーの名前が付けられた初めての香水だった。彼女は1920年代と1930年代には「リトル・ブラック・ドレス」、1950年代からは「シャネル・スーツ」で知られるようになった。

　1939年にフランスがドイツに宣戦布告すると、彼女は店を閉じたが、パリに留まった。彼女はナチスの将校**と愛人関係にあり**、戦争が終わると、スイスに亡命した。しかし、1954年に彼女は復帰に成功し、1971年に亡くなるまで、**優雅な**リッツ・ホテルで暮らし続けた。

---

❶ run off 逃げ去る　take in …を受け入れる、迎え入れる　orphanage 児童養護施設、orphan は「孤児、親のいない子ども」　successive 連続的な、一連の　go into …を開始する　❷ luxury 豪華さ、高級品　ostentation 見せびらかすこと、誇示　jersey knit ジャージ・ニット（ジャージ素材でつくられた衣類のこと）　liberate ... from ～ …を～から自由にする　confine …を閉じ込める、縛り付ける。この場合、衣類が身体を締め付けるという意味　think of oneself as 自分のことを…だと思う　yet（接続詞）ところが　undoubtedly 間違いなく　❸ be named for …にちなんで名付けられる　little black dress リトル・ブラック・ドレス。黒一色で装飾の少ないドレス。黒一色のドレスはそれまで喪服とされてきたが、シャネルがモードの洋装として発表した　Chanel suit シャネル・スーツ。短めの襟無し・前開きジャケットにタイトスカートを組み合わせ、機能性を備えたカーディガンスーツ　❹ declare war on …に宣戦布告する　be exiled to …に亡命する、追放される　launch …を開始する、着手する　comeback 復活、復帰

81

Eleanor Roosevelt
Politician and first lady, U.S.

In 1905, President Theodore Roosevelt escorted his **niece** Eleanor Roosevelt down the **aisle** to marry Franklin Roosevelt. The couple shared a patrician background and progressive social **ideals**, and the future looked bright for the young married couple. Twenty-eight years later, the Roosevelts would move to a new **residence**, the White House.

Unfortunately, Franklin was a philandering husband. He remained married largely for the sake of his political career. When Eleanor found out in 1918 that he was having an affair with her own **social secretary**, it left her devastated. But she **masked** their estrangement, **just as** FDR masked the **disability** he suffered from **polio**. She encouraged him to stay in politics and gave speeches for him when he campaigned, first for election as governor of New York and later when he ran for president.

Eleanor devoted her energies to **making** a public life of her own. During World War II, she served in FDR's place by touring **battlefields** and **hospital wards** to support the troops. Eleanor was vocal in her support of the **African-American Civil Rights Movement**. She was one of the only voices in the Roosevelt White House insisting that benefits be equally extended to Americans of all races. When the **Daughters of the American Revolution**, a **conservative** women's group, prevented black singer Marian Anderson from singing at Constitution Hall in Washington in 1939, she helped **arrange** another concert — on the steps of the **symbolic** Lincoln Memorial.

She served as United States delegate to the **U.N. General Assembly** from 1945 to 1952. Under John F. Kennedy's **administration** she chaired the **Presidential Commission** on the Status of Women. At her death, she was one of the most respected women in the world. (282)

エレノア・ルーズベルト
政治家でありファーストレディ、アメリカ
アメリカのニューヨーク州出身・1884年～1962年・78歳没

　1905年、セオドア・ルーズベルト大統領は、フランクリン・ルーズベルトと結婚する**姪**のエレノア・ルーズベルトに付き添い式場の**通路**を歩いた。この夫婦は、共に上流階級出身で、進歩的な社会的**理念**を共有し、若い夫婦の未来は輝いて見えた。その28年後、ルーズベルト夫妻は、ホワイトハウスという新たな**住居**に移った。

　不幸なことに、フランクリンは女遊びの好きな夫だった。彼が離婚しなかったのは、主として自分の政治的キャリアのためだった。エレノアは、1918年に彼が自分の**私設秘書**と不倫をしていたことを知り、大きなショックを受けた。しかし、2人の不和について、彼女は**隠していた**。ちょうどフランクリンが、自身のポリオによる**身体障がい**を患っていたことを隠した**ように**。彼女は、フランクリンに政治活動を続けるよう励まし、彼が初めて選挙でニューヨークの州知事に立候補したときや、後に大統領選挙に出馬した際に演説を行った。

　エレノアは、自らの公人としての生活を**まっとうする**ためにエネルギーを注いだ。第2次世界大戦中、ルーズベルトの代わりに**戦場**や病棟を訪れ、軍隊を支援した。エレノアは、**アフリカ系アメリカ人公民権運動**を支持して声を上げた。恩恵をあらゆる人種のアメリカ人に平等に与えるべきだと主張するのは、ルーズベルト政権で希有な存在だった。**保守的な**女性グループ「**アメリカ革命の娘たち**」が、黒人歌手のマリアン・アンダーソンが1939年にワシントンのコンスティテューション・ホールで歌うことを妨害したとき、彼女は別のコンサートの**手配**を手伝った。**象徴的な**リンカーン記念堂の階段でのコンサートである。

　エレノアは、1945年から1952年まで、**国連総会**のアメリカ代表の役割を担った。ジョン・F・ケネディ**政権**において、彼女は「女性の地位に関する**大統領諮問委員会**」の委員長を務めた。亡くなったとき、彼女は世界で最も尊敬される女性の1人となっていた。

❶ escort …に付き添う、…をエスコートする　patrician 高貴な、高い身分の　❷ philander 女遊びをする、不倫する　largely 主に　for the sake of …のために　find out …を発見する、気づく　have an affair with …と浮気をする、不倫する　devastated 精神的に打ちのめされた、打撃を受けた　estrangement 仲たがい　encourage *someone* to *do* (人が) …するのを励ます　campaign for election 選挙に立候補する　run for …に立候補する　❸ devote ... to ～ …を～に捧げる、注ぐ　in *one*'s place (人)の代わりに　vocal (形容詞)声を上げる、主張する　voice 代弁者　insist that S+V SがVするように主張する。要求の動詞insistの目的語としてのthat節なので、V(動詞)は原形になる　be extended to …に与えられる、拡大して適用される　prevent ... from *do*ing …が～するのを妨げる　❹ serve as …の役割を果たす　delegate 代表(者)、使節　chair …の委員長を務める

Charlie Chaplin
Actor and filmmaker, Britain

Chaplin's London childhood was one of hardship. He was never sure who his real father was. His mother's husband, Charles Chaplin, **deserted** the family and died of **alcoholism**. His mother Hannah, a **small-time** actress, suffered from **mental illness**. Young Charlie left school at 10 to work as a **mime** and a **laborer** in a vaudeville group. This poverty, however, inspired the **trademark** costume of the Tramp. The Tramp **debuted** in 1915, wearing **baggy** pants, a cutaway coat and vest, large **worn-out** shoes and a **battered** derby hat.

Chaplin's athletic ability, **expressiveness**, **superb** timing, creativity and hard work set him apart. In 1910, he made his first trip to America with a comedy group and, three years later, he joined Keystone Studios in New York. In 1914, he gained a nationwide **reputation** with his first film, *Making a Living*. By 1916, his third year in films, he was the highest-paid actor in the world.

He was the first to control every **aspect** of making a film: producing, **casting**, **directing**, writing, scoring and editing — in addition to acting the **main role**. Although he was the century's most well-known Horatio Alger, he felt a deep allegiance to rags over riches. His films sympathized with laborers, **pacifists**, and even **communists**. The **FBI** put together a file on Chaplin that was almost 2,000 pages, but there was no **evidence** that he had ever **belonged to** the **Communist Party** or done anything treasonous. He simply considered **patriotism** to be a kind of **insanity** and instead leaned toward internationalism. (252)

チャーリー・チャップリン
俳優であり映画製作者、イギリス
英国出身・1889年～1977年・88歳没

　チャップリンのロンドンでの子ども時代は困難なものだった。彼は、本当の父親が誰なのかわからなかった。彼の母親の夫であるチャールズ・チャップリンは家族を**捨て**、**アルコール依存症**で亡くなった。彼の母親のハンナは、**三流の女優**であり、**心の病**に苦しんでいた。若き日のチャーリーは、10歳で学校を退学し、ボードビルのグループで**パントマイム芸人**や**作業員**として働いた。しかし、こうした貧困により、「放浪者」という彼の**トレードマークの衣装**の着想を得た。**だぶだぶの**ズボン、モーニングコートとベスト、大きくて**すり減った靴**、**ぼろぼろの山高帽**を身につけて、「放浪者」（のキャラクター）は1915年に**デビューした**。

　チャップリンの運動能力、**表現力**、**素晴らしいタイミング**、創造性、勤勉さは、彼を際立たせた。1910年にコメディグループと一緒に初めてアメリカを訪れ、それから3年後、ニューヨークのキーストーン・スタジオに所属した。1914年、「成功争ひ」という第1作目の映画で、国中から**評判**を得た。映画に出演し始めて3年目の1916年までに、彼は世界最高の報酬を得る俳優となった。

　彼は、映画制作のあらゆる**面**を監督した最初の人物だった。プロデュース、**配役**、**監督**、シナリオ執筆、作曲、編集作業 — 加えて、**主役**を演じた。彼はホレイショ・アルジャーが描いたような立身出世を地で行く人物として、20世紀で最もよく知られた人物となっていたが、金持ちよりも貧乏人を重視することに深い忠誠心を抱いていた。彼の映画は、労働者や**平和主義者**、さらには**共産主義者**にさえも共感を示していた。**連邦捜査局（FBI）**は、チャップリンについて2,000ページ近くに及ぶ資料をまとめたが、彼が共産党に所属したり、何らかの反逆行為を行ったりした**証拠**は何もなかった。彼は単に、**愛国主義**というのは一種の**狂気**だと考え、その代わりに、国際主義に傾倒したのだった。

---

❶ hardship 困難　die of ... （病気など）で死亡する　vaudeville ボードビル。17世紀末にパリで出現した演劇形式で、流行歌の入った軽喜劇のこと　Tramp tramp は「放浪者」という意味。チャップリンが演じたキャラクターを指す　cutaway coat モーニングコート、燕尾服　derby hat 山高帽、ダービーハット。黒フェルトの丸形の山（クラウン）の高い帽子のこと　❷ athletic 運動に関する　set *someone* apart （人）を際立たせる　highest-paid 最も多くの報酬を得ている　❸ score 作曲する、曲を楽譜に書く　Horatio Alger ホレイショ・アルジャー（1832年～1899年）。アメリカの小説家。ここでは、アルジャーの数多くの小説に登場するような、貧乏な境遇から立身出世した人物を指す　allegiance to …への忠誠、…に忠実であること　rags over riches 金持ちよりも貧乏人を重んずること。rags-to-riches（立身出世の）という表現もある　sympathize with …に共感する　put together …をまとめる、編集する　treasonous 反逆の、裏切りの　lean toward …に傾倒する　internationalism 国際主義。民族国家の主権を尊重した上で、相互の協調に基づく共存共栄と国際社会の発展を実現しようとする立場のこと

Chapter 5

Modern Period II
[1900]

近代 II
[1900年]

83

Louis Armstrong
Musician, U.S.

Born in the **slums** of New Orleans, Louis Armstrong **was surrounded by** music. He heard emotional religious music in the church **choirs**. He also heard exciting music with African rhythms, syncopation and improvisation coming from dance halls and **saloons**. This new music came to be known as jazz.

As a boy, Armstrong sold newspapers to earn money and sang in a local **barbershop** choir. He ran into trouble with the police for **firing** a borrowed revolver and was sent to a reform school for black boys. That turned out to be a touch of **good fortune**, because in that school he received his first lessons in playing the cornet.

After being released from reform school, he followed **marching bands** as they paraded through the streets of New Orleans. He pleaded with cornet musicians to show him how to play better. Eventually the great **bandleader** King Oliver agreed to teach Armstrong, who later joined King Oliver's band. Armstrong mastered the trumpet and became famous enough to begin his own band with his own **innovative** style of jazz.

Armstrong's **contribution to** jazz is indisputable. His cheerfulness and **lively** performances around the world brought a new **appreciation** for America's original music: jazz. They also opened the door for black Americans as musicians and entertainers. Armstrong told a story that **illustrated** the importance of music. New Orleans **was divided into** three areas, neighborhoods for whites, Creoles, and blacks. He said that the only way a person would be allowed to visit all three was if he was carrying a **musical instrument**. Music became the key to opening doors in New Orleans. In Armstrong's hands, it also opened doors for later generations of black Americans like Charlie Parker and Miles Davis. (286)

ルイ・アームストロング
ミュージシャン、アメリカ
アメリカのルイジアナ州出身・アフリカ系アメリカ人・1901年〜1971年・69歳没

　ニューオーリンズの**スラム**で生まれたルイ・アームストロングは、音楽**に囲まれていた**。彼は、教会の**聖歌隊**で感情豊かな宗教音楽を聴いた。彼はまた、ダンスホールや**酒場**から流れてくるアフリカのリズム、シンコペーション、アドリブの刺激的な音楽も聴いた。こうした新しい音楽は、ジャズとして知られるようになった。

　少年の頃、アームストロングは新聞を売ってお金を稼ぎ、地元の**理髪店**の合唱隊で歌っていた。彼は、借りてきたリボルバーを**発砲して**警察とトラブルになり、黒人の少年向けの少年院に入れられた。このことは、結局、ちょっとした**幸運**となった。というのも、彼はその少年院で、コルネットの弾き方について初めてレッスンを受けたからだ。

　少年院から解放されると、彼はニューオーリンズの通りをパレードする**楽隊**を追いかけた。彼はコルネット奏者に、もっと上手に演奏する方法を教えてほしいと懇願した。その結果、偉大な**バンドリーダー**であるキング・オリヴァーがアームストロングに教えることに同意し、アームストロングは後にキング・オリヴァーのバンドに参加することとなる。アームストロングはトランペットの演奏を習得し、独自の**革新的な**ジャズスタイルで自分のバンドを始められるくらいに有名になった。

　アームストロングのジャズ**への貢献**は、疑う余地がない。彼の陽気さや世界中での**活気のある**演奏は、アメリカで発祥したジャズという音楽への新たな**評価**をもたらした。それらはまた、アフリカ系アメリカ人たちにミュージシャンやエンターテイナーへの門戸を開くことになった。アームストロングは、音楽の重要性を**説明する**話を語っている。ニューオーリンズは、白人地域、クレオール人地域、黒人地域という3つのエリア**に分かれていた**。3つの全てのエリアを訪れることが許される唯一の方法は、**楽器**を持っていることだと彼は言った。音楽は、ニューオーリンズではドアを開くための鍵となった。また、アームストロングの手により、チャーリー・パーカーやマイルス・デイヴィスといった後の世代のアフリカ系アメリカ人たちにドアが開かれた。

---

❶ syncopation　シンコペーション、切分音。拍子、アクセント、リズムの正常な流れを意図的に変えること。ジャズではこの演奏方法が原則的に使用されている　improvisation　アドリブ、即興　❷ run into trouble with　…とのトラブルに直面する　revolver　リボルバー（回転式拳銃）。拳銃のもう1つの種類はオートマチック（自動拳銃）　reform school　少年院。reformは「矯正、改心」の意味　turn out to be　結局…であることがわかる　a touch of　わずかな…　cornet　コルネット。トランペットに似た金管楽器の一種　❸ parade through　…をパレードする　plead with　…に懇願する、嘆願する　❹ indisputable　議論の余地がない、明白な　cheerfulness　快活さ、朗らかさ、陽気さ。形容詞形はcheerful　open the door for　…への可能性を開く　Creole　クレオール人。ジャズを語る場合は、フランス人やスペイン人と黒人の混血を祖先に持ち混成語を話す人々を指すことが多い

84 Walt Disney
Filmmaker, U.S.

Growing up in poverty in the **countryside** of Missouri, Walt Disney drew sketches of farm animals for the town **barber** in exchange for haircuts. When he began his **work life** as a **commercial artist** in Kansas City, he discovered **animation**. It was a new **field**, an opening for Walt, who wanted to **escape** the **fate** of his father, a failed businessman.

When he **moved to** Hollywood in 1923, Walt and his brother Roy opened a **cartoon studio**. Animation itself was **tedious** work, but Walt also wanted to add a synchronized soundtrack. This combination helped create one of the most popular cartoon characters in history.

In 1928, the Disney studio produced a seven-minute **animated film** titled *Steamboat Willie*, starring Mickey Mouse. From his **debut**, Mickey was **mischievous** but always a creative **problem solver**. He evolved into a symbol of **undefeatable** chipper American spirit — just what Americans needed in the depths of **the Depression** of the 1930s. Disney expanded the new technology in his first feature-length animated film, *Snow White and the Seven Dwarfs* (1937). It was a great success. Even critics saw it as a kind of populist story, sentimental, **courageous** and life-affirming.

When Disneyland opened in 1955, it essentially **invented** the **theme park**. It was safe, clean and fun for every member of the family. Its Main Street USA celebrated the uncomplicated small-town life and values that he remembered from his childhood days in Missouri. Disneyland offered **thrilling** experiences in a safe, totally controlled environment.

Disney's innovations have **shaped** our world and the way we experience it. His films and his theme parks **attract** parents who want clean, **decent**, cheerful entertainment for their children — and for themselves. (277)

ウォルト・ディズニー
映画製作者、アメリカ
アメリカのイリノイ州出身・1901年～1966年・65歳没

　ミズーリ州の**田舎**で貧困の中に育ったウォルト・ディズニーは、町の**理髪師**に農場の動物のスケッチを描き、その代わりに髪を切ってもらっていた。カンザス・シティで**商業芸術家**として**キャリア**を開始したとき、彼は**アニメーション**を発見した。これは新しい**分野**で、失敗したビジネスマンである父親のような**運命**から**逃れ**たかったウォルトにとって好機だった。

　1923年にハリウッド**に移る**と、ウォルトと兄のロイは、**アニメーションスタジオ**を開設した。アニメーション自体は**退屈な**仕事だったが、ウォルトはアニメーションに合わせたサウンドトラックも付けたいと考えた。この組み合わせは、歴史上で最も人気のあるアニメーションのキャラクターをつくり上げることに寄与した。

　1928年に、ディズニー・スタジオはミッキーマウスを主役とした「蒸気船ウィリー」というタイトルの7分の**アニメ**映画を制作した。**デビュー**のときから、ミッキーは**いたずら好き**だが、いつもクリエイティブな**問題解決者**だった。ミッキーは、**無敵で快活なアメリカの精神の象徴へと進化し、これはまさに、1930年代の世界大恐慌のどん底にあったアメリカ人が必要としているものだった。**ディズニーは、最初の長編アニメ映画「白雪姫」（1937年）で、この新しい技術の規模を拡大した。これは大きな成功を収めた。批評家たちでさえも、この映画を一種の大衆向けの物語で、情緒的で、**勇敢**で、人生を肯定するものだと見なした。

　1955年にディズニーランドがオープンし、この開園により**テーマパーク**が実質的に**発明されたのだった**。ディズニーランドは安全で清潔で、家族の誰にとっても楽しいものだった。園内の「メインストリートUSA」は、ウォルトがミズーリ州での子ども時代に経験した、小さな町での単純な暮らしや価値観を称賛していた。ディズニーランドは、安全で完全に管理された環境の中での**スリリングな**体験を提供したのだ。

　ディズニーによる革新は、私たちの世界や、私たちがそれを体験する方法を形づくった。彼の映画やテーマパークは、子どもたちのため、それに親自身のために、清潔できちんとしていて活気のあるエンターテインメントを求める親たちを**魅了している。**

❶ in exchange for …と交換に　haircut 散髪　opening 機会、好機　❷ synchronized 同期された。この場合、音声を漫画の動きに合わせているという意味　soundtrack サウンドトラック、録音帯。映画のフィルム上で音声が収録されている部分。映画に使われた音楽や音声自体、またはそれをCDなどにしたアルバム　❸ star …を主役とする　evolve into …に進化する　chipper 元気な、快活な　in the depths of …のどん底で　feature-length 長編の　populist 一般大衆向けの　sentimental 情緒的な、感情に訴える　life-affirming 人生を肯定している。affirmは「…を認める、支持する」という意味　❹ essentially 本質的に、基本的に　uncomplicated 複雑でない、単純な。(⇔ complicated 複雑な)

Margaret Mead
Anthropologist, U.S.

After **majoring** in **psychology** in college, Margaret Mead went on to Columbia University. Studying **anthropology** under Franz Boas and Ruth Benedict, she found an **urgent** calling. Anthropology was a way of documenting vanishing cultures and also a method of understanding human behavior.

Boas challenged the contemporary **race-based** view that white European culture was the **peak** of human progress. He separated race from culture, and taught that each culture should be judged **independently**. At Boas's **recommendation**, Mead undertook **fieldwork** in American Samoa to study **adolescent** girls. The result was the first and most famous of her 23 works, *Coming of Age in Samoa* (1928). In it she showed evidence that an individual's experience of **developmental stages** was shaped by cultural expectations. Her work showed that the "**civilized**" world had something to learn from the "primitive" world. She was the first anthropologist to look at human development from a **cross-cultural** perspective.

In later fieldwork in New Guinea, she showed that gender roles differed **according to** society. In her work, she showed how food production, religious beliefs, art and politics are **interconnected**.

This holistic understanding allowed Mead to speak out on **a wide variety of** issues. What she learned in fieldwork could be applied to modern life. She insisted that **diversity** was a resource, not a **handicap**, because all human beings can learn from and teach each other. She later became known for her views on women's rights, environmental **hazards**, race relations and **nuclear politics**. Through Mead's work, many people learned about anthropology and its holistic vision of human beings. (257)

マーガレット・ミード
人類学者、アメリカ
アメリカのペンシルバニア州出身・1901年〜1978年・76歳没

　マーガレット・ミードは大学で**心理学**を**専攻した**後、コロンビア大学に進学した。フランツ・ボアズやルース・ベネディクトの下で**人類学**を勉強し、彼女は**差し迫った**使命を見いだした。人類学は、消えつつある文化を**記録する**方法であり、また、人間の行動を理解するための手法でもあった。

　ボアズは、ヨーロッパの白人文化が人類の進歩の**頂点**であるとする、**人種に基づく**当代の考え方に疑問を呈した。彼は、人種を文化から切り離し、それぞれの文化は**個別に**評価すべきだと教えた。ボアズの勧めに従って、ミードはアメリカ領サモアで**フィールドワーク**に取り掛かり、**思春期**の少女たちを研究した。その成果は、彼女の23冊に及ぶ著作の中の最初かつ最も有名な『サモアの思春期』（1928年）となった。彼女はこの中で、**発達段階**における個人の経験は、文化的な期待によって形成されるという証拠を示した。「**文明化された**」世界は、「原始的な」世界から何か学ぶべきものがあると、彼女の研究は示した。彼女は、人間の発達を**異**文化の視点から研究した初めての人類学者だった。

　ニューギニア島でのその後のフィールドワークでは、社会によって男女の役割が異なることを示した。彼女は研究の中で、食糧生産、宗教的信仰、芸術、政治がいかに**相互に関連している**かを示した。

　こうした包括的な理解により、ミードは**幅広い種類**の問題について明確に意見を述べることが可能となった。彼女がフィールドワークで学んだことは、現代の生活に**適用**され得るだろう。**多様性**は**障害**ではなく資源であると彼女は主張した。あらゆる人間は互いに学び合い、教え合うことが可能だからだ。彼女は後に、女性の権利、環境の**危機**、人種間の関係、**核政策**に関する見解で知られるようになった。ミードの研究を通じて、多くの人々が人類学や、人間についての包括的な考え方に関して学んだ。

---

❶ go on to …に進学する　Franz Boas フランツ・ボアズ（1858年〜1942年）。ドイツ生まれのアメリカの文化人類学者。アメリカ人類学の父。ネイティブ・アメリカンやエスキモーを調査した　Ruth Benedict ルース・ベネディクト（1887年〜1948年）。アメリカの文化人類学者。日本の文化を説明した著書『菊と刀』で知られる　calling 使命、天職　document …を記録する　vanish 消滅する
❷ challenge …に異を唱える　contemporary 同時代の、当代の　separate ... from 〜 …を〜から分離する　undertake …に取り掛かる、着手する　primitive 原始的な、未発達な　perspective 視点、見方　❸ gender （社会的・文化的な）性、ジェンダー　differ 異なる、一致しない　❹ holistic 全体論的な、総合的な　speak out はっきりと意見を述べる　be applied to …に当てはまる、適用される

86 Dietrich Bonhoeffer
Curch leader, Germany

Son of a **psychiatrist**, Dietrich Bonhoeffer was drawn to **Protestantism**. After studying at Tubingen and Berlin, he took his **doctorate** at age 21. He had to wait until he was 25 to be ordained at a church in Berlin, and spent one year at Union Theological Seminary in New York.

When he returned to Germany in 1931, he joined a group of 2,000 Lutheran **pastors** who opposed the **state church** controlled by the **Nazis**. This group **evolved into** the Confessing Church. Bonhoeffer joined the **German Resistance**, a group dedicated to opposing the spread of Hitler's military power.

Bonhoeffer published a profound work titled *Ethics*, which said that the most important task in life is to become a responsible person. This meant to model one's life on the example of **Jesus Christ**. How we **participate in** life in regard to good and evil **determines** how "Christian" we really are. In other words, how we confront evil in life is what really matters. To act responsibly is to act against evil without giving thought to the actual consequences.

Following his beliefs, he joined a small group of **senior officers** in the Resistance who were intent on assassinating Hitler. He was arrested in April 1943 for **handling** money used to help Jews flee from Germany to Switzerland. He was tried and hanged in April 1945. (222)

ディートリヒ・ボンヘッファー
教会指導者、ドイツ
プロイセン王国(現ドイツ)出身・1906年〜1945年・39歳没

　精神科医の息子であるディートリヒ・ボンヘッファーは、**プロテスタント主義**に惹き付けられた。テュービンゲンとベルリンで勉強した後、21歳で**博士号**を取得した。ベルリンの教会で按手されるには25歳になるまで待たねばならず、彼はニューヨークのユニオン神学校で1年間過ごした。

　1931年にドイツに戻ると、彼は**ナチス**にコントロールされた**国教会**に反対する2,000人のルター派の**牧師**から成る団体に参加した。この団体は、告白協会へと発展した。ボンヘッファーは、ヒトラーの軍事力の拡大への反対に取り組む団体、**ジャーマン・レジスタンス**に参加した。

　ボンヘッファーは、『倫理学』と題された深遠な著作を発表し、人生における最も重要な課題は責任のある人間になることだと述べた。これは、**イエス・キリスト**を手本にして自分の人生を生きることを意味した。善悪に関してどのように人生**に関わる**かが、私たちが真にどう「キリスト教徒」であるかを**決定づける**のだと。つまり、私たちが人生で悪にどう向き合うかが真に重要なことだという。**責任を持って行動する**というのは、実際の結果を考えることなく悪に立ち向かうことである。

　彼は自分の信念に従って、ヒトラーを暗殺しようとしていたジャーマン・レジスタンスの**上級責任者たち**の小さなグループに参加した。1943年4月、ユダヤ人がドイツからスイスへ逃亡するのを助けるために使われる資金を**扱った**かどで、彼は逮捕された。彼は裁判にかけられ、1945年4月、絞首刑に処された。

---

❶ be drawn to …に惹き付けられる　ordain …を按手(あんしゅ)する。キリスト教で信徒を教会の重要職に就かせる際、祈りとともにその人の頭に手を置き、霊的な力が与えられるようにすること　Union Theological Seminary ユニオン神学校。20世紀における自由主義神学と新正統主義神学の中心地。黒人解放神学やウーマニスト神学の発祥の地としても知られる。コロンビア大学に隣接している　❷ Lutheran ルター派の。ルター派とは、マルティン・ルターによってドイツに始まったキリスト教の教派または教団　Confessing Church 告白教会。教会をナチズムのプロパガンダに利用しようとしたヒトラーに抵抗し、ドイツのプロテスタント諸教会内で起こった運動を基に成立した教会。迫害を受けて分裂しながら、第2次世界大戦中も様々な形でナチス政権に対して抵抗を続けたdedicated to …に打ち込む、専念する　❸ profound 深い、徹底的な、大規模な　model ... on 〜 …を〜になぞらえる　confront …に直面する　act against …に逆らって行動する　give thought to …について考える　consequence 結果、結末　❹ intent on …しようと企んでいる　assassinate …を暗殺する　flee from ... to 〜 …から〜へ逃亡する　try …を裁判にかける　hang …を絞首刑にする

Rachel Carson
Marine biologist, U.S.

Growing up in Pennsylvania, Rachel Carson loved walking in the woods and the **written word**. At college, she intended to study English but changed her **major** to **marine biology**. She **combined** both interests in her first job as an editor for the U.S. Fish and Wildlife Service. On the basis of her experiences she wrote *The Sea Around Us*. It was a best-seller for 86 weeks, earning her a reputation as a **lyrical** author and a dedicated **conservationist**. **Eventually**, she left her job to write **full-time**.

The desire to increase **agricultural production** in America led to new technologies. **Mechanization** made it possible for individual farmers to produce more **crops** on larger pieces of land. Pesticides and **chemical fertilizers** increased the **yields** as well.

Carson was the first to point out a major problem that no one else had noticed. A friend **mentioned** in her letter seeing birds die from **mosquito spray**. This one comment gave her the impetus for her most **noted** work, *Silent Spring*. Published in 1962, the book **argued** that the buildup of chemicals used to kill insects, called pesticides, had various negative **side effects**. The pesticides also killed birds, fish, wild animals and helpful insects. **Eventually**, pesticides on agricultural products were consumed by human beings.

Carson's warnings reached a wide **audience**. Other scientists began doing research on the **subject** that came to be known as ecology. Consumers became more conscious of what they ate. Politicians became more sensitive to agricultural **policies**.

Following these warnings, researchers began to pay more attention to how pesticides and **fertilizers** end up in lakes, rivers and oceans. The impact on drinking water and **sea life** is another **subject** that has resulted from Carson's **epoch-making** research. (283)

レイチェル・カーソン
海洋生物学者、アメリカ
アメリカのペンシルバニア州出身・1907年～1964年・56歳没

　ペンシルバニアで育ったレイチェル・カーソンは、森の散歩や**文章**が大好きだった。大学で、彼女は英語を勉強するつもりだったが、**専攻**を海洋生物学に変えた。アメリカ合衆国魚類野生生物局の編集者としての最初の仕事で、彼女はこれら両方への関心を**結びつけた**。彼女は自分の体験を基に、『われらをめぐる海』を執筆した。これは、86週間にわたってベストセラーとなり、彼女は**詩的な**作家、及び熱心な**環境保護活動家**としての評価を得た。**やがて**、彼女は**フルタイム**で執筆するために退職した。

　アメリカで**農業生産**を増やそうという願望は、新たな技術を生み出した。**機械化**は、個人の農業者らがより大規模な土地でより多くの**作物**を生産することを可能にした。また、農薬や**化学肥料**も同様に**生産量**を増加させた。

　カーソンは、他に誰も気づいていなかった大きな問題を初めて指摘した。**蚊よけスプレー**で鳥たちが死ぬのを見たと、友人が手紙で**伝えた**のだ。この1つの意見が、彼女の最も**有名な**作品『沈黙の春』のきっかけとなった。1962年に発表されたこの本は、農薬と呼ばれる、虫を殺すために使われる化学物質が蓄積すると、さまざまな負の**副作用**があると**論じた**。農薬は、鳥や魚や野生動物や、有益な虫も殺すのだと。**最終的に**、農産物に使用される農薬は、人間も摂取しているのだ。

　カーソンの警告は、幅広い**読者**に届いた。他の科学者たちは、**生態学**（エコロジー）として知られるようになったこの**分野**について研究を開始した。消費者たちは、自分が食べるものに関してより意識するようになった。政治家たちは、農業**政策**に対してより敏感になった。

　こうした警告に**続き**、研究者たちは、農薬や**肥料**が湖や川や海で最終的にどうなるのかということについて、より注意を払うようになった。飲料水や**海洋生物**に対する影響は、カーソンの**画期的な**研究がもたらしたもう1つの**議題**である。

❶ U.S. Fish and Wildlife Service アメリカ合衆国魚類野生生物局、FWS。米国内務省の中にある、野生動物の保護管理を専門に行う組織　on the basis of …に基づいて　earn … ～…に～をもたらす　dedicated 熱心な、献身的な　❷ lead to …につながる　make it possible for … to do …が～するのを可能にする　pesticide 農薬、殺虫剤　❸ point out …を指摘する　die from （災害や怪我など）で死ぬ　impetus for …のきっかけ、推進力　buildup 蓄積　consume …を摂取する、吸収する　❹ ecology 生態学。生物と生物、あるいは生物と環境との関係を究明する学問分野　become conscious of …を意識するようになる　sensitive to …に敏感な　❺ pay attention to …に注意を払う　end up 最終的に…となる　impact on …に対する影響　result from …の結果として生じる

88 Simone de Beauvoir
Philosopher, France

At the age of 21, Beauvoir passed the highly **competitive** philosophy agrégation exam and became the youngest philosophy teacher in France. In preparing for this exam, she joined an **intellectual circle** which included Jean-Paul Sartre. For the first time, she felt that she had met an intellect worthy of her own. For the rest of their lives, they were lovers.

Her first major work, *The Ethics of Ambiguity*, is one of the best examples of existential **ethics**. It attacks people's tendency to identify with certain **abstractions** that lead to a loss of individual freedom and responsibility. To be free, she writes, is not to have free license to do whatever one wants. Instead, we act **ethically** when we **spontaneously** choose to act and accept the **consequences** of our choices.

Her **masterwork** was *The Second Sex*, published in 1949, which **presents** an **unprecedented** analysis of women's role in society. She **tackles** the ways in which women are forced into an impossible **ideal** of the "eternal feminine," which denies the **individuality** of women. She **asserts**, "One is not born, but rather becomes, a woman." The idea of "feminine" varies between cultures and **forces** women into a **passive** role, subject to men's **active** demands. Her prescription for solving **inequity** between men and women was **radical**. If society gave women strength and the **means** to earn their own subsistence, she said, "their dependence will **be abolished**."

She and Sartre remained lovers throughout their lives, although they had other love affairs and never lived in the same home. She kept her own independence and **residence** until his death in 1980. When she died in 1986, she was buried in a **grave** with Sartre's **ashes** in Montparnasse. (281)

シモーヌ・ド・ボーヴォワール
哲学者、フランス
フランス出身・1908年～1986年・78歳没

　ボーヴォワールは21歳のとき、非常に**競争率の高い**哲学の教授資格試験に合格し、フランスで最年少の哲学教師となった。この試験の準備のため、彼女はジャン=ポール・サルトルも参加していた**知識人サークル**に加わった。彼女は初めて、自分にふさわしい知性に出会ったと感じた。2人はその後、生涯にわたって恋人同士だった。

　彼女の最初の主な研究成果である『曖昧さの倫理』は、実存**倫理学**の優れた例の1つである。これは、個人の自由や責任の喪失につながる、ある種の**抽象概念**に共感する人々の傾向を批判している。彼女は、自由であるとは、したいことを何でもできる権利があることではないと述べた。そうではなく、私たちが**自発的に**行動することを選び、自分の選択の結果を引き受けるときに、私たちは**倫理的に**行動するのだと書いた。

　1949年に発表された彼女の**最高傑作**『第二の性』は、社会における女性の役割について**前例のない**分析を**示している**。彼女は、女性の**個性**を否定する「永遠の女性」というありえない**理想**を女性たちが強要されているやり方に**立ち向かう**。「人は生まれつき女性なのではなく、女性になる」のだと彼女は**主張する**。「女性らしさ」という概念は、文化によって異なり、男性の**能動的な**要求に従う**受動的な**役割を女性に**押し付けるもの**だという。**男女間の不平等**を解決するための彼女の処方箋は抜本的なものだった。もし、必要最低限の生活のかてを得るために必要な力と**手段**を社会が女性たちに与えれば、「彼女たちの**依存は解消される**」とボーヴォワールは述べた。

　彼女とサルトルは、2人とも他でも恋愛関係を持ち、同居することはなかったが、生涯を通じて恋人関係を続けた。サルトルが1980年に亡くなるまで、彼女は自分の独立と住居を維持した。1986年にボーヴォワールが亡くなると、サルトルの**遺灰**とともにモンパルナスの同じ**墓**に埋葬された。

---

❶ agrégation（フランス語）〈中・高等教育〉教授資格、アグレガシオン　worthy of …に値する
❷ existential 実存主義の、存在の。「実存主義」とは人間の実存（現実に存在すること）は本質に先行し、決められたあるべき在り方を持たず、人は自ら行為を選び取り世界を意味づけるものであるとする哲学的立場。20世紀の特に第2次世界大戦後、世界的に広まった　tendency to do …する傾向　identify with …に共感する、…と一体になる　have free license to do 自由に…する権利を持つ
❸ be forced into …を強要される、強いられる　eternal feminine 永遠の女性。「女性」という不変の概念を理想化する、哲学的原則または心理学的な典型　be born …として生まれる　vary between …によって異なる　subject to …に従う、依存する　prescription for …のための処方箋、解決策　radical 根本的な、過激な　subsistence 必要最低限の生活、生計　❹ love affair 恋愛、浮気

89

Mother Teresa / Agnes Gonxha Bojaxhiu
Catholic missionary, India

Mother Teresa, whose **given name** was Agnes Gonxha Bojaxhiu, was born of Roman Catholic parents in Skopje, in what is now Macedonia, where most people were **Muslim** or Orthodox Christian. At the age of 18, she entered a Catholic **convent** in Ireland. The group that she joined, the **Sisters of Loreto**, sent her to India, in 1929. Later she began teaching at a girls' school in Calcutta (which was renamed to Kolkata in 2001).

Her life changed in 1946, when she received "a call" from God to live and work among the poor people in the slums of Kolkata. These included **orphans**, street children, people suffering from **Hansen's disease**, and the terminally ill. She established a Catholic order called the **Missionaries of Charity** in 1950.

Initially, some local people were **suspicious** of her **motives**. They wondered if she was rescuing children in order to convert them to Catholicism. Later she was criticized for not supporting **birth control** and for giving Kolkata a reputation as a place of destitution. But Mother Teresa and those who joined her worked on behalf of the **dignity** of destitute people. What she provided was a modern **moral** example of **service** that went beyond culture, religion and class. Her example encouraged other people to help in India and in their own countries.

The Missionaries of Charity now operate hospices and homes for those with HIV/AIDS. They run soup kitchens, **orphanages** and family counseling programs in over 100 countries. They follow the standard **vows** of chastity, poverty and **obedience**. Their fourth vow is to give "**wholehearted** free service to the poorest of the poor."

For her work, Mother Teresa received the **Nobel Peace Prize** in 1979. She died in 1997 in Kolkata. (285)

生涯、貧しい人々に寄り添った修道女

マザー・テレサ／〈本名〉アグネス・ゴンジャ・ボヤジュ
カトリック伝道者、インド
オスマン帝国(現マケドニア)出身・アルバニア人(帰化インド人)・1910年～1997年・87歳没

　本名をアグネス・ゴンジャ・ボヤジュというマザー・テレサは、ほとんどの人が**イスラム教徒**かキリスト教正教徒であるスコピエ(現在のマケドニア内にある)でローマ・カトリック教徒の両親の下に生まれた。18歳のとき、彼女はアイルランドにあるカトリック教会の**女子修道院**に入った。**ロレト修道女会**という、彼女が入ったこの団体は、1929年に彼女をインドに送り出した。後に、彼女はカルカッタ(2001年にコルカタと改名)の女学校で教え始めた。

　彼女の人生は、1946年に変化した。コルカタのスラムにいる貧しい人々と共に生き、そこで働くという神からの「召命」を受けたのだ。こうした人々には、**孤児**、ストリート・チルドレン、**ハンセン病**に苦しむ人々、末期患者が含まれていた。彼女は1950年に、「**神の愛の宣教者会**」と呼ばれるカトリック修道会を設立した。

　当初、彼女の**動機**について**懐疑的な**地元の人もいた。彼女が子どもたちを救うのは、カトリックに改宗させるためではないかと考えたのだ。その後、**避妊**を支持せず、また、コルカタに極貧の場所という世評を与えたとして、彼女は非難された。しかし、マザー・テレサや彼女に協力した人々は、貧困に陥っている人々の**尊厳**のために働いた。彼女が与えたのは、文化や宗教や階級を越えた**奉仕**の、近代における**道徳的な**実例だった。彼女の手本は、他の人々によるインドやおのおのの国での人助けを促した。

　「神の愛の宣教者会」は現在、ホスピスや、エイズウイルス(HIV)感染者及びエイズ患者のための家を運営している。彼らは100カ国以上で、炊き出し(無料食堂)や**児童養護施設**、家族カウンセリングのプログラムを実施している。彼らは、貞潔、清貧、服従という標準的な**誓い**を守っている。彼らの4つ目の誓いは、「最貧困者たちに**心からの無料の奉仕**」を捧げることである。

　こうした取り組みにより、マザー・テレサは1979年に**ノーベル平和賞**を受賞した。彼女は1997年にコルカタで亡くなった。

---

❶ Orthodox Christian キリスト教正教徒。(東方)正教会の信者のこと。今日ではギリシャ、東欧をはじめ全世界に教徒を持つ。西方正教会はローマ・カトリック教会、プロテスタントを含む　❷ call 召命、啓示　street children ストリート・チルドレン、路上で生活する子どもたち　the terminally ill 末期患者。the＋形容詞(terminally ill)で、そのような人々全体を示す用法　order 修道会、教団　❸ initially 最初は、当初　convert ... to ～ …を～に改宗させる　Catholicism カトリック主義、カトリック教信仰　destitution 極貧、欠乏　on behalf of …のために　❹ hospice ホスピス。ターミナル(末期)ケアを行う施設のこと。中世ヨーロッパにおいて、巡礼者への宿泊や救済を提供した教会が起源　soup kitchen 炊き出し、無料食堂。困窮した状況にある多くの人々を対象として、料理やその他の食料を無償提供すること　chastity 貞操、純潔

Alan Turing
Mathematician, Britain

Perhaps the most **revolutionary** technological invention of the 20th century is the computer. So many ideas and technological **advances** went into creating the modern computer that it is **foolish** to give one **individual** credit for inventing it.

One major contributor, however, was a British mathematician named Alan Turing. When he published a paper in 1937 on computing numbers on an **imaginary machine** using tape, very few experts understood his ideas. **Later on**, however, they would call it a "**Turing machine**." It was an early attempt to copy **logical** human thought, and a step toward the modern idea of "**artificial intelligence**" (AI).

During World War II, Turing and others working for the British government built a series of vacuum-tube machines designed to crack **codes** used in enemy communications. At the Government Code and Cypher School, they worked to **break** the German military's "Enigma" codes. These codes were used in communicating between German **headquarters** and troops in the **field**. The British machine used to **decipher** German codes at high speed was called **Colossus**. Turing played a **crucial** role in designing this computer-like machine that could break codes the Germans used to communicate with U-boat **submarines** in the **North Atlantic**.

After the war ended, Turing published a famous article in the British journal *Mind*. In it, he **proposed** an "imitation test," which was later called the "**Turing test**." A **questioner** is placed in a closed room and communicates with two **subjects**, one human and the other a computer. If the questioner cannot judge by responses to questions which of the two is the computer, then the computer can be said to "think" as well as a human. (274)

アラン・チューリング
数学者、イギリス
英国出身・1912年〜1954年・41歳没

おそらく、20世紀で最も**革命的**な技術的発明はコンピュータである。あまりに多くのアイデアや技術的**進歩**が、最新のコンピュータを生み出すことにつながったので、その発明について1人の**個人**に功績を与えることは**ばかげている**。

とはいえ、重要な貢献をした1人に、アラン・チューリングという名のイギリスの数学者が挙げられる。テープを用いた**仮想機械**で数を計算することに関する論文を彼が1937年に発表したとき、彼の考えを理解した専門家はほとんどいなかった。しかし、**後**に彼らはそれを「**チューリングマシン**」と呼ぶことになった。これは、**論理的な**人間の思考を真似る初期の試みであり、「**人工知能（AI）**」**という現代の発想につながる一歩**だった。

第2次世界大戦中、イギリス政府の下で働いていたチューリングらは、敵の通信に用いられている**暗号**を解読するための真空管を使った一連の機械を構築した。彼らは政府暗号学校で、ドイツ軍による「エニグマ」の暗号を**解読する**ことに取り組んだ。こうした暗号は、ドイツの**司令部**と**戦場**の部隊間での通信に用いられていた。ドイツの暗号を高速で**解読する**ために使われたイギリスの機械は「コロッサス」と呼ばれた。ドイツ人たちが**北大西洋の潜水艦**「Uボート」との通信で用いた暗号を解読できるこのコンピュータのような機械の設計において、チューリングは**重要な役割**を果たした。

終戦後、イギリスの雑誌『マインド』に、チューリングは有名な論文を発表した。その中で彼は「イミテーション・テスト」を**提案**し、これは後に「**チューリング・テスト**」と呼ばれた。閉鎖された部屋に**質問者**が置かれ、2つの**実験対象**（一方は人間、もう一方はコンピュータ）と対話する。質問に対する返答から、2つのうちのどちらがコンピュータかを質問者が判断できなければ、そのコンピュータは人間と同じように「考える」ことができると言える、というものだ。

---

[1] go into …につながる　give ... credit for 〜 〜を…の功績だとする　[2] contributor 貢献者。動詞形はcontribute（貢献する）　compute …を計算する　step toward …へのステップ、一歩　[3] a series of 一連の…　vacuum-tube 真空管の　designed to do …することが意図されている　crack …を解読する　Government Code and Cypher School 政府暗号学校。第1次世界大戦後に外交暗号の傍受・解読を目的として設立されたイギリスの政府機関。code, cypher(cipher)ともに「暗号」の意　Enigma エニグマ。第2次世界大戦中にドイツが用いていた暗号機のこと　design …を設計する　U-boat Uボート。ドイツ海軍が開発した潜水艦の総称。第1次世界大戦中は300隻で5,000もの商船を沈め、通商破壊作戦などでイギリスを苦しめた　[4] imitation 模倣。imitation testとはこの場合、機械が人間を模倣できるかを調べるテスト　judge by …によって判断する　response to …への返答、回答

Nelson Rolihlahla Mandela
President of South Africa

Like the **American South**, South Africa **maintained** a **policy of separation** of white and nonwhite people. It was a system that evolved out of the European **colonization** of Africa. In South Africa, discrimination in **residence**, **occupation**, education and other relationships was known as "apartheid."

Due to his **activities** as a freedom fighter with the African National Congress (ANC), Nelson Mandela spent a quarter century in a South African prison. Since been imprisoned in 1962, he had been offered freedom — with certain **conditions**. He refused the "**conditional** freedom" and stayed in prison. He never wavered from his **resolve** to **secure** freedom from apartheid for his country. At the **Rivonia Trial** in 1964, he said he had cherished the idea of a free society in which everyone could live together in harmony and with equal opportunities. "It is an **ideal** which I hope to live for and to achieve. But if needs be, it is an ideal for which I am prepared to die." He was sentenced to **life imprisonment**. His **courage** and **endurance** inspired **millions** around the world.

Eventually, worldwide pressure forced the government of South Africa to abolish its apartheid laws. Mandela **was released from** prison in 1990. He had been in prison for almost 27 years. Three years later, the country's president, F.W. de Klerk, agreed to hold **democratic** national elections for the first time in South Africa's history. The whole world watched to see if the election would be democratic, open and **fair**. **Overall** it was and, in 1994, Nelson Mandela became the country's first black president. The Madiba, an honorific tribal name by which South Africans knew him, shared the Nobel Peace Prize with de Klerk in 1993. (281)

ネルソン・ホリシャシャ・マンデラ
南アフリカの大統領
南アフリカ連邦出身・1918年〜2013年・95歳没

　アメリカ南部と同様に、南アフリカも白人と非白人の**分離政策**を**維持していた**。これは、ヨーロッパによるアフリカの**植民地化**から発展した制度だった。南アフリカにおいて、**住居**、**職業**、教育、その他の関係性に関する差別は「**アパルトヘイト**」として知られていた。

　アフリカ民族会議（ANC）での、自由の闘士としての**活動**が原因で、ネルソン・マンデラは南アフリカの刑務所で四半世紀を過ごした。1962 年に初めて投獄されてからというもの、彼はいくつかの**条件付き**での解放を提案された。彼は「条件付きの解放」を拒否し、刑務所にとどまった。自国のためにアパルトヘイトから自由を**守る**、という彼の**決心**が揺るぐことはなかった。1964 年の**リヴォニア裁判**で、彼は 誰もが調和し、公平な機会をもって一緒に暮らせる自由な社会という考えを抱いて いたのだと話した。「それは、私がそのために生き、実現することを願う**理想**です。しかし、もし必要ならば、私はそのために死ぬ準備ができています」。彼は**終身刑**を言い渡された。彼の**勇気**と**忍耐**は、世界中の**大勢**の**人々**を鼓舞した。

　やがて、世界的な圧力が、南アフリカ政府にアパルトヘイト法の廃止を強いた。マンデラは 1990 年に刑務所**から釈放された**。彼は 27 年近く、刑務所に入っていた。それから 3 年後、同国のフレデリック・ウィレム・デクラーク大統領は、南アフリカで史上初めて、**民主的**な国政選挙を行うことに同意した。この選挙が民主的で開かれていて**公正である**かどうか、世界中が注目した。**総合的**にそのような（民主的で開かれていて公正である）選挙となり、1994 年にはネルソン・マンデラが同国初の黒人大統領に就任した。マディバ（部族の敬称で、マンデラは南アフリカ人たちにこの名前で知られていた）は 1993 年に、デクラークと共にノーベル平和賞を受賞した。

---

❶ evolve out of …から発展する　discrimination in …における差別　apartheid アパルトヘイト。南アフリカ共和国で行われていた、極度の人種隔離政策。全人口の約2割を占める白人支配層が非白人、特に黒人を差別していた　❷ freedom fighter 自由の闘士、自由のために戦う人　African National Congress アフリカ民族会議。1912年、アフリカ人都市知識層を中心に結成された黒人の民族運動組織。1990年に合法化され政党となる　a quarter century 四半世紀、25年　imprison …を投獄する　waver from …から揺らぐ　cherish …を大事にする、（考え、アイデアなど）を抱く　if needs be 必要とあらば。if needs should beのshouldが省略されている。if need beともいう　be prepared to …する用意ができている　be sentenced to （判決など）を言い渡される　❸ force ... to do …に〜を強制する　abolish …を廃止する　open 隠し事のない、開かれた　honorific 敬称の、敬意を表す　tribal 部族の　know ... by 〜 …を〜という名前で知っている　share ... with 〜 …を〜と共に得る、分かち合う

92 Margaret Thatcher
Prime minister of Britain

Between the mid-1960s and the late 1970s, two political parties took turns leading Great Britain's government. Both parties faced a weak economy and regular **labor strikes**, and neither seemed to have a **solution**. Inflation went higher and the costs of **social welfare** rose.

Margaret Thatcher became Britain's first female prime minister in 1979. She was in power for almost 12 years, the longest-serving prime minister in over 150 years, and of course the first woman to hold that post.

Leading the **Conservative Party**, Thatcher brought major changes to the country. She believed that the government's role was to make laws that allowed business to **flourish**. She opposed letting the government actually own such businesses. In other words, she focused on "**privatization**." Her goal was radical free-market **capitalism**, rolling back state involvement in the economy and in people's lives. She **staunchly** believed that each individual should shoulder the burden for his or her own welfare. This echoed the policies of Ronald Reagan in the U.S. from 1981 to 1987.

"**Thatcherism**," as her economic **strategies** were called, improved the British economy, but the country paid a price for this improvement. Older **manufacturing areas** suffered, with high unemployment, poverty and violence. But Thatcher, nicknamed the **Iron Lady**, reinvigorated the British economy, broke the power of the **unions** and made London Europe's financial center. She was the greatest British leader since Churchill. (228)

保守的かつ強硬な政治手腕の「鉄の女」

マーガレット・サッチャー
イギリスの首相
英国出身・1925年〜2013年・87歳没

　1960年代半ばから1970年代後半にかけて、2つの政党が代わる代わるイギリス政府を主導した。いずれの政党も、弱体化した経済や慢性化した**労働者のストライキ**に直面し、**解決策**を持たないようだった。インフレが上昇し、**社会福祉**のコストが上がっていた。

　マーガレット・サッチャーは、1979年にイギリス初の女性の首相となった。彼女は12年近くにわたり政権の座にあり、過去150年間で最も長く首相を務め、そしてもちろん、この職務に就く初めての女性だった。

　保守党の党首を務めるサッチャーは、イギリスに大きな変化をもたらした。政府の役割は、企業が**栄える**ことを可能にする法律をつくることだと彼女は考えていた。政府にこのような企業を実質的に所有させることには反対した。言い換えれば、彼女は「民営化」に注力したのだ。彼女の目標は、徹底した自由市場**資本主義**であり、経済や国民の生活に対する国家の関与を縮小することだった。各個人は自分の社会福祉に関して責任を担うべきだと、彼女は**断固として**信じていた。これは、1981年から1987年のアメリカにおけるロナルド・レーガンの政策と同様のものだった。

　「サッチャリズム」（彼女の経済**戦略**はこう呼ばれた）は、イギリスの経済を改善したが、同国はこの改善のために代償を支払った。古くからある**製造業の盛んな地域**が、高い失業率、貧困、暴力で苦しんだ。しかし、「鉄の女」という愛称を付けられていたサッチャーは、イギリスの経済を再活性化し、**労働組合**を弱体化させ、ロンドンをヨーロッパの金融センターにした。彼女はチャーチル以来のイギリスの偉大な指導者だった。

---

❶ take turns 交代で行う　❷ in power 政権の座にある　longest-serving 最も長い間役目を担う　hold a post 職務を担う　❸ bring change to …に変化をもたらす　oppose …に反対する　focus on …に注力する、集中する　radical 徹底的な、抜本的な　free-market 自由市場。政府や権力の介入を最小限にとどめることで、個人の自由な経済活動によって経済社会が発展を遂げ、私的利益に加え社会全体の利益を促進するという考え方。サッチャー、レーガン、中曽根康弘の実行した経済政策はこれを一歩進めた「新自由主義（Neoliberalism）」とされている　roll back …を後退させる、縮小する　involvement in …への関与　shoulder the burden for …の責任を担う　echo …と同じ考えを持つ、…を繰り返す　Ronald Reagan ロナルド・レーガン（1911年〜2004年）。第40代アメリカ大統領。元俳優。共和党のタカ派として台頭し、「強くて豊かなアメリカ」というスローガンを掲げレーガノミックス（Reaganomics）と呼ばれる経済政策を実行した　❹ pay a price for …の代償を払う　suffer 苦しむ　nickname …にニックネーム（愛称）を付ける　reinvigorate …を再活性化する

Andy Warhol
Artist, U.S.

Born Andrew Warhola in a **working-class** neighborhood in Pittsburgh, Pennsylvania, the artist **graduated from** what is now Carnegie Mellon University with a degree in **pictorial design**. He changed his name to Andy Warhol and **moved to** New York City in 1949. Work came quickly to him and he received assignments as a **commercial artist** from places such as *Glamour* magazine, NBC, Tiffany and Columbia Records.

After making a name for himself as a **graphic artist**, he began painting and drawing, and became a seminal figure in the "pop art" movement. During the 1960s, artists were beginning to use **everyday consumer objects** as **subjects**, and Warhol used his **advertising** background in new ways. Mixing high and low culture, he made an indelible artistic **impression** by **manipulating** ordinary images, such as his silk screens of the Campbell soup cans. These images both **mock** and exalt the **mass culture** that produced them. His colors were bright and his message was that the whole world was a product. To these he added famous subjects including Mao, Queen Elizabeth, and Hollywood stars like Marilyn Monroe.

In addition, he **documented** his daily activities and interactions with less-famous people with his tape recorder and his Minox 35EL camera. He famously **predicted**: "In the future, everyone will be world famous for 15 minutes."

Although he cultivated a bland **persona**, he was very good at business. "I started as a commercial artist, and I want to finish as a business artist." He **certainly** achieved his goal. When he died after **surgery** in 1987, he left an **estate** worth $500 million. (261)

アンディ・ウォーホル
芸術家、アメリカ
アメリカのペンシルバニア州出身・1928年～1987年・58歳没

　ペンシルバニア州ピッツバーグの**労働者階級**の地域でアンドリュー・ウォーホラとして生まれたアーティストは、現在のカーネギー・メロン大学**を卒業**し、**絵画デザイン**の学位を取得した。彼は自分の名前をアンディ・ウォーホルに変え、1949年にニューヨーク市**に引っ越した**。彼にはすぐに仕事が舞い込み、『グラマー』誌、NBC、ティファニー、コロンビア・レコードといったところから、**商業アーティスト**としての仕事を請けた。

　彼は**グラフィックアーティスト**として名声を得た後、ペインティングやドローイングアートを始め、 ポップアート活動において多大な影響力を持つ **人物** となった。1960年代の間、芸術家たちは**日用品**を**題材**として使用し始めており、ウォーホルは**広告業界**での経歴を新たな手法で生かした。ハイカルチャーとローカルチャーを掛け合わせ、キャンベル社のスープ缶のシルクスクリーンプリントなど、ありふれたイメージを**巧みに使う**ことで忘れられない芸術的な**印象**を与えたのだ。こうしたイメージは、キャンベル缶などをつくり出した**大衆文化**を**模倣**し、昇華させてもいる。彼の色遣いは鮮やかで、 彼のメッセージは、世界全体が製品だ、というものだった。 これらに加え、彼の有名な題材には毛沢東、エリザベス女王、それにマリリン・モンローなどのハリウッドスターが含まれた。

　さらに、彼は日常の活動やあまり有名でない人たちとの交流を、テープレコーダーや「ミノックス 35EL」のカメラで**記録した**。彼は、「将来的に、誰でも 15 分間は世界的に有名になれる」という有名な**予言をした**。

　彼は穏やかな**人格**を築いていたが、ビジネスに非常に長けていた。「私は商業アーティストとして活動を始めたので、ビジネス・アーティストとして終わりたい」。彼は**確かに**自分の目標を達成した。1987 年に受けた**手術**後に亡くなった際、5 億ドル相当の**財産**を遺していた。

❶ be born …として生まれる　degree in …の学位　assignment 業務、仕事　NBC 全国放送会社(National Broadcasting Company)。アメリカの3大ネットワークの1つ　❷ make a name for oneself 名を成す、名声を得る　painting and drawing ペインティングとドローイング絵画。paintingは絵の具やペンキなどで塗った彩色画、drawingは鉛筆やチョークなどによる線画のこと　seminal 中枢的な、影響力のある　pop art ポップアート。1960年代にアメリカのニューヨークを中心にして広まった前衛芸術。広告や漫画などの大衆的なイメージを素材として取り入れた　high culture ハイカルチャー、上位文化。人類が生んだ文化のうち、その社会で高い達成度を示していると位置づけられたもの　low culture ローカルチャー。ハイカルチャーの対義語で、それほど社会的な価値を持たないとされる文化のこと　indelible 消せない。ここでは、記憶や印象から消せない、という意味　silk screen シルクスクリーン(版画技法の一種)　exalt …を高める、昇華する　Mao 毛沢東(Mao Zedong)　❸ interaction with …との交流　Minox 35EL ミノックス35EL。ドイツの光学機器メーカー、ミノックス社が1974年に発売した、当時世界最小の35mm判カメラ　❹ cultivate …を育てる　bland 人当たりがよい、穏やかな

94 Noam Chomsky
Linguist and political critic, U.S.

Chomsky can be said to have two **specialties**. He broke new ground in his book on *Syntactic Structures*, **earning a reputation** as one of the leading **figures** in **linguistics**. Although he continued to teach and publish in linguistics, he became increasingly involved in studying **political power**. As a **prominent** opponent of the Vietnam War, he published a **critique** of American intellectual **culture** titled *The Responsibility of Intellectuals*. He followed that with a book on political power titled *American Power and the New Mandarins*.

Chomsky's **fundamental** view of politics is that there is a gap between what governments say and what they do. If we believe our own government is more ethical than other governments, we are living in a world of **illusion**. We have to **go beyond** the rhetoric of government and look at history, government policy and political action.

His **analysis** of political ethics is based on what he calls the "**principle** of universality." This principle, he claims, has always been central to ethics. It says that we should apply to ourselves and our government the same ethical standards that we apply to others. In terms of government, we should **analyze** our political actions very carefully, instead of falling into the illusion of fancy rhetoric. We cannot judge other people or other countries by one standard and not use the same standard for ourselves. (225)

ノーム・チョムスキー
言語学者であり政治批評家、アメリカ
アメリカのペンシルバニア州出身・ユダヤ人・1928年～

　チョムスキーは2つの**専門**を持っていると言える。『文法の構造』という著書で新たな分野を開拓し、**言語学**において第一線の**人物**の1人という**評価を得た**。彼は、言語学における教育や発表を続けたが、次第に、**政治権力**の研究に取り組むようになった。ベトナム戦争に対する**有名な**反対者として、アメリカ知識人の**行動様式**に対する、『知識人の責任』と題された**評論**を発表した。その後、『アメリカン・パワーと新官僚』というタイトルで政治権力に関する著書を発表した。

　政治に関するチョムスキーの**基本的な**見方は、政府が言うことと行うことの間には隔たりがあるというものだ。もし、自分の政府が他の政府よりも倫理的だと考えているなら、**幻想**の世界に生きているのだと。私たちは政府のレトリック**を超え**、歴史や政策や政治的行動を見なければならないのだと言う。

　政治倫理に関する彼の**分析**は、「普遍性の原理」と彼が呼ぶものに基づいている。この原則は、常に倫理の中心にあったと彼は主張する。これは、私たちが他人に適用するものと同じ倫理的基準を、自分自身や自分の政府に適用すべきだと述べている。政府に関して、私たちは派手なレトリックの幻想に陥ることなく、自国の政治的行動を非常に入念に分析すべきである。私たちは他人や他国をある1つの基準で判断しながら、それと同じ基準を自分たちに適用しないということは許されないのだ。

---

❶ **break new ground** 新しいことを開拓する。break ground（土を耕す）から転じた意味　**Syntactic Structures**『文法の構造』、『統辞構造論』。生成文法（generative grammar）という、諸言語の規則の基となる普遍的原理、そして人間の持つ生得的に文法にかなった文を生成する能力を提唱し、言語学におけるパラダイムシフトを起こした　**leading** 先を行く、主要な　**become involved in** …に関わるようになる　**intellectual** 知識人、識者　**follow ... with ～** …の後に～を続ける　**mandarin** 役人、官僚
❷ **gap between ... and ～** …と～の隔たり、相違、ずれ　**ethical** 倫理的な　**rhetoric** レトリック、美辞麗句　❸ **be based on** …に基づく　**universality** 普遍性。形容詞形はuniversal（普遍的な）　**central to** …にとって中心的な　**apply to B A** AをBに適用する。apply A to Bの変化形　**fall into** …に陥る　**fancy** 派手な、意匠を凝らした　**cannot** この文を訳す際は、cannotがjudge以降全体を否定していると考えるとわかりやすい。「…で判断し、それを…に適用しないこと」は「できない」という意味　**judge ... by ～** …を～で判断する

95

James D. Watson & Francis Crick
Scientists, U.S. & Britain

In 1953, a short article **appeared** in the scientific journal *Nature*. It was published without fanfare by an American biologist, James Watson, and his British **colleague**, Francis Crick. The article did not **describe** the discovery of the DNA **molecule**. Instead, it explained how **genetic instructions** are held inside organisms and how these instructions are passed on to the next generation. More importantly, Watson and Crick described the **double-helix structure** of DNA, the molecule that contains the **genetic information**.

Their work **depended on** previous work by scientists such as Gregor Mendel, who thought that plants had some kind of "units of **heredity**" that came in pairs. These would later be called "**genes**." Watson and Crick's work was also stimulated by **competitive spirit**. They wanted to **beat** other research teams to find out how DNA passes data to **offspring**, or daughter cells, of the next generation.

Their discovery was momentous. In 1962, Watson, Crick and New Zealand-born **physicist** Maurice Wilkins jointly received the **Nobel Prize in physiology or medicine** for determining the structure of DNA. A fourth colleague, Rosalind Franklin, was not honored because the Nobel Prize can only be shared by three scientists. But without the **x-ray images** she took, the others would not have figured out how DNA worked. Franklin died of cancer at the age of 37, before the Nobel was awarded.

As a result of their discovery, scientists can now **identify** the base sequences of an organism. This is collectively called a **genome**. Researchers can **manipulate** DNA to move genes, **delete** genes and **insert** genes in new places. In 2003, the Human Genome Project completed the **mapping** of the human genome, more than 20,000 genes. We now have the possibility of **genetic engineering** and **gene therapy**. (288)

DNAの二重らせん構造を発見

ジェームズ・D・ワトソン&フランシス・クリック
科学者、アメリカ&イギリス
ワトソン: アメリカのイリノイ州出身・1928年〜
クリック: 英国出身・1916年〜2004年・88歳没

　1953年に、科学雑誌『ネイチャー』に短い論文が**掲載された**。それは、アメリカ人の生物学者ジェームズ・ワトソンと彼のイギリス人の**同僚**フランシス・クリックにより、賑々しい触れ込みなしに発表された。この論文は、DNA**分子**の発見を記したものではなかった。その代わりに、生物の体内で**遺伝子指令**がどのように起きているか、また、こうした指令がどのように次の世代に伝えられているかを説明していた。さらに重要なことに、ワトソンとクリックは遺伝子情報を含む分子であるDNAの二重らせん構造を説明した。

　彼らの研究は、植物には対になるある種の「**遺伝の単位**」が備わっていると考えていた、グレゴール・メンデルなどの科学者による過去の研究に**依拠していた**。これらはその後、「**遺伝子**」と呼ばれるようになった。ワトソンとクリックの研究はまた、**競争心**にも刺激されていた。彼らは、DNAが**子孫**、つまり次世代の娘細胞にどのようにデータを伝えるかに関する発見において、他の研究チームに**打ち勝ち**たいと望んでいた。

　彼らの発見は重大だった。1962年に、ワトソン、クリック、及びニュージーランド生まれの**物理学者**、モーリス・ウィルキンスは、DNAの構造を明らかにしたことにより**ノーベル生理学・医学賞**を共同受賞した。4人目の同僚であるロザリンド・フランクリンが表彰されなかった理由は、ノーベル賞が3人の科学者までしか共同受賞できないためだった。しかし、彼女が撮影した**X線画像**がなければ、他の3人はDNAがどのように機能しているかを解明することはできなかっただろう。フランクリンは37歳で、ノーベル賞が授与される以前にがんで死去した。

　彼らの発見の結果、科学者らは今日、生物の塩基配列を**特定する**ことが可能となった。これは、まとめて**ゲノム**と呼ばれる。研究者らは、DNAを**操作して**遺伝子を移動させたり、**消去したり**、新しい場所に**挿入**したりできる。2003年に、ヒトゲノム計画が、2万個以上の遺伝子から成る人間のゲノムの**遺伝地図作製（解析）**を完了した。私たちは現在、**遺伝子工学や遺伝子治療**を可能としている。

---

❶ fanfare 派手な宣伝、ファンファーレ(の曲)　organism 生物、有機体　be passed on to …に伝えられる　❷ unit 単位　come in pairs 対になって生じる　stimulate …を刺激する、触発する　daughter cell 娘細胞(むすめさいぼう、またはじょうさいぼうと読む)。細胞分裂の結果として生じる2つ以上の細胞のこと⇔分裂前のものは母細胞　❸ momentous 重大な、重要な　jointly 共同で　honor …を称える　figure out …を理解する、解明する　❹ base sequence 塩基配列。DNAやRNAなどの核酸の分子内に4種ある塩基が並ぶ順序のこと。この順序が遺伝子情報である　collectively 集合的に、まとめて　Human Genome Project ヒトゲノム計画。ヒトのゲノムの全塩基配列(30億)を解析するプロジェクト。米国エネルギー省などにより1990年に発足後、国際的協力の下に13年をかけて進められた

Martin Luther King, Jr.
Civil rights leader, U.S.

Son of a **minister** in Atlanta, Georgia, Martin Luther King Jr. wanted to become a doctor or a lawyer. But after gaining a **Ph.D.** in **theology** from Boston University, he returned to **the South** to become a minister. His church happened to be in Montgomery, Alabama. In December 1955, when Rosa Parks was arrested there for not yielding her seat on a public bus to a white **passenger**, a **protest** was called. When the one-day bus **boycott** turned into a **long-term** boycott, King became its leader. The boycott would make him the leader of the **civil rights movement**.

In 1954, the **U.S. Supreme Court** ruled that **racial segregation** was illegal in public schools. This changed the **federal laws**. But African-Americans had to carry out boycotts, protests and sit-ins to force city and state governments to obey the new federal laws. The Montgomery bus boycott lasted more than one year, and during that time King became a major **spokesman**. Following in the footsteps of Thoreau and Gandhi, he called for peaceful **resistance** in the cause of racial equality and an **integrated** society.

King participated in protests throughout the South to **eliminate** what was called "**Jim Crow**." This **term** referred to the **customs** and laws that kept blacks under white control in many ways. In August 1963, at Washington, D.C., during a mass **assembly** for civil rights, he gave his famous "I Have a Dream" speech. It called for equality of **opportunity** and elimination of **discrimination**. The federal government then **passed** the **Civil Rights Act** of 1964 and the **Voting Rights Act** of 1965. These laws were a major **advance** in reducing discrimination based on race, color, religion or **national origin** in the U.S. (282)

マーティン・ルーサー・キング・ジュニア
公民権運動指導者、アメリカ
アメリカのジョージア州出身・アフリカ系アメリカ人・1929年〜1968年・39歳没

　ジョージア州アトランタの**牧師**の息子であるマーティン・ルーサー・キング・ジュニアは、医者か弁護士になりたかった。しかし、ボストン大学で**神学**の**博士号**を取得した後、**アメリカ南部**へ戻って牧師になった。彼の教会はたまたまアラバマ州モンゴメリーにあった。この場所で1955年12月、公共のバスで白人の**乗客**に席を譲らなかったことでローザ・パークスが逮捕されたとき、**抗議行動**が呼び掛けられた。バスの1日**ボイコット**が長期に**わたる**ボイコットになった際、キングはそのリーダーとなった。このボイコットにより、彼は**公民権運動**のリーダーになることになる。

　1954年、**アメリカ最高裁**は、公立学校での**人種差別**は違法だという判決を下した。これは**連邦法**を変えた。しかし、新しい連邦法に従うことを市や州政府に強いるため、アフリカ系アメリカ人たちはボイコットや抗議行動や座り込みを行わなければならなかった。モンゴメリーでのバスのボイコットは1年以上続き、その間、キングは重要な**代表者**となった。彼はソローやガンディーに倣い、人種間の平等や**統合された**社会という大義のため、平和的な**抵抗**を呼び掛けた。

　キングは「ジム・クロウ」法と呼ばれたものを**廃絶する**ために、南部のいたるところで行われた抗議行動に参加した。この**用語**は、多くの方法で黒人を白人の支配下に置いた**慣習**や法律を指した。1963年8月、ワシントンD.C.での公民権を求める大きな**集会**で、彼は「私には夢がある」で知られる有名なスピーチを行った。このスピーチは、**機会の**平等や**差別**の撤廃を呼び掛けた。連邦政府はその後、**公民権法**（1964年）や**投票権法**（1965年）を**可決した**。これらの法律は、アメリカで人種、肌の色、宗教、または**国籍**による差別を減らす上で大きな**前進**だった。

❶ happen to be たまたま…である　arrest …を逮捕する　yield ... to 〜 …を〜に譲る　turn into …へと変化する　❷ rule 判決を下す　illegal 違法な　carry out …を実行する　sit-in 座り込み抗議　force ... to 〜 …に〜を強いる　last 続く、継続する　major 主要な、重要な　follow in the footsteps of …の足跡をたどる、…に倣う　Thoreau ヘンリー・デイヴィッド・ソロー（1817年〜1862年）。アメリカの哲学者・作家・思想家・博物学者。ウォールデン池畔の森での自給自足の生活を描いた『ウォールデン 森の生活』が有名　Gandhi マハトマ・ガンディー（1869年〜1948年）。インドの弁護士、政治指導者でありインド独立の父　call for …を呼び掛ける　in the cause of … …（という大義）のために　❸ refer to …を指す、…に言及する　mass 大規模な、多数の

97 Elvis Presley
Musician, U.S.

Growing up in Tupelo, a small **country town** in Mississippi, Elvis Presley listened to music of white and black people. In the churches and on the radio, he **absorbed** blues, country, pop and gospel music. He moved with his parents to Memphis, Tennessee, the heart of **blues country**. In 1954, he graduated from an all-white high school and began driving a truck **by day** while studying to be an **electrician** at night school.

More than anything, Elvis wanted to perform music on stages and on records. Together with several **back-up musicians**, he got a chance to record different types of music at Sam Phillips' Sun Records studio in Memphis. On recording day, nothing he did seemed to succeed. But during a **break**, he began singing a blues **tune** called "That's All Right Mama" by black **bluesman** Arthur Crudup.

In the 1950s, America was a segregated society, **especially** the South. Whites and blacks did not eat, ride buses, or go to school together. Phillips had long wanted a white singer who could sing like a black singer, because he knew that white audiences would like the music — if it was sung by a white singer. When he heard Elvis sing Crudup's song, he knew that he had found the person he had hoped for.

Elvis Presley, together with other black and white performers, created "**rock 'n' roll**" and gave young people around the world a **voice** of their own. In America, Elvis helped break down the **barriers** between blacks and whites. He brought the vibrancy of black culture to Americans in a way that was less threatening, and he did it with music that everyone could enjoy. His **impact** on American — and the world's — pop culture has been immense. (288)

エルヴィス・プレスリー
ミュージシャン、アメリカ
アメリカのミシシッピ州出身・1935年～1977年・42歳没

　ミシシッピ州の小さな**田舎町**テューペロで育ったエルヴィス・プレスリーは、白人と黒人の音楽を聴いた。教会やラジオで、ブルース、カントリー、ポップ、ゴスペルの音楽を**吸収した**。彼は両親と一緒に、**カントリーブルース**の中心地であるテネシー州メンフィスに引っ越した。1954年、彼は白人高校を卒業し、**日中は**トラックを運転し、夜間学校で**電気技師**になる勉強をし始めた。

　何より、エルヴィスはステージで、またレコード用に音楽を演奏したかった。数人の**バックミュージシャン**たちと共に、メンフィスにあるサム・フィリップスの「サン・レコード」スタジオでさまざまな種類の音楽を録音する機会を得た。レコーディングの当日、エルヴィスは何一つ成功しなかったかのように思えた。しかし、**休憩**中に、彼は黒人の**ブルース歌手**、アーサー・クルーダップの「ザッツ・オール・ライト・ママ」と呼ばれるブルースの**曲**を歌い始めた。

　1950年代、**特に**南部において、アメリカは人種差別のある社会だった。白人と黒人は、一緒に食べたりバスに乗ったり学校に行ったりすることはなかった。フィリップスは長い間、黒人歌手のように歌える白人歌手を求めていた。白人歌手が歌う曲なら、その音楽を白人の観客が気に入ることを知っていたからだ。エルヴィスがクルーダップの曲を歌うのを聞いたとき、彼は自分が求めていた人物を見つけたのだとわかった。

　エルヴィス・プレスリーは、他の黒人や白人の演奏家たちと共に、「**ロックンロール**」を生み出し、世界中の若者たちに自分自身を**表現する手段**を与えた。アメリカにおいて、エルヴィスは黒人と白人の間の**垣根**を打破することに寄与した。彼はさほど威嚇的ではない方法で、黒人文化の活気をアメリカ人にもたらした。つまり、誰でも楽しめる音楽によってそれを行ったのだ。アメリカ、そして世界のポップカルチャーに彼が与えてきた**影響**は甚大である。

---

❶ heart of …の中心地　all-white 白人だけの　❷ on records レコードに。ここでは、レコードに録音するために、という意味　together with …と共に　Sam Phillips サム・フィリップス(1923年～2003年)。音楽プロデューサーであり、サン・レコード創立者。1954年にエルヴィス・プレスリーを発掘し、ロカビリーのレコードを出す。ロカビリーとは、ヒルビリー（カントリーの中でも特に田舎風の音楽）とロックを融合させたプレスリーの初期のスタイルのこと　❸ segregated 人種差別された、分離された　hope for …を期待する、望む　❹ of one's own …自身の　break down …を取り壊す、破壊する　vibrancy 活気、活力　threatening 脅迫的な。動詞形はthreaten（脅迫する）　pop culture ポップカルチャー、大衆文化。現代的で特に若者を対象とした、マスメディアによる芸術。ポピュラー音楽、娯楽映画、大衆小説、漫画、ゲームなどを指す　immense 巨大な、非常に大きい

98

Lech Walesa / Wałęsa
Union leader of Poland

Following World War II, Europe became the **scene** of a **fierce** political rivalry between the United States and the Soviet Union. Each provided aid to countries it formed alliances with. In Eastern Europe, the Soviet support took the form of political and military dependence. Soviet troops were stationed in those countries, making it clear that the Soviets were in charge.

In the Hungarian Uprising of 1956, the people of that country **declared** their freedom. But the Soviet Army forcibly **reestablished** Communist control of the government there. **Somewhat** surprisingly, it was worker **protests** in Poland that led to change there. In 1980, a worker named Lech Walesa worked with others to form **Solidarity**, a national **trade union**.

Walesa gained the support of workers and the **Roman Catholic Church**, which was under Poland's first **pope**, John Paul II. Walesa was arrested for his activities, but the movement continued. Finally, in 1988, the Polish government agreed to hold free **parliamentary elections**. These were the first **open elections** in 40 years in Eastern Europe. A new government **was elected** and Communist rule came to an end.

Walesa was chosen as president in 1990. Both he and his **successors** struggled to **rapidly** reform the Polish economy. Shifting from a communist centrally controlled economy to a **free-market economy** was not easy. **Unemployment** grew severe and the public became discontented with the new changes. **Yet** nothing can detract from the **impact** of the **conviction** and **dedication** of Lech Walesa, an ordinary **laborer** who initiated **enormous changes**. (249)

レフ・ワレサ（ヴァウェンサ）
ポーランドの労働組合指導者
ドイツ国（現ポーランド）出身・ポーランド人・1943年〜

　第2次世界大戦後、ヨーロッパはアメリカとソ連の**激しい**政治的対立の**舞台**となった。両国は、同盟を結んだ相手国に支援を提供した。東ヨーロッパにおいて、ソ連の支援は政治的、及び軍事的依存という形をとった。ソ連の軍隊がこうした国々に配備され、ソ連が統括していることを明確にしていた。

　1956年のハンガリー動乱において、この国の国民は自分たちの自由を**宣言した**。しかし、ソ連軍は、そこでの政府による共産主義支配を強制的に**再構築した**。**幾分驚くべきことに**、ハンガリーでの変化を引き起こしたのは、ポーランドでの労働者たちによる**抗議活動**だった。1980年、レフ・ワレサという名の1人の労働者は、他の人々と協力し、「連帯」という全国的な**労働組合**を立ち上げた。

　ワレサは、労働者たちや、初のポーランド出身の**教皇**であるヨハネ・パウロ2世が率いる**ローマ・カトリック教会**から支持を得た。ワレサは彼の活動により逮捕されたが、この運動は続いた。ついに、1988年、ポーランド政府は、自由な**議会選挙**を行うことに同意した。これは、東ヨーロッパにおいて、40年ぶりの**公開選挙**だった。新たな政府**が選ばれ**、共産党支配は幕を閉じた。

　1990年、ワレサは大統領に選出された。彼と、その**後継者たち**は、ポーランドの経済を**急速に**改革しようと奮闘した。共産主義中心支配の経済から、**自由市場経済**に移行するのは容易ではなかった。**失業者数**が深刻なまでに拡大し、国民は新しい変化に不満を抱くようになった。しかし、レフ・ワレサの**信念**と**献身**による影響を損ねることのできるものは何もなかった。彼は**巨大な改革を開始したごく普通の労働者**であった。

---

❶ rivalry between ... and 〜 …と〜の対立　provide aid to …に支援を与える　form an alliance with …と同盟を結ぶ　take the form of …という形をとる　station …を配置する、駐在させる　in charge 監督して、統括して　❷ Hungarian Uprising ハンガリー動乱。uprisingは「暴動、反乱」の意味。ポーランドで6月28日に起きた「ポズナン暴動」に影響を受けた　forcibly 強制的に。形容詞形はforcible「強制的な」　Communist 共産主義の　❸ John Paul II ヨハネ・パウロ2世（1920年〜2005年）。第264代ローマ教皇。宗教間の対話や世界平和にも取り組み、東欧革命にも影響を与えた　be arrested for …で逮捕される　come to an end 終了する　❹ struggle to do …しようと奮闘する　reform …を改革する、変革する　shift from ... to 〜 …から〜に移行する　centrally 中心的に　become discontented with …に不満を感じるようになる　detract from …をそらす、失わせる　initiate …を開始する

Tim Berners-Lee
Computer scientist, Britain

The **U.S. Defense Department** agency called the **Advanced Research Projects Agency (ARPA)** connected four universities in a communication network in 1969. The network was called **ARPANET**. Three years later, the first **electronic mail** (e-mail) was sent. By 1982, the word "Internet" was used for the first time. Despite these developments, the network remained the tool of academics, scientists and governments.

Few individuals in our time have influenced everyday life across the world as much as Tim Berners-Lee. In 1989 he was working as a software engineer at the European Organization for Nuclear Research (CERN) when he came up with a new idea. This **inspiration** was to establish a network of **documents** that people around the world could share via the Internet. To do this, he created the coding system HTML, the address system URL, and the HTTP rules that linked computers together. He then created the first browser that allowed users to view his creation. It debuted in 1991 and came to be called the **World Wide Web**.

Many **inventions** are created and developed by teams of people, including the Internet itself. But the World Wide Web was made by Berners-Lee single-handedly. He **designed** it. He gave it to the world. If he had patented or copyrighted his idea, Berners-Lee would now be immensely rich. But he did not claim the rights for himself. More than anyone else, he has fought to keep it open, nonproprietary and free. He believed that the World Wide Web should provide open access — to any kind of information, to anyone anywhere. (257)

ティム・バーナーズ=リー
計算機科学者、イギリス
英国出身・1955年〜

　1969年、**高等研究計画局（ARPA）**と称される**アメリカ国防総省**の1局が、4つの大学を通信ネットワークでつないだ。このネットワークは**ARPANET（アーパネット）**と呼ばれた。3年後、初めての**電子メール（Eメール）**が送信された。1982年までに、「インターネット」という言葉が初めて使われた。こうした開発があったにもかかわらず、このネットワークは、学者や科学者や政府のツールの域から出なかった。

　ティム・バーナーズ=リーほど世界中の日常生活に影響を与えた人物は、現在ほとんどいない。彼は1989年、欧州合同原子核研究機構（CERN）でソフトウェア・エンジニアとして働いていたときに、新しいアイディアを思い付いた。この**ひらめき**は、世界中の人々がインターネットを通じて**文書**を共有できるネットワークを構築するというものだった。これを行うために、彼はコーディングシステムのHTML、アドレスシステムのURL、そして、コンピュータをつなぎ合わせるためのルールであるHTTPを生み出した。彼はその後、ユーザーが彼の創造物を見ることができるようにする最初のブラウザをつくり上げた。これは1991年に初公開され、**ワールド・ワイド・ウェブ（WWW）**と呼ばれるようになった。

　多くの**発明**は、インターネット自体も含め、複数の人から成るチームで開発される。しかし、ワールド・ワイド・ウェブは、バーナーズ=リーが単独でつくった。彼がこれを**設計**したのだ。彼はこれを世界に与えたのである。もし、自分のアイデアで特許を取ったり著作権保護を得たりしていれば、バーナーズ=リーは今頃大金持ちになっていただろう。しかし、彼は自分の権利を主張しなかった。他の誰より、それをオープンで非専売、なおかつ無料のものとするために闘ったのである。ワールド・ワイド・ウェブでは、いかなる種類の情報にも、誰もがどこからでも自由にアクセスできるようにすべきだと彼は信じていた。

---

❶　called 〜　〜と呼ばれる…、〜という名の…　remain …であり続ける　academic 学者、研究者　❷ individual 個人　in our time 現代の　European Organization for Nuclear Research 欧州合同原子核研究機構（CERN）。1954年にフランス、スイス、英国など欧州12カ国が設立した世界随一の素粒子物理学研究所。ヒッグス粒子の発見でも有名　come up with …を思い付く　via …を通じて、…によって　coding system コーディングシステム。コーディングとは、プログラミング言語を用いて、コンピュータが処理できる形式のプログラムを記述すること　browser ブラウザ。インターネット上のウェブサイトを閲覧するためのソフトウェア。browseは「…を拾い読みする、ざっと読む」という意味　debut デビューする、初公開される　❸ single-handedly 人の手を借りずに、単独で　patent …の特許を取る　copyright …を著作権で保護する　immensely 莫大に、非常に　nonproprietary 非専売の　provide access to （情報など）へのアクセスを提供する、（人）にアクセスを提供する

Index
索引

A
Abraham Lincoln 126
Adam Smith 98
Alan Turing 202
Albert Einstein 82, 170
Albert Schweitzer 168
Albrecht Dürer 56
Alexander the Great 22, 24
Alexander von Humboldt 118
Andrew Carnegie 150
Andy Warhol 208
Aristotle 22, 36, 92

B
Benjamin Franklin 88, 90

C
Carolus Linnaeus / Carl von Linné 92
Catherine the Great / Catherine II 102
Charles Darwin 92, 128
Charles Dickens 132
Charles the Great / Charlemagne 34
Charlie Chaplin 170, 184
Christopher Columbus 38, 50, 52, 60
Coco Chanel 180
Constantine I 32

D
Dante 40, 42
Dietrich Bonhoeffer 194

E
Eleanor Roosevelt 182
Eli Whitney 114
Elvis Presley 216
Engelbert Kaempfer 84

F
Ferdinand Magellan 60
Florence Nightingale 140
Franklin Delano Roosevelt 176, 182
Friedrich Nietzsche 152

G
Galileo Galilei 70
Geoffrey Chaucer 40, 42

Gregor Mendel 144, 212

H
Harriet Beecher Stowe 130
Heinrich Schliemann 142
Helen Keller 172
Henry David Thoreau 136, 214
Henry Ford 160
Hernán Cortés 64
Herodotus 18

I
Immanuel Kant 100, 168
Isaac Newton 70, 78, 82, 88, 166, 170
Isabella I & Ferdinand II 50, 52, 64

J
James D. Watson & Francis Crick 212
James Watt 104
Jean-Jacques Rousseau 96, 112
Jesus 28, 30, 32, 58, 168, 194
Joan of Arc / Jeanne d'Arc 48
Johann Sebastian Bach 86, 120, 168
Johann Wolfgang von Goethe
 .... 110, 118, 168
Johannes Gutenberg 34, 44, 62
John Calvin / Jean Calvin 66
John Locke 78, 88
John Maynard Keynes 178
Julius Caesar 26

K
Karl Marx 136, 138

L
Lech Walesa / Wałęsa 218
Leonardo da Vinci 54, 58
Louis XIV 80
Louis Armstrong 188
Louis Pasteur 146
Ludwig van Beethoven 120

M
Marco Polo 38, 60
Margaret Mead 192
Margaret Thatcher 206

Marie Curie / Maria Skłodowska
.... 166, 170
Mark Twain / Samuel Clemens 148
Martin Luther King, Jr. 136, 214
Martin Luther 62, 66, 194
Mary Wollstonecraft 112
Max Weber 162
Michelangelo Buonarroti 54, 58
Mother Teresa /Agnes Gonxha Bojaxhiu
.... 200

N
Napoleon Bonaparte 106, 116
Nelson Rolihlahla Mandela 204
Noam Chomsky 210

O
Otto von Bismarck 134

P
Pablo Picasso 174
Paul the Apostle 30, 168
Pericles 16

Q
Queen Elizabeth I 68, 72

R
Rachel Carson 196
René Descartes 74
Rudolf Diesel 158

S
Samuel Johnson 94
Sigmund Freud 156
Simón Bolívar 118, 122
Simone de Beauvoir 198
Socrates & Plato 20, 22

T
The Wright Brothers (Wilbur and Orville)
.... 164
Thomas Aquinas 36
Thomas Edison 154
Thomas Jefferson 88, 106, 118
Tim Berners-Lee 220
Toussaint L'Ouverture 108

V
Voltaire / François-Marie Arouet ... 88, 106

W
Walt Disney 190
William Shakespeare 72, 94

参考文献

America: An Illustrated Early History 1776-1900. Time Magazine, 2007.
Arnold, John H., History: A Very Short Introduction. London: Oxford University Press, 2000.
Bloom, Harold, The Western Canon. New York: Riverhead Books, 1994.
Isaacson, Walter, Benjamin Franklin: An American Life. New York, Simon and Schuster, 2003.
Gombrich, E.H., A Little History of the World. New Haven: Yale University Press, 2008.
Johnson, Paul, Creators: From Chaucer and Durer to Picasso and Disney. New York: Harper Perennial, 2006.
Johnson, Paul, Intellectuals: From Marx and Tolstoy to Sartre and Chomsky. New York: Harper Perennial, 1988.
Johnson, Steven, How We Got to Now: Six Innovations That Made the Modern World. New York: Penguin, 2014.
Kurin, Richard, The Smithsonian's History of America in 101 Objects. New York: Penguin, 2013.
Montefiore, Simon Sebag, Titans of History. London: Quercus, 2012.
Siedentop, Larry, Inventing the Individual: The Origin of Western Liberalism. London: Penguin, 2014.
Spielvogel, Jackson J., Glencoe World History, New York: McGraw Hill, 2010.
The Philosophy Book, London: Darling Kindersley, 2011.
The Psychology Book, London: Darling Kindersley, 2011.
The Science Book, London: Darling Kindersley, 2014.
Time 100 Artists and Entertainers, Time Magazine, 1999.
Time 100: The Century's Greatest Minds, Time Magazine, 1999.
Time 100: Heroes and Icons of the 20th Century, Time Magazine, 1999.
Time 100: Scientists and Thinkers, Time Magazine, 1999.
Time 100: The Century's Greatest Minds, Time Magazine, 1999.
Unforgettable Women of the Century. People Books, 1998.
Watson, Peter, The German Genius:Europe's Third Renaissance, the Second Scientific Revolution and the Twentieth Century. London: Simon and Schuster, 2010.

著者紹介

James M. Vardaman　ジェームス・M・バーダマン

1947年アメリカ、テネシー州生まれ。プリンストン神学校教育専攻、修士。ハワイ大学大学院アジア研究専攻、修士。早稲田大名誉教授。専門はアメリカ文化史、特にアメリカ南部の文化、アメリカ黒人の文化。
著書に『アメリカの小学生が学ぶ歴史教科書』（共著／ジャパンブック）、『アメリカ黒人の歴史』（NHK出版）、『黒人差別とアメリカ公民権運動』（集英社新書）、『ふたつのアメリカ史』（東京書籍）、『日本現代史』（IBCパブリッシング）、『毎日の英文法』『毎日の英単語』『毎日の英速読』（朝日新聞出版）、『シンプルな英語で話す日本史』『シンプルな英語で話すアメリカ史』（ジャパンタイムズ）がある。

訳者紹介

硲 允　Makoto Hazama

和歌山県生まれ。東京外国語大学（英語専攻）で英語音声学と通訳を学び、在学中から翻訳の仕事を始める。2014年の春、東京から香川へ移住。晴れた日は田畑へ出かけ、雨の日は執筆、翻訳、家の改修などをしながら暮らしている。訳書に『シンプルな英語で話すアメリカ史』（ジャパンタイムズ）がある。

千田 智美　Tomomi Chida

秋田県生まれ。東京外国語大学英語専攻卒業。在学中から翻訳や海外情報のリサーチ、編集の経験を積む。2008年からフリーランスとして、主に時事、環境、国際協力、CSRなどの分野での翻訳や執筆、英語学習書の執筆・編集協力に携わる。訳書に『シンプルな英語で話すアメリカ史』（ジャパンタイムズ）がある。

シンプルな英語で話す　西洋の天才たち
Western Genius　ウェスタン・ジーニアス

2016年9月5日　初版発行

著　者	ジェームス・M・バーダマン	© James M. Vardaman, 2016
訳　者	硲允 / 千田智美	Japanese translation ©Makoto Hazama & Tomomi Chida, 2016
発行者	堤　丈晴	
発行所	株式会社 ジャパンタイムズ	
	〒108-0023 東京都港区芝浦4丁目5番4号	
	電話　03-3453-2013（出版営業部）	
	振替口座　00190-6-64848	
	ウェブサイト　https://bookclub.japantimes.co.jp	
印刷所	日経印刷株式会社	

本書の内容に関するお問い合わせは、上記ウェブサイトまたは郵送でお受けいたします。
定価はカバーに表示してあります。

万一、乱丁落丁のある場合は、送料当社負担でお取り替えいたします。
ジャパンタイムズ出版営業部あてにお送りください。

Printed in Japan　ISBN978-4-7890-1644-5